Kombi-Buch Deutsch 7

Lese- und Sprachbuch für
den Sekundarunterricht
Ausgabe Luxemburg

Erstellt auf der Basis von
Kombi-Buch Deutsch, Ausgabe N

Erarbeitet von
Tanja Klingbeil
Stéphanie Konnen
Rolande Linden
Christiane Schmitz
Ursula Spichale
Mady Weydert

in Zusammenarbeit mit dem
Ministerium für Erziehung und
Berufsausbildung, Luxemburg

C.C. BUCHNER

Die 4 Lernbereiche im Kombi-Buch

Im Kombi-Buch sind in jedem Kapitel alle vier Lernbereiche grundsätzlich vernetzt → Integratives Prinzip. Die Farbfelder markieren deshalb lediglich den Lernschwerpunkt in den Kapiteln bzw. auf der Seite:

 Sprechen und Zuhören

 Schreiben

 Sprachgebrauch und Sprachreflexion

 Umgang mit Texten und Medien

1. Auflage 1 ⁴ ³ ² ¹ 2015 14 13 12
Die letzte Zahl bedeutet das Jahr des Druckes. Alle Drucke dieser Auflage sind, weil untereinander unverändert, nebeneinander benutzbar.

Dieses Werk folgt der reformierten Rechtschreibung und Zeichensetzung. Ausnahmen bilden Texte, bei denen künstlerische, philologische oder lizenzrechtliche Gründe einer Änderung entgegenstehen.

© 2012 C.C. Buchners Verlag, Bamberg

Das Werk und seine Teile sind urheberrechtlich geschützt. Jede Verwertung in anderen als den gesetzlich zugelassenen Fällen bedarf deshalb der vorherigen schriftlichen Einwilligung des Verlages. Das gilt insbesondere auch für Vervielfältigungen, Übersetzungen und Mikroverfilmungen. Hinweis zu § 52a UrhG: Weder das Werk noch seine Teile dürfen ohne eine solche Einwilligung eingescannt und in ein Netzwerk eingestellt werden. Dies gilt auch für Intranets von Schulen und sonstigen Bildungseinrichtungen.

www.ccbuchner.de

Gestaltung: Artbox Grafik & Satz GmbH, Bremen
Umschlag: tiff.any, Berlin
Druck: Stürtz GmbH, Würzburg

ISBN 978-3-7661-3667-1

Inhaltsverzeichnis

Gegeneinander? – Miteinander!

- 9 Fazil Hüsnü Dağlarca, Reise
- 10 Achim Bröger, Ihr dürft mir nichts tun
- 11 Erich Kästner, Gustav hat abgeschrieben!
- 13 Aufgaben

14 Erzählungen erschließen
- 14 Erzählungen verstehen
- 14 Amelie Fried, Der rote Pullover
- 20 Methode: Strategien zum besseren Textverständnis
- 21 Nach Peter Weiss Nicht versetzt

22 Satzarten unterscheiden
- 22 Die Neue

23 Satzglieder bestimmen
- 23 Methode: Umstellprobe
- 24 Das Prädikat
- 25 Das Subjekt
- 27 Die Objekte
- 28 Methode: Proben zur Satzgliedermittlung
- 31 Adverbiale Bestimmungen
- 32 Philipp Bauer, Schule im Jahr 3000
- 33 Herbert Ihering, Die schlechte Zensur

Ängste überwinden, Zweifel besiegen

- 35 Sophie Brandes, Meine Stadt
- 36 Theodor Weißenborn, Der Sprung ins Ungewisse
- 41 Gina Ruck-Pauquèt, Die Kreidestadt
- 43 Hans Peter Richter, Der Ziegenbart
- 46 Aufgaben

47 Erzählen
- 47 Bildergeschichten zu lebendigen Erzählungen ausgestalten
- 47 Methode: Bildergeschichten erzählen
- 53 Methode: Eine Erzählung planen
- 54 Methode: Ideen sammeln: ein Cluster erstellen
- 55 Erlebniserzählungen spannend gestalten
- 59 Ideen für spannende Erzählungen
- 59 Der Schulbus-Held Uli

Erlesene Welten

- 60 Sinnsprüche zum Lesen
- 62 Renate Welsh, Max, der Neue
- 63 David Hill, Tor!
- 66 Aufgaben

67 Jugendbücher lesen
- 67 Methode: Informationen über Bücher beschaffen
- 68 Kino im Kopf – Jugendbücher für jeden Geschmack
- 68 Klappentexte zu verschiedenen Jugendbüchern
- 70 Lesen sinnvoll planen und gewinnbringend organisieren
- 70 Methode: Ein Leseprotokoll führen
- 71 Methode: Ein Lesetagebuch führen
- 71 Methode: Ein Jugendbuch in der Klasse vorstellen

72 Verben richtig verwenden
- 72 Infinitiv
- 72 Gary Paulsen: Allein in der Wildnis (Textausschnitt 1)
- 73 Personalform
- 73 Gary Paulsen: Allein in der Wildnis (Textausschnitt 2)
- 74 Zeitformen und Zeitstufen
- 74 Gary Paulsen: Allein in der Wildnis (Textausschnitt 3)
- 76 Der Autor Gary Paulsen
- 76 Die Verwendung der Tempora

78	Gary Paulsen: Allein in der Wildnis (Textausschnitt 4)
78	Gary Paulsen: Allein in der Wildnis (Textausschnitt 5)
79	Starke Verben, schwache Verben und Mischverben
81	Die Partizipien
81	Der Imperativ
82	Die Modalverben
83	Rund ums Verb
83	nach Cornelia Funke, Drachenreiter (Textausschnitt 1)
84	nach Cornelia Funke, Drachenreiter (Textausschnitt 2)
84	Über den Roman „Müller hoch Drei"
85	nach Burkhard Spinnen, Müller hoch Drei

Märchenhaft, magisch, mysteriös

87	Hans Joachim Gelberg, Was ist so faszinierend an Märchen?
88	Brüder Grimm, Das tapfere Schneiderlein
91	Brüder Grimm, Jorinde und Joringel
93	Brüder Grimm, Die drei Raben
94	Arabisches Volksmärchen, Der Prinz sucht einen Freund
95	Wolf Biermann, Das Märchen vom kleinen Herrn Moritz, der eine Glatze kriegte
97	Christine Nöstlinger, Der Zwerg im Kopf
98	Aufgaben
100	**Märchen als literarische Gattung kennenlernen**
100	Wetter
102	Projekt: Märchenwerkstatt
103	**Das Vorlesen einüben**
103	Methode: Ratschläge für das Vorlesen
104	Michael Ende, Der satanarchöolügenialkohöllische Wunschpunsch
105	Otfried Preußler, Die kleine Hexe (Bühnenfassung)

Aus längst vergangener Zeit

111	Nach Edouard Feitler und Nicolas Gredt, Die Sage von der Erbauung des Schlosses Lützelburg
114	Nach Edouard Feitler und Nicolas Gredt, Die Sage von der schönen Melusina
116	Sage aus Griechenland, Daidalos und Ikaros
118	Sage aus Österreich, Das Loferer Fräulein
120	Aufgaben
121	**Sagen als literarische Gattung kennenlernen**
121	Was man von den Sagen so sagt ...
122	Methode: Gedanken in einer Mind-Map ordnen
124	projektorientierte Aufgabe: Redensarten
125	**Rechtschreibung**
125	Groß- und Kleinschreibung: Nomen (Substantive)
125	nach Nicolas Gredt, der wachsende zwerg
126	nach Nicolas Gredt, der erstaunte geist
127	Groß- und Kleinschreibung: Verben und Adjektive
127	nach Nicolas Gredt, die wilde frau von lasauvage
129	der trierer domstein
130	Dehnung und Schärfung
130	Der geheimnisvolle Unbekannte
130	s, ss oder ß?
130	Wer kennt Kaspar Hauser?
132	Der Schuster erzählt einem Freund von seinem „Fund"
132	Ähnlich klingende Laute
132	Seine Majestät, Kaspar Hauser?
133	Hier ruht Kaspar Hauser
133	Projekt: Das Rätsel Kaspar Hauser erforschen

Fabelhaft

135	Wolfdietrich Schnurre, Die Macht der Winzigkeit
136	Gottlieb Konrad Pfeffel, Die Stufenleiter
137	Koreanische Fabel, Der Affe als Schiedsrichter
137	Franz Hohler, Die blaue Amsel
138	Rafik Schami, Das letzte Wort der Wanderratte
139	James Thurber, Die ziemlich intelligente Fliege
140	Wilhelm Busch, Fink und Frosch
141	Aufgaben
142	**Fabeln als literarische Gattung kennenlernen**
142	Typische Eigenschaften und Verhaltensweisen erkennen
142	Aesop, Des Löwen Anteil
142	Aesop, Der Löwe und das Mäuschen
143	Aesop, Der alte Löwe und der Fuchs
145	Den Aufbau von Fabeln untersuchen
145	nach Martin Luther, Untreue
146	Fabeln miteinander vergleichen
146	Aesop, Der Wolf und das Lamm
146	Gotthold Ephraim Lessing, Der Wolf und das Schaf
146	Helmut Arntzen, Der Wolf, der zum Bach kam
147	Vom Ursprung der Fabeln
147	Phaedrus, Warum Fabeln?
147	Wolfdietrich Schnurre, Politik
147	Wilhelm Busch, Eule und Star
147	Franz Kafka, Kleine Fabel
148	Projekt: Fabelwerkstatt: Eine Fabel schreiben und überarbeiten
149	Methode: Einen Text überarbeiten
150	**Zeichensetzung trainieren**
150	Gotthold Ephraim Lessing, Der Rabe und der Fuchs

Von Schelmen und Lügnern

153	Der allwissende Turban
154	Till Eulenspiegel
155	Till Eulenspiegel geht noch einmal aufs Seil
157	Freiherr von Münchhausen
157	Der Ritt auf der Kanonenkugel
158	Gottfried August Bürger, Münchhausens Mondbesteigung
159	Die Schildbürger bauen ein Rathaus
160	Die Folgen der Dummheit für Schilda und die übrige Welt
162	Aufgaben
163	**Lügengeschichten und Schwänke**
163	Lügengeschichten und Schwänke lesen
163	Münchhausen: Der Baron geht zu Ceylon auf die Jagd, kommt in eine furchtbare Klemme und wird wunderbar gerettet
164	nach Christa und Gerhard Wolf, Till Eulenspiegel und das blaue Tuch
166	Lügengeschichten und Schwänke als Spielszenen gestalten
166	projektorientierte Aufgabe: Spielszenen gestalten
167	**Wörter und Wortbedeutungen untersuchen**
167	Wortfeld
167	Methode: Vom Cluster zur Mind-Map
168	Wortbildung: Zusammensetzungen
169	Bildhaftigkeit und Redewendungen

Der Himmel ist blau – Der Himmel wird grau

170	Sarah Kirsch, Nach dem Gewitter ...
172	Rolf Bongs, Erste Sonne
172	Ilse Kleberger, Sommer
173	Erich Fried, Herbstmorgen in Holland
173	Christian Morgenstern, Wenn es Winter wird
174	Aufgaben

Kleine Gedichtkunde
- 175 Strophe und Vers
- 175 Christine Koller, Windspiele
- 175 Günter Ullmann, Herbstwind
- 176 Reim
- 176 nach Ernst Kreidolf, Nebel
- 176 Ilse Kleberger, Herbst
- 177 Hermann Hesse, September
- 177 Christine Busta, Der Sommer
- 178 nach Bertolt Brecht, Drachenlied
- 179 Hebungen und Senkungen: der Rhythmus
- 179 James Krüss, Gib Obacht
- 179 Georg Britting, Goldene Welt
- 180 Eduard Mörike, Er ist's
- 181 Methode: Gedichte auswendig lernen – kein Problem

Bildliche Sprache entschlüsseln
- 182 Vergleich
- 183 Metapher
- 183 Josef Guggenmos, Die Amsel im Fliederbusch
- 183 Personifikation
- 183 Erich Kästner, Der Januar
- 184 Projekt: Gedicht-Werkstatt

Wortarten bestimmen
- 185 Artikel
- 185 Dorothee Sölle, Weisheit der Indianer
- 186 Nomen (Substantiv)
- 186 Erich Fried, Humorlos
- 186 Der Wald/Die Wälder
- 187 Christian Morgenstern, Der Werwolf
- 187 Adjektive
- 187 nach Klaus Kordon, Manchmal
- 189 Adverbien
- 189 Christian Morgenstern, Die zwei Wurzeln
- 189 Peter Huchel, Herbst der Bettler
- 190 Pronomen
- 190 Martin Auer, Über die Erde
- 191 Christian Morgenstern, Der Sperling und das Känguruh
- 191 Christian Morgenstern, Die Vogelscheuche
- 192 Josef Reding, Meine Stadt
- 193 Präpositionen
- 193 Eva Rechlin, In dieser Minute
- 195 Konjunktionen

Unser Wasser

197 Horst Köhler, Wir horchen staunend auf ...
198 Kati Dammer, Leere Brunnen – und nun?
200 Doris Bauer, Martine Peters, Trinkwasser in Luxemburg
202 Beate Fuhl, Wasser marsch!
204 Aufgaben
204 Methode: Sinnentnehmendes Lesen: Lesen und Verstehen mit der „Lese-Brille"

205 **Informierende Texte untersuchen**
205 Druckmedien zur Information nutzen
205 André Lorenz, Wusstet ihr schon ...?
206 Projekt: Tipps zur Wassereinsparung
207 Sich mit Inhalt und Form von Sachtexten auseinandersetzen
207 Unicef-Projekt aus Geolino
210 Das Schönwetter-Drama
211 Diagramme, Tabellen und Schaubilder als besondere Form von Sachtexten verstehen
211 Schaubild „Mittel- und Spitzenwerte der Anlieferung der SEBES pro Jahrzehnt"
212 Schaubild „Wasserbilanz an einem Tag"
213 Aktiv und Passiv
213 Die Geschichte der Rosporter Quelle
214 Methode: Ein Flussdiagramm erstellen
215 Wie kommt das Mineralwasser in die Flasche?
218 **Vorgänge beschreiben**

Sich verständigen – sich verstehen

221 Annika Thor, Ich hätte Nein sagen können
222 Annika Thor, Einen Freund wie dich sollte jeder haben (Textausschnitt 1)
224 Wie feiert man ein Klassenfest? (Textausschnitt 2)
225 Mein Walkman! (Textausschnitt 3)
227 Ich hätte Nein sagen können ... (Textausschnitt 4)
228 Aufgaben

229 **Miteinander reden – einander zuhören**
229 Gesprächsregeln beachten
229 Methode: Rollenspiel
231 Methode: Gesprächsregeln
231 Einen Vortrag halten
232 Methode: Einen Vortrag halten
233 Formen schriftlicher Kommunikation
233 Die Chance
234 Persönliche Mitteilungen
235 Der sachliche Brief

238 Der Wissensspeicher
248 Konjugations- und Deklinationstabellen
282 Autoren- und Quellenverzeichnis
287 Textsortenverzeichnis
288 Bildquellenverzeichnis
290 Sachregister

Joan Miró, Frauen und Vogel in der Nacht

Gegen-einander? – Miteinander!

Fazil Hüsnü Dağlarca
Reise

Verstehen
Ist eine Reise
Ins Land
Eines anderen

Achim Bröger

Ihr dürft mir nichts tun

Wir hatten einen bei uns in der Klasse. So fangen Schulgeschichten an.
Aber Bernds Geschichte kann nicht so anfangen. Da wäre schon das erste Wort falsch. „Wir" hatten Bernd nicht. Zwischen uns und ihm gab's kein Wir.
Wir waren die Klasse. Bernd war erstmal nur ein Satz von Hopf, dem Klassenlehrer: „Wir bekommen einen Neuen. Der lag lange im Krankenhaus und wird vieles nicht mitmachen können. Kümmert euch um ihn. Gebt euch Mühe."
Bernd Braeckow kam. Am Anfang fiel vor allem seine Narbe auf. Diese lange rote Furche am Hinterkopf. Als hätten sie ihn da umgegraben. Bernds Narbe, die sich wegen seiner kurz geschnittenen Haare nicht übersehen ließ. Und das Tablettenschlucken fiel natürlich auch auf. Jede Stunde eine. Die Packung steckte in seiner Schultasche, wie bei uns das Pausenbrot.
„Was haben die nur mit seinem Kopf gemacht?", hatte ich mir oft überlegt und mir alles Mögliche vorgestellt. Aber fragen wollte ich ihn nicht danach, die anderen auch nicht. Und er erzählte nie irgendwas davon.
Er redete überhaupt nicht viel. Nach der Schule kam er stumm zur Fußballwiese mit und trug uns den Ball. Dann stand er neben dem Tor und sah mit seinen großen, vorstehenden Augen zu. Oder er stand daneben, wenn wir mit den Mädchen aus unserer Klasse Völkerball spielten. Bernd mit seiner Narbe am Hinterkopf und dem Tablettenröhrchen in der Tasche sah immer nur zu und sagte nichts. So war das jedenfalls am Anfang.
Einmal waren wir bei ihm eingeladen. Kuchen gab's und Kakao. Und das alles in einem kleinen Wohnzimmer. Wir saßen zu fünft auf einem weichen Sofa und versanken darin. Bernd zwischen uns. Seine Mutter saß im einzigen Sessel. Ein Vater hätte in diese Wohnung nicht mehr gepasst.
Seine Mutter meinte: „Ihr seid also Bernds Freunde." Wir nickten, obwohl das sicher nicht stimmte. Wie bei einem Krankenhausbesuch war das, stockend und leise. Keiner wusste, worüber man reden sollte, gespielt wurde auch nichts. Die Mutter saß daneben, beobachtete uns und sagte: „Greift doch zu. Fühlt euch wie zu Hause." Wir blieben dann nicht lange. Eigentlich wollte ich den Bernd zu meinem Geburtstag einladen, weil er mir leid tat. Aber mehr als acht Leute passten nicht in mein Zimmer. Bernd war zu viel. Er wurde auch sonst von niemandem eingeladen.
Eine Zeit lang ging Bernd noch stumm neben uns her und sah uns zu. Trug den Ball, stand neben dem Tor und wurde immer mehr übersehen. Aber plötzlich ließ er sich nicht mehr übersehen. Wenn ein Ball auf ihn zurollte, drosch er ihn weit in die Büsche. Dann rannte er weg und schrie aus sicherer Entfernung: „Ihr dürft mir nichts tun."
Das hatte uns auch unser Klassenlehrer gesagt: „Passt auf, dass keiner ihm was tut. Das könnte böse ausgehen."

Wir sahen hinter Bernd her. Einer meinte: „Komischer Kerl, hat bisher nie was gesagt, und jetzt schreit er plötzlich los."
Als das öfters vorkam, hieß es: „Der ist unberechenbar. Das hat wohl was mit der Narbe am Kopf zu tun. Vielleicht sollte er mal andere Tabletten nehmen." Dann begann Bernd zu schlagen. Er haute auf dem Schulhof dem Pit die Faust in den Magen, weil er ihn aus Versehen berührt hatte. Der starke Pit schnappte nach Luft. Bernd stand vor ihm, rot im Gesicht, und sagte: „Du darfst mir nichts tun." „Der glaubt wohl, er kann sich alles erlauben. Nur weil er irgendwas am Kopf hat. So ein fieser Kerl." Mit dem Mitleid war's jetzt vorbei. Wir ließen ihn stehen. Unseren Ball trugen wir selbst.
Bernd schlug immer häufiger und schrie sein „Ihr dürft mir nichts tun!". Irgendwann erfuhr unser Klassenlehrer davon. Er sagte: „Schluckt's runter, auch wenn ihr wütend seid. Und fasst ihn bitte nicht an."
Wir fassten ihn nicht an. Und wir redeten kein Wort mit ihm, obwohl Bernd plötzlich überhaupt nicht mehr still war. Er schrie und tobte, wenn ihm eine Kleinigkeit nicht passte. Bernd haute um sich, egal, wohin er traf, meldete jeden, der abschrieb oder in der Pause nicht auf den Hof hinunterging.
Bernd Braeckow wirkte wie ausgewechselt. Wir standen da und schüttelten die Köpfe. Immer öfter sagte einer: „Der ist ja nicht normal. Jetzt dreht er völlig durch."
Als Bernd krank wurde, wollte ihm keiner die Schularbeiten bringen. Hopf musste erst einen bestimmen. Und er bat wieder: „Gebt euch Mühe mit ihm, auch wenn er anders ist." Noch drei Tage kam Bernd in die Schule. Dann blieb er für immer weg. Hopf sagte dazu: „Wir haben's nicht geschafft." Bernd hatte nur seine Narbe, seine Tabletten und keinen von uns. Deswegen kann ich nicht sagen: Wir hatten einen bei uns in der Klasse. Es gab kein Wir. Für kurze Zeit gab es den gleichen Klassenraum und die gleichen Lehrer. Sonst nichts.

Erich Kästner
Gustav hat abgeschrieben!

Aufgaben: Seite 13

Gustav hatte von Leo abgeschrieben. Während der Rechenarbeit. Das wäre vielleicht nicht weiter aufgefallen, wenn Leos Lösungen richtig gewesen wären. Sie waren aber falsch! 3498 : 179 war bei Leo seltsamerweise 199,991! Und Gustav, der beim Rechnen nur das Abschreiben beherrschte, hatte selbstverständlich auch 199,991 herausbekommen. Genau wie Leo.
Lehrer H. merkte den Schwindel beim Heftekorrigieren. Und die Sache wäre glimpflich abgelaufen, wenn Gustav sein Vergehen zugegeben hätte. Er *log* aber und behauptete steif und fest, er habe *nicht* abgeschrieben. Er war sogar so ungezogen und unanständig zu erklären: Vielleicht habe Leo von *ihm* gespickt! Lehrer H. fragte nun Leo, wie sich die Sache verhalte. Leo sagte, er habe nicht abgeschrieben. Weiter war aus ihm nichts herauszubringen. Natürlich wusste

er, dass Gustav gelogen und dass er während der Arbeit sein Heft zu sich herübergezogen hatte. Das wollte er aber nicht gestehen.
Der Lehrer versuchte es auf jede Weise, doch Leo schwieg. Da sagte Herr H.: „Ich gebe dir bis morgen Bedenkzeit. Wenn du dann noch immer nichts gesagt hast, werden wir weitersehen!" Und als er das Klassenzimmer verließ, war er recht ärgerlich.
Gustav versammelte die ganze Klasse um sich, packte Leo drohend an der Jacke und sagte: „Wenn du mich verrätst, kannst du was erleben."
Und Arthur rief: „Wenn er es verrät, ist er ein Feigling!" Und die meisten gaben ihm Recht.
Könnt ihr begreifen, wie es Leo zumute war? Wenn er zu Gustav hielt, war er ein Lügner; und er wusste, dass es nichts Hässlicheres und Ehrloseres gibt als die *Lüge*. Wenn er aber Gustav beim Lehrer angab, hielten ihn die andern für einen feigen Kerl und Verräter; und nie würden sie glauben, er täte es aus Wahrheitsliebe, sondern um sich bei Herrn H. einzukratzen. Und aus Angst vor Strafe. Ganz unrecht hätten sie dabei nicht einmal gehabt: Leo hatte wirklich Angst! Er fürchtete, wenn er schwiege, würde er einen Brief nach Hause mitbekommen, in dem dann stünde, dass er ein Lügner sei. Und das durfte niemals geschehen! Denn Leos Mutter war krank und hatte außer ihrem Jungen nichts auf der Welt. Also, könnt ihr begreifen, wie es Leo zumute war?
Er briet zu Haus Kartoffeln und Spiegeleier, trug die Mahlzeit ans Bett der Mutter und aß mit ihr. Er konnte nämlich alles Mögliche kochen und braten: Beefsteak, Makkaroni, Milchreis, Kaffee, sogar Schnitzel, die man erst in geriebener Semmel wälzen muss. Er kochte gern, weil er's für die Mutter tat. Und das Essen verstand er auch nicht schlecht! Aber heute schmeckte es ihm nicht. Die Mutter merkte, dass etwas nicht in Ordnung war und fragte ihn. Aber er tat lustig, um sie nicht aufzuregen, und bat gar, ein bisschen auf den Spielplatz gehen zu dürfen. Dabei wär er viel, viel lieber bei der Mutter geblieben!
Da stand er dann auf dem Spielplatz und machte sich schwere Gedanken. Gab es wirklich keinen Ausweg? Musste er wählen, ob er ein *Lügner* oder ein *Verräter* werden wollte? Blieb nichts Drittes übrig?
Gustav, Arthur und andere aus der Klasse kamen an ihm vorüber. Sie gingen Fußball spielen und beachteten ihn gar nicht. Er blickte ihnen nach. War es wirklich Verrat, wenn er die *Wahrheit* sagte, weil er das Lügen verabscheute und fürchtete, der Lehrer könne ihm einen Brief mitgeben? War es denn Verrat, einen solchen Lügenkerl wie den Gustav der verdienten *Strafe* auszuliefern? Wurde der nicht noch böser und fauler, wenn man seinetwegen zu lügen anfing?
Leo schlief an diesem Abend nicht ein. Er warf sich im Bett herum, genau wie die Gedanken im Kopf. Dann lag er wieder lange, lange still, dass die Mutter nichts weiter merke. Schließlich nahm er sich vor, dem Lehrer nichts zu sagen – komme, was wolle! Er konnte die bloße Vorstellung einfach nicht ertragen, für feige gehalten zu werden.

Am Morgen drauf hatte Leo das erste Mal richtig *Furcht* vor der Schule. Am liebsten wäre er auf der Stelle krank geworden! Aber dann nahm er sich zusammen und ging doch.

Gustav sah ihn böse an. Die andern taten fast alle, als wäre er Luft. Und Lehrer H. hatte, obwohl er nicht über die Sache sprach, etwas im Blick, was ihn traurig machte. Leo fror. Und blass sah er aus. Zum Erbarmen.

Am Schluss der letzten Stunde behielt der Lehrer die Klasse zurück, rief Leo auf und sagte: „Nun schieß mal los!" Leo stand auf und schwieg.

Herr H. ging zwischen den Bänken hin und her, blieb schließlich bei Arthur, wie zufällig, stehen und meinte: „Wenn du nun, statt mit Leo, mit Gustav zusammensäßest, ließest *du* Gustav von dir abschreiben?"

Arthur sagte: „Ich bin doch im Rechnen noch schlechter als Gustav!"

Erst mussten alle lachen, dann fragte der Lehrer weiter: „Hältst du das Mutigsein für etwas Schönes? Ja? Würdest du, an Gustavs Stelle, mutiger sein? Denn Gustav ist doch feig, nicht wahr?"

Da sprang aber Gustav auf: „Ich bin nicht feig!"

„Doch, doch, Gustav", sagte Lehrer H., „du bist sogar sehr feig. Und Leo ist tapfer. Ich werde von heute ab –"

„Ich habe abgeschrieben, Herr H.", sagte Gustav eilig, „abgeschrieben habe ich. Aber feig bin ich nicht."

„Na, das ist wenigstens etwas", meinte der Lehrer, „doch du musst auch noch fleißig werden und zu stolz, den Nachbarn zu bestehlen." Dann klopfte Herr H. Leo auf die Schulter und setzte Gustav auf eine Bank ganz allein für sich.

Achim Bröger, **Ihr dürft mir nichts tun** *(Seite 10)*

1. Erkläre, wodurch Bernd sich von Anfang an von den anderen Schülern unterscheidet.
2. „Zwischen uns und ihm gab es kein Wir." – Erläutere diesen Satz, indem du auf Bernds Verhalten und die Reaktion der Klasse eingehst.
3. Untersuche die Rolle des Lehrers. Hätte er sich auch anders verhalten können? Notiere deine Einschätzung stichpunktartig. Diskutiert darüber in der Klasse.

Erich Kästner, **Gustav hat abgeschrieben** *(Seite 11)*

1. Liste alle Figuren auf, die im Text vorkommen, und trage zusammen, was du über sie erfährst.
2. Leo steht vor einer schwierigen Entscheidung. Unterstreiche Textstellen, die belegen, wie sehr ihm der Konflikt zu schaffen macht.
3. Zeige am Text, welche Rolle Leo innerhalb der Klasse spielt.
4. Untersuche den Schluss und erkläre, wie es dem Lehrer gelingt, den Konflikt zu lösen.

Erzählungen erschließen

Erzählungen verstehen

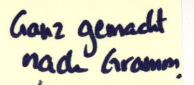

Um Erzählungen zu verstehen, musst du selbst aktiv werden. Die folgenden ➔ **Arbeitsschritte** sollen dir helfen, erzählende Texte besser zu verstehen.

Amelie Fried
Der rote Pullover

> ➔ **Vermutungen über den Inhalt anstellen:**
> Überlege nach dem Lesen des Titels, worum es in der Geschichte gehen könnte. Sprich mit deinen Mitschülern über deine Vermutungen.

Janni log, war schlecht in der Schule und klaute wie ein Rabe. Ich hatte nur einen Wunsch: Ich wollte sein wie sie.

> ➔ **Fragen an den Text stellen:**
> Notiere Fragen, die dir beim Lesen der ersten Zeilen durch den Kopf gehen.

In unserem Internat war so ungefähr alles versammelt, was die Gesellschaft an gefährdeten Existenzen hervorbrachte: Scheidungswaisen, Verhaltensgestörte, Lernbehinderte, Wohlstandsverwahrloste, Prominentenkinder, Diplomatensprösslinge – Janni war gewissermaßen eine Verbindung aus allem und besaß dadurch einen Status, um den ich sie als langweiliges Mittelstandskind aus intakter Ehe heiß beneidete.

> ➔ **W-Fragen stellen und beantworten:**
> – *Wo* und *wann* spielt die Geschichte?
> – *Wer* steht im Mittelpunkt der Handlung?
> – *Was* steht im Mittelpunkt?
> Auch hier kannst du weitere Vermutungen anstellen: Welche Erwartungen hast du an eine Geschichte, die im Internat spielt? Wie stellst du dir das Internat vor, von dem hier die Rede ist?

Dazu kam: Janni war schön. Wunderschön. Ihr Gesicht bestand aus sanften Rundungen, ihr Mund wirkte energisch und verletzlich zugleich, ihre Augen hatten die Farbe der Nuss-Nougat-Creme, die wir sonntags serviert bekamen, als Trost dafür, dass wir nicht wie andere Kinder mit unseren Eltern am Frühstückstisch saßen.

> ➔ **Informationen sammeln:**
> Was hast du bisher über Janni bzw. über die Ich-Erzählerin erfahren?
> Lege eine Tabelle an und trage in diese die gefundenen Informationen ein.
> Ergänze im weiteren Verlauf diese Tabelle und berücksichtige dabei auch neue Figuren.
>
> ➔ **Weitere W-Fragen beantworten:**
> – *Was* passiert im weiteren Verlauf der Geschichte?
> – *Warum* passiert es?
> – *Wie* passiert es?
> – *Welche Folgen* hat das Geschehen für die einzelnen Figuren?
>
> ➔ **Inhalt zusammenfassen:**
> Fasse den Inhalt des bisher Gelesenen mit eigenen Worten in zwei bis drei Sätzen zusammen.
> Vergleiche mit einem Partner. Gibt es Unterschiede?

Ich wollte nur in ihrer Nähe sein, ihr Dasein genießen, sie ansehen. Wenn Janni
15 lief, spannten sich die Muskeln ihrer langen Beine, wenn sie sich über ein Buch
beugte, fiel ihr Haar nach vorn, und ihr linkes Ohr, das ein bisschen abstand,
wurde sichtbar. Und Janni hatte schon Busen. Eine schüchterne Erhebung über
dem flachen, harten Bauch, der, ebenso wie
ihre Beine, auch zu einem Jungen hätte
20 gehören können.
Janni war nie allein. Sie war immer umgeben von einem Tross Verehrer, dem sie voranschritt wie eine Herrscherin. Janni
schrieb keine Hausaufgabe, machte keinen
25 Küchendienst und brachte ihre Wäsche
nicht selbst in die Wäscherei. Sie hatte für
alles ihre Sklaven. Ich hätte mein Leben
dafür gegeben, eine ihrer Sklavinnen zu sein.
Bisher hatte sie mich aber nicht mal angese-
30 hen, geschweige denn ein Wort an mich
gerichtet. Ich lungerte überall herum, wo
ich ihr Auftauchen vermutete, da sie aber
zwei Klassen über mir war, gab es nicht allzu
oft Gelegenheit, sie aus der Nähe anzubeten.

> ➔ **Zentrale Textstellen unterstreichen:**
> Markiere die Textstellen, wo besonders deutlich wird, wie die Ich-Erzählerin zu Janni steht.
>
> ➔ **Unbekannte Wörter aus dem Textzusammenhang erschließen:**
> Du hast den Textausschnitt sicher verstanden, trotzdem sind dir vielleicht ein paar Wörter unbekannt. Versuche aus dem Zusammenhang zu erschließen, was *Tross*, *geschweige denn* und *herumlungern* bedeuten, und kontrolliere dein Verständnis, indem du die Begriffe in einem Wörterbuch nachschlägst.
> Erschließe auch im Folgenden dir unbekannte Wörter aus dem Textzusammenhang bzw. schlage diese in einem Wörterbuch nach.
>
> ➔ **Inhalt zusammenfassen:**
> Fasse den Inhalt des Abschnittes kurz zusammen.
>
> ➔ **Vermutungen anstellen:**
> Überlege, wie die Handlung weitergehen könnte.
> Gib an, auf welche Textstellen du deine Vermutung dabei stützt.

Das Klauen in den Geschäften der nahen Kreisstadt war groß in Mode gekommen, und so verbrachten die Schüler des Internats die Nachmittage, indem sie grüppchenweise umherschlenderten und auf gute Gelegenheiten warteten. Ich schlenderte mit und tat so, als wartete ich ebenfalls. In Wahrheit zitterten mir die Knie, und ich hoffte inständig, es würde sich keine gute Gelegenheit bieten!

Anfangs war ganz egal, was geklaut wurde, es ging nur um den Spaß. Später verlegte man sich auf hochwertige Gegenstände wie Jeans, Stiefel, Modeschmuck und natürlich Schallplatten. Die waren am schwersten zu klauen und hatten daher das größte Prestige. Ich hatte es einmal geschafft, einen kleinen Bärenanhänger in meiner Jackentasche verschwinden zu lassen. Mit hochrotem Kopf und schweißgebadet verließ ich den Laden, draußen erntete ich Hohn und Spott von meinen Mitschülern.

Eines Tages konnte ich es nicht verhindern, in die Klamottenabteilung eines Kaufhauses mitgezerrt zu werden. Ich tat so, als probierte ich Blusen an; tatsächlich stand ich nur in der Umkleidekabine herum und wartete auf das Zeichen zum Abhauen.

Plötzlich riss jemand den Vorhang zur Seite. Ich schloss die Augen und erwartete, dass sich jeden Moment Handschellen um meine Gelenke legten.

„He, was machst du denn hier?", hörte ich ein Flüstern und riss die Augen auf. Es war Janni. Janni, die Angebetete, die Unerreichbare, stand in dreißig Zentimeter Abstand vor mir und hielt etwas unter der Jacke versteckt. Ich fühlte die Wärme ihres Körpers, ihren schnellen Atem, sah direkt in die Nuss-Nougat-Augen und spürte, wie sich kleine Schweißperlen auf meiner Oberlippe sammelten.

Vor der Kabine wurde es unruhig. Schnelle Schritte, Stimmengewirr. Rratsch, rratsch wurden Vorhänge aufgerissen. „Scheiße!", flüsterte Janni.

> **Anwenden der Methode**
> Wende nun im Folgenden die Arbeitsschritte, die du bisher kennengelernt hast, selbstständig an. Lies dabei jeweils einen Abschnitt.
> – Was erfährst du Neues in dem Abschnitt?
> – Welche Fragen stellst du dir nach dem Lesen?
> – Fasse den Inhalt kurz zusammen.
> – Wie könnte die Handlung weitergehen?

Mit einer schnellen Bewegung zog sie ein rotes Knäuel unter der Jacke hervor und warf es von sich. Anmutig entfaltete sich das Knäuel und verwandelte sich in einen modischen Pullover, der in seiner ganzen Mohair-Schönheit zu Boden schwebte wie eine bauschige rote Wolke.

Rratsch! Der Vorhang flog auf, ein schnaufender Mann stierte uns an, flankiert von aufgeregt schnatternden Verkäuferinnen in knielangen Röcken und Hemdblusen. Dahinter standen mit schreckgeweiteten Augen meine zwei Mitschülerinnen, die mich in dieses Abenteuer hineingezogen hatten.

„Da!", japste der Mann und zeigte auf die rote Wolke zu seinen Füßen. „Wer von euch ist gerade mit diesem Pullover abgehauen?" Janni und ich hatten ungefähr die gleiche Haarfarbe und natürlich hatte ich mir mal eine ähnliche Jacke gekauft wie sie. So wusste der Typ plötzlich nicht mehr, wen er gerade verfolgt hatte.

Er schaute von mir zu Janni und wieder zurück. Ich schwieg. Janni schwieg ebenfalls. Dann drehte sie langsam den Kopf und sah mich an, mit einem herausfordernden Blick, einem fast nicht wahrnehmbaren Lächeln.

„Sie", sagte Janni. Alle Blicke richteten sich auf mich. Ich holte tief Luft.

Das war sie. Die Gelegenheit, ihr meine Liebe zu zeigen. Sie zu meiner Gönnerin zu machen, vielleicht zu meiner Freundin.

Ich zögerte keinen Moment. „Stimmt", sagte ich mit fester Stimme und sah dem Mann direkt in die Augen. Welch erhebendes Gefühl! Ich war mutig, so mutig wie Janni! Indem ich ihre Tat auf mich nahm, verschmolz ich mit ihr, wurde eins mit meinem Idol.

Der Mann packte mich und riss mich mit einem derartigen Ruck aus der Kabine, dass er mir fast den Arm ausgekugelt hätte. Dann schleppte er mich durch das halbe Kaufhaus bis in ein Büro; ich flog, nahezu waagerecht in der Luft liegend, hinter ihm her.

Um es kurz zu machen: Es gab ein Riesentheater.
Froh, endlich einen Sündenbock für all die unaufgeklärten Diebstähle der letzten Zeit gefunden zu haben, fielen alle über mich her (Geschäftsführer, Polizei, Schulleitung, Psychologe, Eltern).
Es gab endlose Konferenzen, in denen über mein Schicksal verhandelt wurde. Stundenlang saß ich auf irgendwelchen Gängen (Polizeipräsidium, Lehrerzimmer, Erziehungsberatung) und wartete darauf, aufgerufen und erneut verhört zu werden.
Besonders ein junger Polizeibeamter legte sich ins Zeug. Er bearbeitete mich mit allen Mitteln, bedrohte und beflirtete mich, um ein paar Namen von anderen Missetätern aus mir herauszuquetschen. Er gab mir sogar seine Telefonnummer und sagte diesen Satz, den ich nur aus Filmen kannte: „Wenn du mir etwas sagen willst, kannst du mich jederzeit anrufen."
Ich fand ihn ziemlich nett, schwieg aber beharrlich. Ich sagte nichts zu meiner Entlastung und nichts, das irgendjemand belastet hätte. Ich war entschlossen, die Sache auszusitzen.
Und tatsächlich, nach einer Weile waren meine Kontrahenten mürbe. Der nette Polizeibeamte gab auf, mir wurde zugute gehalten, dass ich mir bislang nichts hatte zu Schulden kommen lassen und eine gute Schülerin war. Mittelstandskind aus intakter Ehe eben, unauffällig und angepasst. Von einem Schulverweis wurde Abstand genommen. Da ich zu jung für eine Jugendstrafe war, wurden mir fünfzig Stunden Gartenarbeit auf dem Schulgelände aufgebrummt.

Die Beete rund um das Haus, in dem Janni wohnte, waren bald gepflegt wie nie zuvor. Nachmittage lang jätete und harkte ich; aus den Augenwinkeln beobachtete ich den Eingang.
Ich sehnte mich danach, einen Blick auf sie zu erhaschen, seit der Sache im Kaufhaus hatte ich sie nur einmal kurz im Speisesaal gesehen. Hingebungsvoll hatte ich mir ausgemalt, wie sie mir danken würde, immerhin hatte ich sie vor einer Katastrophe bewahrt. Hätte man ihr Zimmer durchsucht statt meinem, wären all die Pullis, Platten, Schmuckanhänger, Schuhe und Poster aufgetaucht, die sie wie eine räuberische Elster in ihr Nest geschleppt hatte. Unweigerlich wäre sie von der Schule geflogen. Das hätte das Ende ihrer Schulkarriere bedeutet. Sie war schon von sechs Internaten

geflogen und in ganz Deutschland gab es keine Schule mehr, die sie aufnehmen wollte.

Was für ein großartiges Gefühl es sein musste, so gefürchtet zu sein! Gesetzlos, gejagt und gehasst von der Gesellschaft. Wieder stieg glühender Neid in mir hoch. Warum nur war ich so eine harmlose Langweilerin!

Als ich die Hoffnung fast schon aufgegeben hatte und darüber spekulierte, ob ihr etwas zugestoßen war, sie vielleicht sogar auf der Krankenstation lag, erschien sie. Zuerst sah ich nur eine bauschige rote Wolke. Überrascht richtete ich mich auf. Hatte sie tatsächlich die Chuzpe[1] besessen, in der allgemeinen Aufregung den Pulli doch noch mitgehen zu lassen?

Janni schritt, wie immer mit Gefolge, geradewegs auf mich zu. Mein Herz begann zu rasen, wieder versammelten sich Schweißtröpfchen auf meiner Oberlippe, und ich spürte, wie ich rot wurde. Jetzt, jetzt würde sie mich ihrer Dankbarkeit versichern, und alle, die sie begleiteten, würden es hören. Vielleicht würde sie mir sogar den Pullover schenken. Wie nach einem Fußballspiel würden wir unsere Trikots tauschen, als Zeichen unserer Freundschaft. Erwartungsvoll nahm ich Haltung an.

Sie blieb nicht stehen. Im Vorbeigehen sagte sie zu ihren Begleitern: „Schaut euch die dumme Gans an. Schlimm genug, dass sie klaut. Noch schlimmer, dass sie sich erwischen lässt." Ihr Hofstaat erbebte in beifälligem Gekicher. Und schon war sie verschwunden. Zurück blieb ein winziger, roter Mohairflusen, der gemächlich zu Boden segelte. Ich bemerkte erstaunt, dass er beim Aufkommen keine Detonation[2] auslöste. Mein Gehirn überprüfte in Sekundenbruchteilen alle Reaktionsmöglichkeiten (schreien, weinen, sie mit der Hacke erschlagen, weglaufen, mich selbst entleiben[3]). Ich lehnte die Hacke sorgfältig an die Hauswand und ging, einen Fuß aufmerksam vor den anderen setzend, ins Schulbüro. Ich meldete ein Telefongespräch an, dann wählte ich die Nummer des netten Polizeibeamten.

[1] *die Chuzpe:* die Unverschämtheit, die Dreistigkeit

[2] *die Detonation:* die Explosion

[3] *sich entleiben:* sich selbst töten

1. Nachdem du die Geschichte ganz gelesen hast, kannst du jetzt alle **W-Fragen** beantworten: *Wer? – Wann? – Wo? – Was? – Wie? – Warum? – Welche Folgen?*

2. Bestimme das **Thema der Geschichte**:
Welcher Satz trifft den Inhalt am besten? Entscheide.
Die Geschichte ...
☐ handelt von einem Streit zwischen zwei Freundinnen.
☐ will zeigen, wie schwierig das Leben im Internat ist.
☐ beschreibt die Erfahrung einer großen Enttäuschung.
☐ will zeigen, dass Stehlen nichts bringt.

3. Untersuche **Anfang und Schluss** der Geschichte:
Was fällt dir auf? Notiere in Stichworten deine Untersuchungsergebnisse.

4. Befasse dich mit dem **Aufbau** der Geschichte:
Bestimme, wo der Höhepunkt ist. Dazu musst du den Text in Sinnabschnitte einteilen und jeden Sinnabschnitt in einem Satz zusammenfassen.

Erklärung
Ein Sinnabschnitt beginnt dann, wenn die Handlung einen neuen Verlauf nimmt. Er ist meist an sprachlichen Signalen zu erkennen.

5. Du hast die Informationen zu den **Figuren** (Janni und die Ich-Erzählerin) in einer Tabelle festgehalten. Kläre nun,
- welche Eigenschaften beide Figuren kennzeichnen;
- welches Verhalten für sie bestimmend ist;
- welche Gründe und Motive es für ihr Verhalten in bestimmten Situationen gibt;
- ob die Figuren eine Entwicklung zeigen und wie sich ihr Verhalten gegebenenfalls verändert.

Beurteile abschließend das Verhalten der beiden Figuren.

6. Von Bedeutung ist auch der **Titel** der Geschichte:
Kläre den Zusammenhang zwischen dem Titel und der Handlung.

7. Erläutere, was die Autorin dem Leser mit dieser Geschichte vermitteln will (**Absicht**) und warum sie dafür die Ich-Form gewählt hat.

Strategien zum besseren Textverständnis

- Ausgehend vom Titel Vermutungen zum Inhalt des Textes anstellen.
- Beim Lesen Vermutungen über den weiteren Handlungsverlauf anstellen.
- Unbekannte Wörter aus dem Textzusammenhang erschließen oder im Wörterbuch nachschlagen.
- Fragen an den Text stellen und das Gelesene zusammenfassen.
  W-Fragen (*Wer? Wann? Wo? Was? Wie? Warum? Mit welchen Folgen?*) an den Text stellen und beantworten.
- Informationen zu Personen, Orten usw. sammeln und wichtige Aussagen im Text unterstreichen.
- Den Text als Ganzes betrachten und das Thema bestimmen (*Worum geht es in der Geschichte?*).
- Anfang und Schluss der Geschichte vergleichen.
- Den Aufbau der Geschichte untersuchen. Dazu den Text in Sinnabschnitte einteilen und den Inhalt dieser Abschnitte kurz zusammenfassen.
- Das Verhältnis der Figuren zueinander untersuchen und ihre Entwicklung darstellen.
- Den Titel und die Handlung aufeinander beziehen.
  Schlussfolgerungen in Bezug auf die Aussageabsicht des Textes ziehen.

Nach Peter Weiß
Nicht versetzt

Ich kam am letzten Tag vor den Ferien mit dem Schulzeugnis nach Hause. Darin war ein schrecklicher Satz zu lesen, ein Satz, vor dem mein ganzes Dasein zerbrechen sollte. Ich ging mit diesem Satz große Umwege, wagte mich nicht mit ihm nach Hause, sah immer wieder nach, ob er nicht plötzlich ver-
5 schwunden war, doch er stand immer da, klar und deutlich. Schließlich ging ich trotz meiner großen Angst nach Hause, weil ich nicht die Kühnheit besaß, mich als Schiffsjunge nach Amerika anheuern zu lassen. Als ich das Zimmer betrat, saß bei meinen Eltern Fritz W.. Was machst du denn für ein betrübtes Gesicht, rief er mir zu. Ist es ein schlechtes Zeugnis?, fragte meine Mutter
10 besorgt, und mein Vater blickte mich an, als sehe er alles Unheil der Welt hinter mir aufgetürmt. Ich reichte das Zeugnis meiner Mutter hin, aber Fritz riss es mir aus der Hand und las es schon und brach in schallendes Gelächter aus. Nicht versetzt, rief er und schlug sich mit seiner kräftigen Hand auf die Schenkel. Nicht versetzt, rief er noch einmal, während meine Eltern abwechselnd ihn
15 und mich verstört anstarrten und zog mich zu sich heran und schlug mir auf die Schultern. Nicht versetzt, genau wie ich, rief er, ich bin viermal sitzengeblieben. Damit war die Todesangst zerstäubt, alle Gefahr war vergangen. Aus den verwirrten Gesichtern meiner Eltern konnte sich keine Wut mehr hervorarbeiten, sie konnten mir nichts mehr vorwerfen, da ja Fritz W., dieser tüchtige
20 und erfolgreiche Mann, alle Schuld von mir genommen hatte und mich dazu noch besonderer Ehrung für würdig hielt.

8. Fasse mündlich zusammen, was du beim ersten Lesen des Textes verstanden hast.

9. Setze Fragezeichen an den Textrand neben die Stellen, die dir unklar sind, und kläre sie im Gespräch mit deinem Banknachbarn.

10. Beantworte die W-Fragen zum Text schriftlich.

11. Halte die unterschiedlichen Reaktionen der Figuren und die Folgen dieses Verhaltens fest. Übertrage dazu das Schema in dein Heft und ergänze es.

Mithilfe eines **Strukturbildes** können Beziehungen und Zusammenhänge im Inhalt einer Erzählung deutlich gemacht werden.

Satzarten unterscheiden

Die Neue

Nelly ist vor zwei Wochen mit ihren Eltern von Ulm nach Hannover gezogen. Alles ist noch sehr fremd für sie und auch in der Schule fühlt sie sich noch nicht besonders wohl. Als sie in der Pause zufällig an der offenen Klassenzimmertür vorbeigeht, hört sie, wie sich Sabine und Hanna unterhalten:

HANNA: Was hältst du denn von der Neuen? Also, ich finde sie merkwürdig. Schon wie sie spricht!
SABINE: Findest du? Mir ist sie eigentlich ganz sympathisch. Das war doch klasse, wie sie dem doofen Klaus ihre Meinung gesagt hat! Hättest du dich das getraut? Sei mal ehrlich!
HANNA: Vielleicht hast du Recht und wir sollten netter zu ihr sein. Wir können sie ja nachher mal fragen, ob sie Lust hat, morgen mit ins Kino zu gehen.
SABINE: Gute Idee! Los! Jetzt gehen wir in den Hof zu den anderen.
Nelly dreht sich um und läuft schnell zur Toilette. Sie ist sehr erleichtert.

1. Lest den Dialog mit verteilten Rollen laut vor.
a) Achtet dabei darauf, ob die Sätze, die mit Punkt, Ausrufezeichen oder Fragezeichen enden, anders betont werden.
b) Beschreibt die wahrgenommenen Unterschiede.

2. Bestimme im Dialog die jeweiligen Satzarten. Orientiere dich dabei an dem folgenden Merkkasten.

Die meisten Sätze, die wir verwenden, sind **Aussagesätze**. In ihnen wird etwas mitgeteilt, ausgesagt oder erzählt. Den Satzabschluss markiert ein Punkt.	*Ich finde sie merkwürdig.*
Um etwas zu erfragen, bedienen wir uns zwei Formen von **Fragesätzen**, die durch ein Fragezeichen am Satzende gekennzeichnet sind:	
Satzfragen lassen sich mit *Ja* oder *Nein* beantworten.	*Findest du sie merkwürdig?*
Wortfragen verlangen dagegen eine Auskunft auf das Fragewort, mit dem sie beginnen.	*Warum findest du sie merkwürdig?*
Mit einem Ausrufezeichen enden viele **Aufforderungssätze**, vor allem wenn Wünsche und Befehle geäußert werden, und alle **Ausrufesätze**.	*Sei nicht so gemein!* *Die ist doch nett!*

Satzglieder bestimmen

Fototermin in der Schule! Endlich ist auch die 7b an der Reihe, doch Herr Schnappschuss, der die Klassenfotos machen soll, ist beinahe am Verzweifeln. Die Klasse möchte nämlich mit einem besonderen Gruß aufs Foto, für den die Schüler Luftballons mit Wörtern bemalt haben.

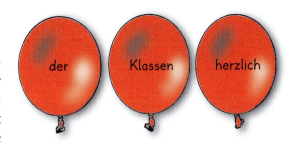

1. Hilf Herrn Schnappschuss bei der Anordnung der Kinder mit den Wort-Ballons. Schreibe die richtige Lösung auf.

2. Wenn ihr eure Ergebnisse vergleicht, werdet ihr feststellen, dass es mehrere richtige Lösungen gibt. Schreibt alle Möglichkeiten untereinander in eure Hefte.

3. Obwohl offenbar viele Wörter in einem Satz umstellbar sind, gibt es doch auch einige, die immer zusammengeblieben sind. Markiert die Wortgruppen/Wörter, die beim Umstellen stets zusammenbleiben, mit unterschiedlichen Farben. Jetzt habt ihr die kleinsten Bausteine des Satzes, die **Satzglieder**, ermittelt.

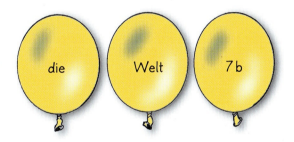

Umstellprobe

Sätze bestehen aus einzelnen Bausteinen, den **Satzgliedern**, die sich mithilfe der **Umstellprobe** (Verschiebeprobe) ermitteln lassen. Satzglieder sind demnach einzelne Wörter oder auch Wortgruppen, die bei einer Umstellung im Satz beisammenbleiben, wenn der Sinn der Aussage nicht verlorengehen soll.
Peter freut sich auf die nächsten Ferien im Ausland.
Auf die nächsten Ferien im Ausland freut sich Peter.
Im Ausland freut sich Peter auf die nächsten Ferien. (Veränderter Sinn!)

Beim Erlernen einer Sprache eignen wir uns die Fähigkeit an, die Wörter eines Satzes wie selbstverständlich zu Satzgliedern zu ordnen.

4. Nun entsteht in der 7b eine Diskussion über die ideale Position der Satzglieder, denn je nach Reihenfolge der Satzglieder ändert sich auch der Schwerpunkt der Aussage. Welche Reihenfolge würdet ihr empfehlen?

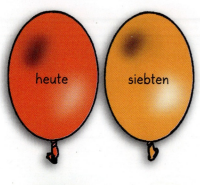

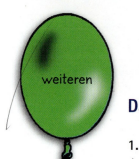

5. Als die Klasse bereit ist, kommen zwei Kinder mit ihren Ballons (rot und orange) hinzu, die auch noch auf das Bild möchten. Schreibe alle jetzt möglichen Sätze in dein Heft und markiere die Satzglieder farbig.

6. Erkläre, warum du nur eine weitere Farbe gebraucht hast, obwohl zwei neue Wörter vorliegen.

7. Erfinde neue Luftballons für den Fototermin der 7b, deren Wörter den Satz sinnvoll ergänzen oder verändern.

8. Ergänze den Satz der 7b mit dem grünen Luftballon und entscheide mithilfe der Umstellprobe, ob ein neues Satzglied vorliegt.

Das Prädikat

1. Schreibe die folgenden Sätze ab und stelle mithilfe der Umstellprobe die Satzglieder fest. Benutze wieder unterschiedliche Farben zur Kennzeichnung.
- Schließlich blicken alle Schüler erwartungsvoll in die Kamera.
- Mit einem Scherz bringt Herr Schnappschuss die Klasse zum Lachen.
- Nach dem Fototermin befestigen die Kinder Briefe an ihren Luftballons.
- Anschließend laufen alle mit ihren Luftballons auf den Schulhof.

2. Nicht jedes Satzglied lässt sich ohne weiteres verschieben. Eines der Satzglieder bleibt im Aussagesatz stets an der gleichen Stelle. Beschreibe dieses Satzglied nach der Wortart und der Position im Satz.

> Fast alle Satzglieder können an verschiedenen Positionen im Satz stehen.
> Das **Prädikat** (die Satzaussage) steht in Aussagesätzen an zweiter Satzgliedstelle.
> Das Prädikat ist das wichtigste Satzglied und darf in keinem Satz fehlen. Es weist stets ein konjugiertes Verb auf: (ich) *gehe*, (du) *schliefst*, (sie) *haben geträumt* ...
> Das Prädikat gibt an, was geschieht oder was jemand tut.
> Zusammen mit dem Subjekt bildet das Prädikat den **Satzkern**.

3. Schreibe die folgenden Sätze ab und markiere die Prädikate blau. Achtung – in einigen Fällen musst du genau überlegen.
- Endlich ist der große Augenblick gekommen.
- Auf ein Zeichen hin lassen alle Kinder ihre Luftballons los.
- Aufgeregt blickt jeder seinem Luftballon hinterher.
- Nach kurzer Zeit sieht man nur noch eine bunte Wolke.

- Das Prädikat kann aus einem oder mehreren Teilen bestehen.
  Das einteilige oder einfache Prädikat ist die Personalform des Verbs.
  Beispiel: *Alle Schüler **kamen** zum Fototermin.*

- Das mehrteilige Prädikat besteht aus der Personalform, also dem **finiten** (konjugierten) Prädikatsteil (*ist, wird, will*) und aus einem oder mehreren **infiniten** (nicht konjugierten) Prädikatsteilen, z. B. Partizip Perfekt oder Infinitiv.
  Beispiele: *Ein Brief **ist** sehr weit **abgetrieben**.*
  *Der Brief **wird** noch weit **geflogen sein**.*
  *Jeder **will** als Erster eine Antwort **erhalten**.*

- Auch Verben mit trennbarer Vorsilbe bilden mehrteilige Prädikate.
  Beispiele: *Thomas **macht** seinen Brief am Luftballon **fest**.*
  *Pauls Brief **fiel** seltsamerweise schon nach wenigen Metern **herab**.*

- In allen Beispielsätzen mit mehrteiligem Prädikat bilden die Prädikatsteile eine Satzklammer. Sie „umschließen" weitere Satzglieder.

In der nächsten Ausgabe der Schülerzeitung ist der Idee der Klasse ein Artikel gewidmet!

4. Versetze dich in die Lage von Thomas, einem Schüler der Klasse 7b. Wie hättest du einem Freund, der in einer anderen Stadt lebt, von dem Ereignis berichtet? Schreibe einen Brief.

5. Notiere alle Prädikate aus dem Artikel und ordne sie nach ein- und mehrteiligen Prädikaten. Bestimme bei den mehrteiligen jeweils den finiten und den infiniten Teil. (gib die Zeilen an)

Unsere 7b – weltweit

Mit einer Luftballon-Aktion hat unsere 7b kürzlich einen Gruß an alle siebten Klassen der Welt geschickt. Beim jährlichen Fototermin erschien die ganze Klasse mit Luftballons und Wörtern darauf. Darüber soll der
5 Fotograf gar nicht glücklich gewesen sein, denn er musste jeden einzelnen Schüler genauestens platzieren.
Danach haben alle ihre Luftballons fliegen lassen. Nun wartet die 7b gespannt auf Antwortpost, denn an
10 jedem Ballon war ein Brief befestigt.

Das Subjekt

Schon eine Woche später treffen Antwortbriefe aus der näheren Umgebung ein. Den ersten Brief aus dem Ausland aber erhält Thomas. Doch er versteht kein einziges Wort.

Drogi Tomku!   Krakowa, 20.9.2011
Mam na imię Ewa Kowalska i mieszkam na przedmieściu Krakowa. Twój list wisiał z resztkami balonu w krzakach nad Wisłą, …

Ein Nachbar kann weiterhelfen:

Lieber Thomas, Krakau, den 20.9.2011

Ich heiße Ewa Kowalska und wohne in einem Vorort von Krakau. **Dein Brief** hing mit den Resten des Luftballons in einem Gebüsch an der Weichsel. **Die Weichsel** fließt mitten durch Krakau. Wegen ihrer Schönheit heißt **unsere Stadt** auch Venedig des Ostens. Deinen Brief haben **wir** Opa zum Übersetzen gegeben, **er** kann nämlich gut Deutsch.

1. Schau in einem Atlas nach, wo Krakau liegt und wie weit es von Luxemburg-Stadt entfernt ist.
2. Erfrage die fettgedruckten Satzglieder.
3. Benenne die Wortarten, die in den fettgedruckten Satzgliedern vorkommen. (☞ Wortarten S. 185 ff.)

> Das **Subjekt** ist der Gegenstand des Satzes. Es steht immer im Nominativ und bestimmt Person und Numerus des Prädikats *(Der Junge läuft. Wir laufen.)*.
> Das Subjekt gibt also an, **wer** oder **was** etwas tut bzw. **was** geschieht. Es kann durch verschiedene Wortarten gebildet werden und, anders als das Prädikat, an unterschiedlichen Positionen im Satz stehen.
> Es gibt vollständige Sätze, die lediglich aus Subjekt und Prädikat bestehen.

… Ich bin 13 Jahre alt und besuche die 7. Klasse der Grundschule Nr. 51. Früher dauerte die Grundschule acht Jahre, aber jetzt können wir schon nach der 7. Klasse aufs Gymnasium. Mein Notendurchschnitt ist ziemlich gut: 5,2! Mein absoluter Traumberuf ist Schauspielerin. Aber mein Vater will nicht, dass ich Schauspielerin werde. Bevor ich dich langweile, mache ich lieber Schluss. Vielleicht schreibst du mir zurück. Ich habe auch eine E-Mail-Adresse: ewakowa@telkom.pl

Serdecznymi pozdrowieniami

Ewa

4. Bestimme in jedem Satz des vorangehenden Textes das Subjekt. Benutze dabei im Zweifelsfall die Verschiebeprobe und wende die richtige Fragemethode (☞ S. 28) an.
5. Suche aus dem Artikel in der Schülerzeitung „Unsere 7b – weltweit" alle Subjekte heraus. Wie lautet das Subjekt im Luftballon-Gruß der Klasse 7b?

Die Objekte

1. Der folgende Satz enthält zwar Subjekt und Prädikat, dennoch ist er unvollständig. Erfrage die fehlenden Informationen:

Der Postbote gibt

2. Ergänze in den folgenden unvollständigen Sätzen die fehlenden Informationen mit passenden Wörtern aus dem Briefkasten-Wortspeicher. Notiere dir die Fragewörter zu den fehlenden Begriffen.

Sarah dankt ???

Sarah öffnet ???

Aber sie kann ??? nicht verstehen.

Denn Sarah ist ??? nicht mächtig.

- den Briefumschlag
- die Sprache
- der Briefmarke
- dem Brief
- der Briefträger
- des Briefträgers
- ihn
- sie
- der Sprache
- dem Briefträger
- den Text
- den Brief
- dem Kuvert

> Die meisten Prädikate erfordern zur Vollständigkeit des Satzes neben dem Subjekt noch weitere Satzglieder. Ein vom Verb gefordertes Satzglied heißt **Objekt**. Objekte sind notwendige Ergänzungen eines ansonsten unvollständigen Satzes.

3. Die Sätze der folgenden Liste sind nicht zu einem Text verknüpft. Finde Ersatzwörter, um Wiederholungen zu vermeiden und schreibe den Text in dein Heft.

Subjekt	Prädikat	Dativobjekt	Akkusativobjekt	Genitivobjekt
wer oder was?	was geschieht?	wem?	wen oder was?	wessen?
Der Postbote	gibt	Sarah	einen Brief.	
Sarah	dankt	dem Postboten.		
Sarah	öffnet		den Brief.	
Sarah	versteht		kein Kisuaheli[1].	
Sarah	fragt		Frau Dr. Wetzel	
Frau Dr. Wetzel	rühmt sich			ihrer Sprachkenntnisse.
Frau Dr. Wetzel	übersetzt	Sarah	den Brief.	

[1] *Kisuaheli:* eine der wichtigsten afrikanischen Sprachen

Proben zur Satzgliedermittlung

Bei der **Ersatzprobe** werden Wörter oder Wortgruppen, die ein Satzglied bilden, durch ein anderes Wort oder eine andere Wortgruppe ersetzt (*Sarah liest – Sie liest – Die Schülerin der 7b liest*). Die Ersatzprobe ist neben der Umstellprobe eine weitere Hilfe zur Bestimmung der Satzglieder.

4. Bilde mit den folgenden Satzteilen einen vollständigen Satz und benenne das von dir ergänzte Satzglied.

- ___?___ kauft ein Buch.
- Der Gärtner hilft ___?___.
- Gestern war ___?___.
- Ich schenke Peter zum Geburtstag ___?___.

Mpendwa Sarah,   Lugoba, 5.10.2011

nilipokea kadi yako kutoka Ujerumani. Nilifurahi sana. Mimi ninaitwa Noeli. Ninakaa kijijini, upande wa magharibi kutoka Dar es Salaam …

Liebe Sarah,   Lugoba, den 5.10.2011

ich habe deine Karte gefunden. Ich habe mich sehr gefreut. Ich heiße Noeli. Ich wohne in einem Dorf westlich von Dar es Salaam, in Tansania. Ich gehe in die siebte Klasse. Aber die Schule besuche ich nicht sehr oft, denn mein Vater braucht mich zum Arbeiten. Ich muss unsere Rinder hüten und die Felder bewachen.
In der Schule habe ich viele Freunde. Leider verstehe ich im Unterricht nicht viel. Der Lehrer spricht Kisuaheli, aber zu Hause sprechen wir Kizaramo[1]. Der Lehrer hat meinen Brief in Kisuaheli geschrieben. Vielleicht findest du jemanden, der ihn übersetzt. Es wäre schön, wenn du mir schreibst.
…
Nisalimie familia yako nzima
Wako Noeli

[1] *Kizaramo:* eine afrikanische Sprache

5. Erstelle einen kurzen Steckbrief zu Tansania.

6. Suche mit deinem Banknachbarn alle Akkusativobjekte aus dem Brief heraus.

> Das **Akkusativobjekt** (*wen oder was?*) ist das häufigste Objekt. Verben, die ein Akkusativobjekt fordern, nennt man **transitive Verben**.
> Alle anderen Verben sind **intransitiv**, das heißt, sie haben entweder gar kein Objekt (*Sie schläft.*), ein Dativobjekt (*Ich helfe dir.*) oder ein Genitivobjekt (*Er rühmt sich seiner guten Leistung.*).

7. Bilde vollständige Sätze und entscheide, ob ein transitives Verb vorliegt.
finden • lieben • blühen • kennen • helfen • zeigen • stehen • vertrauen • kommen • suchen • bitten • laufen • schenken • liegen • legen • setzen • sitzen • bellen

Mit dem Antwortbrief aus Tansania schien ganz klar zu sein, dass Sarahs Luftballon am weitesten geflogen war. Aber etliche Monate nach der Luftballon-Aktion der 7b kommt Eike mit einem Brief aus São Paulo zur Schule. Lies ihn auf der nächsten Seite.

8. Informiere dich über São Paulo. Wie viele Einwohner hat die Stadt? Welche Sprache wird dort gesprochen?

Oi Eike,   São Paulo, 12.12.2011

estou com doza anos e os meus pais me deixam ir no colegial Vila Carrao. A escola ...

Hallo Eike,   São Paulo, den 12.12.2011

ich bin 12 Jahre alt und habe fünf Geschwister. Seit einem Jahr gehöre ich der staatlichen weiterführenden Schule in Vila Carrao an. Dort gefällt es mir gut, denn ich bin der Vormittagsschicht zugeteilt worden. So kann ich nachmittags in einem Supermarkt arbeiten. Ich helfe den Leuten beim Einpacken.
Leider fehlen uns Kindern genügend staatliche Schulen. Deshalb gibt es Unterricht in drei Schichten. Mein älterer Bruder ist der Abendschicht zugeteilt worden, aber dann sind alle sehr müde, auch die Lehrer. Wir sind nämlich 55 Schüler in einer Klasse.
Hoffentlich geht es dir gut. Dein Luftballon hat ganz schön lange gehalten.

Abracos   Rodrigo dos Santos

9. Stelle im ersten Absatz der deutschen Übersetzung mithilfe der Umstellprobe die Satzglieder fest. Welche davon sind Dativobjekte?

> Nach dem **Dativobjekt** fragt man mit *wem?*.
> Häufig enthält ein Satz ein Akkusativ- und ein Dativobjekt gleichzeitig:
> Ich schenke **Eike** ein Buch.

10. Suche alle weiteren Dativobjekte im Text.

> Einzelne Verben erfordern ein **Genitivobjekt**. Dieses wird mit *wessen?* erfragt. Verben, die ein Genitivobjekt erfordern, sind z.B. sich (des Lebens) *freuen*, sich (keiner Schuld) *bewusst sein*, jemanden (des Lügens) *bezichtigen*, jemanden (des Diebstahls) *beschuldigen*, jemanden (des Mordes) *überführen*, jemanden (des Mordes) *anklagen*, sich (seiner Heldentaten) *rühmen*, (der Hilfe) *bedürfen*, sich (der Stimme) *enthalten*, sich (des Sieges) *gewiss sein*, sich (seiner Sache) *sicher sein*, (eines Verstorbenen) *gedenken* ...

Adverbiale Bestimmungen

Als alle Beteiligten schon davon ausgehen, dass die Luftballon-Aktion zu Ende ist, kommt Claudia mit einem Brief aus Augsburg in die Klasse. Ihr Brief war zwar nicht weit geflogen, weil sie aber in der Zwischenzeit mit ihren Eltern umgezogen ist, hat der Brief aus Augsburg in ihr neues Zuhause länger gebraucht als der Brief aus São Paulo.

Liebe Claudia,   Augsburg, den 10.01.2012
ich hoffe, du freust dich über einen Brief von mir. Ich heiße Michael, bin 12 Jahre alt und komme <u>aus Augsburg</u>. <u>Seit diesem Jahr</u> besuche ich die 7. Klasse des Fugger-Gymnasiums. Ich spiele <u>gern</u> Fußball <u>in meinem Verein</u>. <u>Wegen meines kleinen Bruders</u>, auf den ich <u>gerade</u> aufpassen muss, habe ich <u>heute</u> keine Zeit für einen längeren Brief.
Ich warte <u>gespannt</u> auf deine Antwort.

Viele Grüße von
Michael Maler

1. Lege eine Tabelle in deinem Heft an und sortiere die Satzglieder, die auf die gleichen Fragen antworten, in folgende vier Gruppen:

Wann?	Wo?	Wie?	Warum?
Bis wann?	Wohin?		Weshalb?
Seit wann?	Woher?		

Adverbiale Bestimmungen sind Satzglieder, die die näheren Umstände eines Geschehens oder Sachverhalts angeben. Man unterscheidet:

Adverbialien des Ortes	*nach Amerika*	(Wo? Wohin? Woher?)
Adverbialien der Zeit	*am letzten Tag*	(Wann? Bis wann? Seit wann?)
Adverbialien der Art und Weise	*plötzlich*	(Wie?)
Adverbialien des Grundes	*wegen der Kälte*	(Warum? Weshalb?)

Adverbiale Bestimmungen sind zwar für das Verständnis eines Satzes von großer Bedeutung, für dessen grammatikalische Vollständigkeit aber nicht notwendig.

Philipp Bauer
Schule im Jahr 3000

Marc wachte eines Morgens von dem Lärm auf, den der Frühstücksroboter in seinem Zimmer verursachte. Er war nämlich über den Spielzeugroboter gestolpert, der ausgeschaltet am Boden lag, und es hatte mächtig gescheppert. Marc schimpfte: „Kannst du denn nicht besser aufpassen, wo du hinfährst, du Blechheini?" „Nicht meine Schuld – nicht aufgeräumt", kam die Antwort scheppernd zurück. „Stell mein Frühstück hin und verschwinde!" „Jawohl!" Der Roboter erledigte seine Arbeit und rollte davon.

Marc verspeiste zwei Power-Tabletten, trank seinen Energy-Drink, zog sich an und ging schnurstracks in sein Arbeitszimmer. Am liebsten wäre er auf der Stelle wieder umgekehrt, als er die riesige Menge E-Mails sah, die sein Computer für ihn empfangen hatte. Das Bildungskontrollzentrum hatte ihn reichlich mit Lernstoff eingedeckt. Marc begann mit seinem Lieblingsfach, der Computersprache. Er fand sie deswegen interessant, weil sie von allen Bewohnern des Planeten gesprochen wurde. Sie war eine Zusammenfassung aller Sprachen der Welt und dann so vereinfacht worden, dass jeder sie verstand. Dann nahm Marc sich die Frühzeitgeschichte vor. Er begann gelangweilt zu lesen. Was es früher nicht alles gegeben hatte! Im Jahr 2000 mussten die Kinder eine sogenannte „Schule" besuchen. Was war das eigentlich gewesen? Er gab das Wort in seinen Computer ein. Doch dessen Antwort half ihm auch nicht viel weiter: „Schule war ein Gebäude, in dem Kinder von sogenannten Lehrern unterrichtet wurden." Was waren denn nun schon wieder Lehrer? Antwort des Computers: „Lehrer waren Menschen, die Kinder unterrichten." Damit konnte Marc auch nicht viel anfangen und er beschloss deshalb, am Abend seinen Vater zu befragen.

2. Lege eine Tabelle an und sortiere die unterstrichenen adverbialen Bestimmungen im ersten Abschnitt nach Ort, Zeit, Grund, Art und Weise.

3. Unterstreiche und bestimme die adverbialen Bestimmungen im zweiten Abschnitt und ergänze die Tabelle.

1. Überarbeite folgenden Text, der in einzelne Sätze aufgeteilt ist, sodass nicht immer das Subjekt am Anfang steht. Manchmal gibt es auch verschiedene Möglichkeiten. Schreibe den überarbeiteten Text in dein Heft.

Beispiel:
Der Hampelmann hing seit dem zweiten Geburtstag über seinem Bett.
Seit dem zweiten Geburtstag hing über seinem Bett der Hampelmann.

- Die Schwester und er führten abends lange Gespräche.
- Er erzählte ihr im Bett Geschichten und sprach mit zwei Stimmen.
- Er erzählte der Schwester zuerst Gruselgeschichten.
- Fleischermeister und alte Männer verfolgten die Schwester bis in ihre Träume.
- Der Hampelmann forderte jetzt jeden Tag Süßigkeiten.
- Der Bruder lernte verschiedene Rollen auf dem Weg zur Schule.
- Die Schwester hatte Angst vor der handtellergroßen Figur über dem Bett.
- Die Mutter steckte mit einem Griff den Hampelmann in den Herd.
- Der Sohn hasste seine Mutter deswegen einen Nachmittag lang.

2. Gestalte den Text zu einer anschaulichen und spannenden Erzählung aus. Versuche dabei, möglichst viele verschiedene Satzglieder, insbesondere adverbiale Bestimmungen, zu verwenden und deinen Satzbau abwechslungsreich zu gestalten.

Herbert Ihering
Die schlechte Zensur

Brecht[1], der schwach im Französischen war, und ein Freund, der schlechte Zensuren im Lateinischen hatte, konnten Ostern nur schwer versetzt werden, wenn sie nicht noch eine gute Abschlussarbeit schrieben. Aber die lateinische Arbeit des einen fiel ebenso mäßig aus wie die französische des anderen. Darauf radierte der Freund mit einem Federmesser einige Fehler in der Lateinarbeit aus und meinte, der Professor habe sich wohl verzählt. Der aber hielt das Heft gegen das Licht, entdeckte die radierten Stellen, und eine Ohrfeige tat das Übrige.
Brecht, der nun wusste, so geht das nicht, nahm rote Tinte und strich sich noch einige Fehler mehr an. Dann ging er zum Professor und fragte ihn, was hier falsch sei. Der Lehrer musste bestürzt zugeben, dass diese Worte richtig seien und er zu viele Fehler angestrichen habe. „Dann", sagte Brecht, „muss ich doch eine bessere Zensur haben." Der Professor änderte die Zensur und Brecht wurde versetzt.

[1] *Bertolt Brecht (1898–1956): deutscher Schriftsteller und Regisseur von Weltruhm, Begründer des epischen Theaters*

3. Bestimme die unterstrichenen Satzglieder: *Brecht und ein Freund* = ...

4. Suche im zweiten Abschnitt für jede Satzgliedart, die du in diesem Kapitel kennengelernt hast, zwei Beispiele heraus.

5. Erkläre, was diese Begebenheit über Brechts Charakter aussagt.

Ängste überwinden, Zweifel besiegen

Sophie Brandes
Meine Stadt

Meine Stadt hat hundert Türme, Brücken, Bogen, Treppen, Gänge. Meine Stadt ist lichtumwoben, schattendunkel, weit und eng. Gassen führen hin zu Plätzen, Bäume wiegen sich im Wind, Brunnen plätschern, Leute lachen, eine Mutter ruft ihr Kind. Meine Stadt hat viele Tiere, Pferde, Esel, Hunde, Katzen. Mäuse piepsen nachts auf Höfen, und tags lärmen dort die Spatzen. Auf dem Marktplatz stehen Buden, bunt mit Äpfeln, Birnen, Trauben.

Meine Stadt ist geheimnisvoll. Sie hat Winkel, Ecken, Speicher, Keller. Sie hat Höhlen zum Verstecken. Sie hat Luken in den Dächern. Sie hat Mauern, Gärten und eine Zahnradbahn hat sie auch. Die führt hinauf zum Gipfel, zum Schloss und in den blauen Himmel. Von dort flieg ich, wohin ich will …

Aufgaben: Seite 46

Theodor Weißenborn
Der Sprung ins Ungewisse

Von außen fiel kein Licht in den Raum. Im Flackerschein der auf dem Boden angeklebten Kerzen lastete das Gewölbe des Kellers über den Mitgliedern der Bande und über Martin. Der Straßenlärm, gefiltert durch die meterdicken Mauern der ehemaligen Brauerei, drang dumpf herein wie das Tosen eines unterirdischen Stroms. Martin stand, die Hände im Rücken verkrampft, an der Wand – er fühlte die Feuchtigkeit des Salpeters[1] an seinen Händen – und starrte in das Gesicht des Bosses, das kalkweiß, von Schatten überspült, auf ihn zukam. Er grub die Fingernägel in seine Handflächen: Nein, er würde es nicht sagen.
Wieder kam die Stimme des Bosses, lauernd, erregt: „Nun, warum bist du nicht erschienen?" Und drohend, heiser: „Ich frage zum letzten Mal!" Martin schwieg. Er konnte, durfte Mutter nicht erwähnen. Alles konnte er sagen, nur das nicht. Er wusste, was sie von ihm hielten seit der Turnstunde damals … Oh, er hatte kommen wollen! Er hatte ihnen beweisen wollen, dass er Mut hatte! Seit damals hatte er auf diese Gelegenheit gewartet. Gestern hätten sie ihn aufgenommen. Er hätte bestanden. Aber Mutter – er konnte ihr nicht widersprechen, seit er das wusste … („Wissen Sie schon", sagte Frau Strelow im Treppenhaus, „mit Frau Neumann? Es ist unheilbar." Und Frau Jansen sprach es aus: „Krebs?") Jetzt wussten es alle im Haus. Und Vater wusste es und Martin. Nur Mutter wusste es nicht. Er sah sie auf der Couch liegen unter der Decke mit den braunen Mäandern[2]: „Martin, du musst mir helfen heute Nachmittag: spülen, einkaufen … Fine ist nicht gekommen, und Doktor Stocken kommt heute Abend zu Besuch." Mutter verstand sonst alles. Aber wenn er gesagt hätte: „Lass mich gehn, bitte! Sie wollen mich in den Klub aufnehmen", so hätte sie als Erstes gefragt: „Ist dieser Conny dabei? Du weißt, ich will nicht, dass du mit ihm verkehrst." Und Conny war der Boss.
„Schön, du willst nicht", sagte der Boss, „dann also Tortur. He, G 3 und G 4! Tortur, erster Grad!" Paul und Gerd, die unter ihren Kennziffern Angerufenen, sprangen auf, packten Martin an den Handgelenken, stießen ihn mit den Knien gegen die Oberschenkel, drei-, vier-, fünfmal mit aller Kraft. Als sie ihn losließen, waren seine Beine taub, er musste sich gegen die Wand lehnen. Der Boss grinste. Wieder kam seine Stimme, in verhohlenem Triumph: „Nun, warum bist du nicht gekommen?"
Martin biss sich auf die Lippen und gab keine Antwort. Er kannte ihre Einstellung. Ein Gangster, der Geschirr spülte, mit dem Einkaufsnetz über die Straße ging, war unmöglich. Er konnte vielleicht Zeitungen austragen, morgens vor der Schule, um Geld zu machen, aber spülen …
„Tortur, zweiter Grad!", befahl der Boss. „G 5 und G 6!" Während Paul und Gerd Martins Handgelenke umklammerten, schnürten Gerold und Hans mit einem Riemen seine Füße zusammen. Dann fassten sie sein Haar über den

---

[1] der Salpeter: das Salz der Salpetersäure; hier: weiße Feuchtigkeitsstreifen an der Wand

[2] der Mäander: hier: wellenförmiges Muster

Ängste überwinden, Zweifel besiegen — Umgang mit Texten und Medien

Schläfen zwischen Daumen und Zeigefinger und zogen ihn nach oben. Martin keuchte und stellte sich auf die Zehen, um den Schmerz abzufangen. Der Schmerz war betäubend. Und es gab kein Entkommen. Sie hatten ihn gepackt nach der Schule, wortlos, und mitgezerrt an ihren Versammlungsplatz. Er war der Schwächste in der Klasse. Mit keinem von ihnen hätte er es aufnehmen können. Aber hatten sie darum ein Recht, ihn zu quälen, bei jeder Gelegenheit? Sie sollten ihn in Ruhe lassen! – Draußen schien jetzt die Sonne. Wenn er in seinem Zimmer war, froh, allein zu sein, sah er vom Fenster aus hinab auf den Schwanenspiegel, auf die blinkende, grünblaue Wasserfläche mit den dahingleitenden dickbäuchigen Ruderbooten, das Terrassencafé am Ufer mit seinen weinroten, orangefarbenen, violetten Sonnenschirmen, das Silberschimmern der Pappeln – Tassengeklapper, Lachen, Zurufe der Ruderer, das Knirschen der Riemen in den verrosteten Lagern schallte über die Wipfel herauf, der Duft der Linden wehte herein, und am Abend, wenn sie Lampions anzündeten …

„‚Erscheinen unter allen Umständen!' stand auf unserer Nachricht", sagte der Boss, und, mit zusammengekniffenen Augen: „Ich verlange absoluten Gehorsam! – Schlechter Start für dich, mein Lieber." Martin hatte den Zettel noch in der Tasche: ein Blatt, aus einem Rechenheft gerissen, das sie ihm in der Mathematikstunde zugeschoben hatten, mit der Aufschrift: „Betr. Ihr Gesuch um Aufnahme. Erscheinen Sie heute Nachmittag um 3 Uhr auf dem Trümmergrundstück Cassiusstraße 5 zwecks Ablegung der Mutprobe. Erscheinen pünktlich und unter allen Umständen! Die ‚Tiger der Nacht', gez. Conny Smeets (Boss)."
Darunter mit Tinte, zum Rand hin verwischt, der Daumenabdruck des Bosses, und das Ganze umrahmt von einem Fries von Totenköpfen und gekreuzten Knochen. Das Wort „Nachmittag" in der Verbindung mit „heute" war großgeschrieben. „Ich konnte nicht kommen!", stieß Martin hervor – der Schmerz an den Schläfen war unerträglich. „Ich konnte einfach nicht!"

„Aufhören!", sagte der Boss. Die andern traten von Martin zurück.
„Du hast Schiss gehabt. Du bist ein Feigling", sagte der Boss.
„Denk, was du willst!", sagte Martin. Er wischte sich mit dem Ärmel über die Stirn, der Schmerz hatte ihm den Schweiß aus den Poren getrieben. – Ob sie ihn jetzt gehen ließen?

„Schön", sagte der Boss, „ich geb' dir noch eine Chance." Er holte Zigaretten und Streichhölzer aus der Hosentasche, steckte sich eine Zigarette an und sagte grinsend: „Wir werden die Mutprobe nachholen. Jetzt." Martin atmete tief ein. Er wusste nicht, was sie mit ihm vorhatten. Aber es war eine Chance. Er würde die Probe bestehen, und sie würden keinen Grund haben, ihn weiter zu quälen.

„Alles herkommen!", befahl der Boss, und, zu Martin gewandt: „Du bleibst da stehen!"
Während die „Tiger" sich um den Boss scharten und tuschelten, stand Martin allein und wartete. Nein, sie würden es ihm nicht leicht machen. Aber er wollte es ihnen zeigen! Endlich würden sie ihn anerkennen. Es hatte alles damit ange-

---

Erklärung
Nach der alten Rechtschreibung hätte es so geschrieben sein müssen: „heute nachmittag". Das „heute Nachmittag" auf dem Zettel war also falsch geschrieben.

fangen, dass er Conny für die Berichtigung sein Deutschheft geliehen hatte, das Heft, in dem sein Gedicht lag, das er in den Ferien bei Onkel Bernhard gemacht hatte, an dem Abend, als Mutter spät in der Dunkelheit mit ihm durch die Felder gegangen war. Die Kühe, die wiederkäuend auf der Weide lagen, sprangen auf, als sie lautlos auf dem hell schimmernden, sandigen Weg herankamen, galoppierten mit dumpfem Hufschlag schwerfällig neben ihnen her, den Zaun entlang, und als sie schon weit weg waren, standen sie noch auf der Hügelkuppe am Ende der Weide, schwarz vor dem silbergrauen Nachthimmel, unbeweglich, und sahen ihnen nach … Conny hatte das Gedicht gefunden. In der Pause hatten sie ihn umlagert, Kopf an Kopf, eine johlende, brüllende Menge. „Dichter! Dichter!" Von einer Ecke des Schulhofs zur andern hatten sie ihn verfolgt, die aus der Parallelklasse waren hinzugekommen, es war ein Schauspiel ohnegleichen. Beim Hinaufgehen zerrten sie ihn vor das Schwarze Brett. Da hing sein Gedicht, sein Nachtlied, zwischen der Ankündigung des Elternsprechtags und den Ergebnissen des Sportfestes …
Die Stimme des Bosses riss ihn jäh aus seinen Gedanken: „Die Mutprobe lautet: ‚Der Sprung ins Ungewisse'." Martin fühlte sein Herz schlagen. Er wusste nicht, was sie ausgeheckt hatten. Man musste anders sein, wenn man mit ihnen auskommen wollte. Man durfte nicht dichten. Was verstanden sie von Stimmungen, Farben, Klängen, Gerüchen … ? Das verstand nur Mutter. – Aber sie waren stärker. Man musste sich gut mit ihnen stellen. Rolf verband ihm die Augen mit einem Fetzen Sackleinen, in der Dunkelheit, die ihn jäh umgab, hörte er den Befehl des Bosses: „Los! Tragen!" – Bald hab ich's geschafft, bald, dachte er. Aber zugleich stieg Angst in ihm auf. Jemand packte ihn unter den Armen, ein anderer fasste seine Füße, sie trugen ihn. Er lauschte. Nichts war zu hören als das Keuchen der Träger, das dumpfe Tosen des Straßenlärms von ferne und das Geräusch von Schritten, vieler Schritte, der Schritte der „Tiger", die das Geleit gaben. Es ging eine Treppe hinauf, der Straßenlärm schien näher zu kommen, die Schwärze vor seinen Augen hellte sich auf, sie mussten im Tageslicht sein jetzt. Die Schritte hallten wider, Sand knirschte unter Schuhsohlen, das musste der Betonboden der Maschinenhalle sein, in die sie aus dem Keller heraufgestiegen waren. Wieder wurde es heller. Ein warmes Rot drang durch das Tuch auf ihn ein, Sonnenlicht. Er spürte es auf seinen Armen und Beinen. Vogelruf ringsum, Autohupen, nun deutlich erkennbar aus der Vielfalt der verworren aus der Ferne hereindringenden Geräusche der Stadt, Kollern von Steinen, Schutt, nun wusste er nicht mehr, wo er war. Das Licht verblasste wieder. Eine Eisentreppe erklang, ein Treppenabsatz, Beton, wieder Eisenstufen, die Schritte der anderen waren nicht mehr zu hören. Rot flutete aufs Neue über

seine Augen, endlich wurde er abgesetzt. Man stützte ihn, bis er stand, fasste ihn an den Schultern, drehte ihn in eine bestimmte Richtung. Von irgendwoher kam die Stimme des Bosses: „So stehen bleiben! Nicht von der Stelle rühren, eh' ich es sage! Aufgepasst! Einen halben Meter vor dir ist ein Abgrund. Du weißt nicht, wie tief. Verfolger sind hinter dir. Der Sprung ins Ungewisse ist deine einzige Rettung. Ich zähle bis drei. Bei ‚drei' springst du! Verstanden?" Martin nickte. Er spürte, wie sein Magen sich zusammenkrampfte, es war das gleiche Gefühl wie damals in der Turnstunde, als er aufgestemmt am Reck hing, diese nicht enden wollenden Sekunden lang, die Riege im Rücken, die weißgekalkten Wände der Halle ringsum, die Decke über sich, behangen mit leise schwingenden Ringen – Barren, Pferde, Böcke in den Ecken, Folterinstrumente, eigens erfunden, ihn zu quälen. „Überschlag!", befahl Dr. Hölzel. Martin zögerte und blickte starr geradeaus. Nun waren schon alle aufmerksam geworden. Er spürte ihre Blicke im Rücken, gleich würden sie lachen. – Warum musste der Mensch Haltungen einnehmen, in denen er mit dem Kopf nach unten hing? Es gab keinen erklärbaren Grund dafür. Irgendjemand hatte es ausprobiert, seitdem mussten es alle können. Und alle konnten es, außer Martin. Es war ihm zuwider, jedes Mal wurde ihm fast schlecht vor Angst. Seine Hände schwitzten und klebten am Eisen der Stange, Dr. Hölzel fasste ihn an den Füßen. „Los! Einfach kippen lassen!" Plötzlich kam der Boden, die Kokosmatte auf ihn zu, die rückwärtige Wand war auf einmal vor ihm, durchfuhr blitzschnell sein Blickfeld, und schwach, halb unterdrückt, kam sein Schrei: „Mutter!", ausgestoßen wie in Todesangst und gleich überbrüllt von den Zurufen der andern: „Feigling! Muttersöhnchen!" Wie damals spürte er jetzt den Druck auf seinem Magen, den Schweiß in seinen Handflächen. „Er muss sich durchsetzen", hatte Vater gesagt. Mehr als einmal hatte er das gehört. – Ich werde mich durchsetzen!, dachte er. Was ich jetzt mache, tu ich freiwillig, damit – „Du kannst noch einen halben Schritt vorgehn!", rief der Boss. Seine Stimme schien von unten zu kommen. Martin tastete sich mit den Füßen nach vorn. Der Boden war eben und aus Stein. Dann stieß sein Fuß ins Leere. Er fühlte mit der Fußspitze nach, der Boden brach geradlinig vor ihm ab. Vielleicht stand er auf einer Mauerkrone, drei, vier, fünf Meter hoch? Wie sah es unten aus? War Wasser da, Gebüsch, Schutt?

„So, Dichter, jetzt lass sehn, was du kannst!" Martin keuchte. Ich will nicht – ich will nicht, dachte er. – Oh, sein Zimmer jetzt in der Nachmittagssonne, die Boote auf dem Wasser, die Stimmen der Ruderer ...

„Ich kommandiere!", rief der Boss.

Wenn er nun sehr hoch stand! – Wenn ihm nun etwas passierte – wenn sie – wenn sie es wollten! – Sie würden weglaufen – keiner von ihnen hatte ihn gesehen – und er – und Mutter ... Nein, nicht springen – nicht – „Eins ...", zählte der Boss.

Wie sie triumphieren würden, wenn er nicht sprang! „Zwei ..."

Nein! Dieser Triumph musste ihm gehören. Er würde springen. Er würde sie besiegen, dies eine Mal, was immer sie auch mit ihm vorhatten. – Er widerstand der Versuchung, in die Hocke zu gehen, damit der Sprung nicht so tief sein sollte – was würde das schon ändern –, straffte sich und stand, mit den Füßen wippend, aufrecht auf der Kante. „Drei!"

Abstoß, die Arme fliegen nach vorn, Wind saust an den Ohren – Mutter, die Decke mit den braunen Mäandern, „Er muss sich durchsetzen!", Sonnenschirme, rot, blau, gelb, Lampions – jäh der Aufprall. Die Wucht reißt ihn nach vorn. Er fängt den Sturz mit den Armen ab, da dringen Schneiden in seine Handflächen, scharf und stechend. Blut läuft warm über seine Handballen, das Tuch herunter! Licht!

Ringsum hockten die „Tiger" im Gras. Martin sah umher. Sie befanden sich im Garten hinter einer Ruine. Er war von einem Balkon der ersten Etage gesprungen. Zwei oder drei Meter tief. Dann begegnete er dem Blick des Bosses. „Hallo, Conny", sagte er, zaghaft lächelnd, noch klopfenden Herzens. Der Boss betrachtete ihn nachdenklich und kaute auf seinen Lippen. Er lächelte nicht zurück.

„Das war geleistet", sagte Rolf. „Halt die Schnauze!", sagte der Boss. Er blickte Martin lauernd an und sagte langsam: „Ich mache das Bestehen der Probe noch abhängig von einer Bedingung: Du wirst jetzt sagen, warum du gestern nicht gekommen bist." „Aber das hat doch mit der Mutprobe nichts zu tun", sagte Rainer. „Ich finde, er ist gesprungen, das genügt." „Schnauze!", sagte der Boss, und, zu Martin gewandt: „Nun?"

Martins Lächeln erstarb. Nie würden sie ihn in Ruhe lassen, alles würde so bleiben, wie es gewesen war. Er spürte den Schmerz in seinen Handflächen. Die Stelle, an der er aufgesprungen war, war mit Flaschenscherben besät. Sie hatten Flaschen zerschlagen und die Scherben verstreut, damit er hineinspringen sollte. Er leckte das Blut ab, das über seine Handflächen lief, nahm sein Taschentuch, wickelte es um die Linke und presste die Rechte darum. Als Rainer ihm eine Rolle Leukoplast hinhielt, stieß er seinen Arm zurück. „Lass mich!", sagte er. Jäh überstürzt von Zorn, hob er den Kopf, blickte in das Gesicht des Bosses, machte einen Schritt auf ihn zu und sagte mit bebenden Lippen, in der Helligkeit des Lichts, das auf ihn eindrang: „Ich verzichte auf die Aufnahme." Der Boss duckte den Kopf und kniff die Augen zusammen. „Du hast nicht bestanden", sagte er. „Natürlich hat er bestanden", sagte Rolf. Martin wandte sich ab. Er stieg auf den Schuttberg – drüben, am Eingang des Kellers, lag noch seine Schultasche –, sekundenlang stand er oben auf dem Schutt, das Gesicht zur Straße gewandt, überflutet vom jähen Gefühl seiner selbst, sog die Luft ein, hörte die andern unten palavern und wusste, dass er bestanden hatte. Der Klub – wie unwichtig war das auf einmal!

„Hau schon ab! Du hast nicht bestanden!", brüllte der Boss hinter ihm; er hob einen halben Backstein auf und schleuderte ihn nach Martin, aber der Stein traf nicht.

Martin stieg den Schuttberg hinab in den Hof der Brauerei. Autohupen, das Bimmeln der Straßenbahnen schallte herüber, die Sonne flimmerte weiß auf den umherliegenden Betonstücken, Vögel sangen in den Holunderbüschen, der Himmel war an diesem Nachmittag von bestürzender Klarheit und einem Blau, wie es sich in der Mittagszeit auf ruhig im Glanz der Sonne daliegenden Wasserflächen spiegelt. Jetzt musste es schön sein am Schwanenspiegel, wo die Boote dahinglitten in der Hitze und die Stimmen der Ruderer leise geworden waren. Er würde allein sein wie immer, und sie würden ihn verspotten. Aber er hatte keine Angst mehr. Als er die Moltkestraße hinabgegangen war und, die Schultasche unter den Arm geklemmt, die schmerzenden Hände zu Fäusten geschlossen, bei Dickels Eisdiele an der Ecke stand, hörte er seinen Namen rufen. Rolf und Rainer kamen hinter ihm die Straße herabgelaufen. „Martin! – Martin!", riefen sie. „Warte mal!"

Gina Ruck-Pauquèt
Die Kreidestadt

Aufgaben: Seite 46

Dass Benze rote Haare hatte, war kein Problem. Einmal hatte einer gewagt einen Witz zu machen, aber das war lange her. „Holt die Feuerwehr!", hatte er geschrien. „Dem Benze brennt sein Hirn. Die Flammen schlagen schon raus!"
Dann hatte er Benzes rechten Haken zu spüren bekommen und es war Ruhe gewesen. Alle respektierten Benze. Es war nicht so, dass er es nötig hatte, mit einem Mädchen zu spielen. Aber das, was er mit Mandi machte, war etwas Besonderes. Etwas Tolles war das: Mandi und Benze bauten eine Stadt. Genau genommen malten sie sie bloß. Mit Kreide. Ganz hinten, in der Ecke des großen Parkplatzes, da, wo früher die alten Karren von den Lagerhallen gestanden hatten.
Sie hatten sich da mal zufällig getroffen und rumgealbert. Und auf einmal hatte Mandi mit Kreide Striche um Benze rumgemalt.
„Jetzt bist du im Gefängnis", hatte sie gesagt. „Da kommst du nicht mehr raus!" Benze war natürlich mit einem Satz weg. Als er hinter ihr her wollte, hatte sie „Halt" geschrien. Auf dem Ende einer Kreidelinie hatte sie gestanden.
„Ich bin ganz oben auf einem Telefonmast! Da kannst du nicht ran!"
So hatte das angefangen. Benze hatte einen Sportplatz gemalt. Mandi Häuser mit Fenstern und Schornsteinen obendrauf.
Ein Park mit Bäumen war entstanden, eine Fabrik, in der Schokolade hergestellt wurde, ein Supermarkt, ein Schießstand, eine Kirche, ein Kino, zwei

Hochhäuser, ein Krankenhaus und zwischen allem Straßen. An den Ecken standen Eisbuden. Ein kleiner Teich war da und dahinter ein Schloss.
„Hier wohne ich", sagte Mandi.
Benze baute sich lieber ein Motorrad.
„Brr, beng, beng", startete er.
„Mensch", sagte Mandi, „mach doch nicht so'n Lärm! Du weckst ja alle auf!"
„Wen denn?", wollte Benze wissen.
„Na ja", sagte Mandi. „Die Leute. Und die Tiere im Zoo."
Au ja, sie wollten einen Zoo haben! Aber das war gestern gewesen. Und da war es dunkel geworden, und sie hatten heim gemusst.
„Kommste morgen wieder her?", hatte Benze gefragt.
Mandi hatte genickt.
Doch jetzt war morgen und Benze war hier und Mandi nicht. Eigentlich hätte er ja anfangen können mit dem Zoo. Er wollte Raubvögel malen, die auf einer Stange saßen, und Wölfe und Füchse und Urtiere mit riesigen Hörnern. Aber allein machte es keinen Spaß. Benze ging durch seine Stadt. Er hatte die Taschen voll Kreide. Extra gekauft.
Nur um sie auszuprobieren, brachte er Feuerleitern an den Hochhäusern an. Er machte sie rot. Blau, Gelb und Grün hatte er auch. Mandi würde gucken. Er rannte rum und hielt nach ihr Ausschau. Vielleicht war ja gar nicht so viel Zeit vergangen. Aber Benze schienen es Stunden zu sein. Das Motorrad, das er gestern gemalt hatte, kam ihm blöd vor. Er fand einen Stein und trat ihn in Mandis Schloss. Sie hatte auch Blumen hineingezeichnet. Sonnenblumen.
Jetzt komm aber!, dachte Benze.
Warten lag ihm nicht. Das hielt er nicht aus. Er nahm ein Stück Kreide aus der Tasche, warf es in die Luft und fing es wieder.
Dann hörte er das Fahrrad quietschen. Der Bursche blieb neben ihm stehen. Es war der, der für die Lagerhallen rumfuhr.
„Was machst'n?", fragte er.
„Nix", sagte Benze.
„Wartest du auf die?", fragte der Bursche. „Die kommt heut nicht. Die spielt in der Steinstraße mit den anderen."
„Ach Quatsch!", sagte Benze. „Ich warte überhaupt nicht."
„Na, denn", sagte der Junge, sprang wieder auf sein Fahrrad und sauste ab.
Mandi spielte in der Steinstraße mit den anderen. Und er, der Trottel, stand hier und wartete! Eine Hitze stieg Benze in den Kopf, eine rote, wolkige Hitze, die ihn wild machte und ganz besinnungslos.

65 Zuerst zerstörte er das Schloss, rieb es mit seinen Kreppsohlen weg. Spuckte hin und rieb. Die Sonnenblumen zertrampelte er, den Teich.
Er radierte die Schornsteinhäuschen aus, die Schokoladenfabrik, den Supermarkt, das Krankenhaus, die Hochhäuser, alles.
Spuckte hin, wischte und stampfte und spuckte und kreiselte mit seinen Soh-
70 len Linien aus, machte weg, zerstörte und konnte schon gar nicht mehr spucken, weil sein Mund so trocken war.
Die ganze Stadt!, dachte er. Die ganze Stadt! Alles muss weg!
Als Mandi plötzlich neben ihm auftauchte, erstarrte er.
Was machst du da?
75 Wahrscheinlich fragte sie: „Was machst du da?"
Aber Benze hörte es nicht. In seinem Kopf rauschte es, und er sah eine Ecke vom Schießstand, die er nicht erwischt hatte.
Als Mandi zu weinen anfing, rannte er weg. Benze rannte, als ob sie hinter ihm her wären. Und er dachte die ganze Zeit an den Burschen mit dem Fahrrad,
80 und wie es möglich ist, dass einer so lügt.

Hans Peter Richter
Der Ziegenbart

Auf der anderen Straßenseite stand ein schmales Haus mit einem Laden. Dort verkaufte eine greise Frau Milch. Als sie starb, wollte niemand das Geschäft weiterführen. Fast ein halbes Jahr
5 blieb der Laden leer. Dann zog ein alter Mann ein. Statt der Käseschachteln und Milchflaschen stellte er Blumentöpfe in das kleine Schaufenster. Ein geblümter Vorhang machte aus dem Laden eine Wohnung.
Weil er einen Spitzbart wie eine Ziege trug, hieß der neue Nachbar bei uns Ziegenbart! Der Ziegenbart lebte allein; er kleidete sich sauber; jeden Samstag
10 fegte er die Straße vor seiner Wohnung; zweimal in der Woche kaufte er ein; er grüßte alle – aber mit niemand freundete er sich an. Selbst die neugierigsten Frauen in unserer Straße mühten sich vergeblich, mehr über den Ziegenbart zu erfahren. Er blieb uns fremd; vielleicht mochten wir ihn deswegen nicht.
Wenn wir Kinder dem alten Mann auf der Straße begegneten, versteckten wir
15 uns. Aus dem Versteck riefen wir ihm „Ziegenbart" nach. Aber er schien es nicht zu hören; denn wo er uns sah, lächelte er uns freundlich zu. – Und wir wurden immer dreister.
Eines Tages kam Andreas mit einem neuen Vorschlag. Jeder sollte einmal zum Laden laufen, die Tür aufstoßen und „Ziegenbart" hineinrufen. Das war eine
20 Mutprobe. Wer sie bestand, durfte sich bei Andreas ein Sammelbild aussuchen.
Ich sammelte die gleichen Bilder wie Andreas. Es waren schöne große Bilder mit allerlei Vögeln darauf. Aber mir fehlten noch sehr viele. Ich überlegte lange. Dann lehnte ich ab. Für ein Bild war mir die Mutprobe zu gefährlich.
Andreas erhöhte den Preis, zuerst auf zwei, schließlich auf drei Bilder. Die

Aufgaben: Seite 46

anderen grinsten mich an und gaben mir gute Ratschläge. Dann versteckten sie sich, und ich stand ganz allein auf dem Gehsteig. Mir war ganz seltsam zumute. Am liebsten wäre ich wieder zurückgegangen, aber ich schämte mich zu sehr. Langsam überquerte ich die Straße und schlenderte zum schmalen Haus hin. Vor dem Nachbarhaus hielt ich noch einmal an. Vorsichtig schaute ich nach allen Seiten: Kein Erwachsener war in der Nähe, vor mir freie Straße.

Um Zeit zu gewinnen, kniete ich nieder und knotete meine Schnürsenkel fest. Wie ein Wettläufer schüttelte ich meine Beine aus. Ich holte tief Luft. – Drei Sprünge. Tür auf. „Ziegenbart" – und rennen, rennen … Atemlos kam ich zur Ecke. Erst dort guckte ich zurück. Der Bürgersteig war noch immer frei. Von der Ecke aus beobachtete ich das schmale Haus. Ich sah, wie sich die Ladentür langsam wieder schloss. Ich wartete noch einige Zeit, aber es geschah nichts mehr.

Rund um den Block lief ich zu den anderen zurück. Ich durfte mir drei Bilder aussuchen, aber mir war nicht recht wohl dabei. Auch die anderen schienen unzufrieden. Wenn der Ziegenbart wenigstens aus der Tür geschaut hätte.

Ich versprach, noch einmal zu laufen. Diesmal durfte ich die Bilder sogar schon vorher wählen. Die anderen versteckten sich wieder und ließen mich allein. Diesmal ging ich rasch zur Ladentür hin, stieß sie ganz weit auf und schrie: „Ziegenbart!" Dann rannte ich davon.

Wie beim ersten Mal beobachtete ich von der Ecke aus. Und wie beim ersten Mal schloss der Ziegenbart ruhig die Tür. Sonst nichts. Ich war wütend.

Als ich zu den anderen zurückkehrte, verspotteten sie mich. Plötzlich zeigten sie alle Mut. Nun wollte jeder es mir nachtun. Aber bevor es soweit war, wollte ich ihnen noch beweisen, wozu ich fähig war. Die sollten staunen. Diesmal würde ich es sogar ohne Bilder tun.

Ich ging zum dritten Mal. Nun war ich kühn. Ganz langsam schritt ich zum Schaufenster. Dort wendete ich mich um und winkte den anderen lächelnd zu. Dann klopfte ich mit dem Zeigefinger kräftig an die Schaufensterscheibe. Darauf ging ich zur Tür. Gemächlich drückte ich die Klinke nieder. Dabei blickte ich überlegen grinsend zu den anderen hin. Eben wollte ich mein „Ziegenbart" in den Laden hineinbrüllen, da umklammerte eine Hand meinen Arm und zog mich in den Laden. Ich war so verdutzt, dass ich alles geschehen ließ. Erst als der Ziegenbart hinter mir die Tür schloss, schrie ich los.

Aber der Ziegenbart ließ sich nicht einschüchtern. So sehr ich auch riss, um loszukommen, er hielt fest. Während ich tobte, stand er bloß da und blickte mich an. Als ich gar keinen Ausweg mehr sah, warf ich mich auf seine Hand und biss hinein, so fest ich konnte. Ich schmeckte Blut auf der Zunge. Der Ziegenbart verzerrte sein Gesicht im Schmerz, aber er ließ nicht los. Ich sah, wie das Blut von der Hand auf den Boden tropfte, und ich schrie, schrie, dass meine Stimme sich überschlug.

Da klirrte die Schaufensterscheibe. Ein Ziegelstein flog in den Laden. Er zerriss den geblümten Vorhang. Zwei Blumentöpfe kollerten hinterher und zerbrachen. Es regnete Scherben. Ich erschrak so, dass ich zu brüllen vergaß. Auch der Ziegenbart zuckte zusammen. Dann schüttelte er den Kopf und sagte traurig: „Das waren deine Freunde!" Wir schauten auf die Glassplitter am Boden. Der zerfetzte Vorhang wehte zu uns herüber. In die Stille hinein sagte der Ziegenbart leise: „Du brauchst keine Angst zu haben. Ich tue dir nichts, ich möchte dir nur etwas zeigen!" Er ließ mein Handgelenk los. Aber ich hatte Angst, grässliche Angst, viel zu viel Angst, um fortzulaufen. Mitten im Zimmer stand ich und rührte mich nicht.

Der Ziegenbart nahm ein Taschentuch aus seinem Schrank. Damit verband er seine Hand. Dann knipste er das Licht an und trat zum Tisch.

„Komm einmal her!", bat er. Ich gehorchte stumm. Mit beiden Händen zog er seinen Spitzbart auseinander. Unter den Haaren konnte ich eine hässliche Narbe entdecken. Das Kinn war gespalten.

„Deswegen trage ich einen Ziegenbart!", sagte der alte Mann. „Willst du auch wissen, woher ich das habe?", fragte er. Ohne meine Antwort abzuwarten, sprach er weiter: „Als ich ungefähr so alt war wie du jetzt bist, da habe ich einmal aus Übermut einem Verwachsenen ‚Buckel!' nachgerufen. Er holte wütend mit seinem Stock aus. Die Spitze war mit Eisen beschlagen; sie traf mich hier am Kinn. – So, das wollte ich dir nur erzählen. Nun kannst du gehen."

Ohne mich noch einmal anzuschauen, drehte sich der alte Mann um. Aus der Ecke holte er eine Schaufel und begann, mit dem Handfeger die Scherben zusammenzukehren.

Ich stand noch immer mitten im Raum. Er schien mir viel heller als vorhin. Ich erkannte einen großen Bücherschrank, und ringsum an der Wand hingen Bilder. Es waren Bilder mit seltenen Vögeln darauf, herrliche Bilder, viel schöner als die gesammelten, die ich in der Tasche trug. Der alte Mann richtete sich bei den Glasscherben kniend auf. Er blickte mich an. „Magst du mir einen Gefallen tun?", fragte er. Ich konnte nicht antworten, weil ich sonst hätte weinen müssen.

„Zwei Straßen weiter wohnt ein Glaser", sagte der alte Mann, „magst du ihn bitten, zu mir zu kommen?" Ich antwortete nicht, ich nickte nicht. Rasch verließ ich den Laden. Draußen lief ich, so schnell ich konnte. An der Ecke hatten sich die anderen versteckt. Mit entsetzten Augen sahen sie mich kommen. Aber ich lief vorbei und lief zum Glaser.

Umgang mit Texten und Medien — Ängste überwinden, Zweifel besiegen

Theodor Weißenborn, **Der Sprung ins Ungewisse** *(Seite 36)*

1. Erkläre, warum Martin bei den Tigern aufgenommen werden möchte.
2. Erarbeite am Text, inwiefern sich Martin von den anderen Jungen unterscheidet.
3. Untersuche Anfang und Ende des Textes: Welche Stimmung herrscht und wie fühlt sich Martin in der jeweiligen Situation?
4. Suche Stellen im Text heraus, die besonders deutlich machen, dass Martin Angst hat. Wie gelingt es ihm, seine Angst zu überwinden?
5. Erkläre die verschiedenen Bedeutungen des Titels.

 Gina Ruck-Pauquèt, **Die Kreidestadt** *(Seite 41)*

1. Arbeite heraus, wie Benze zu Beginn der Erzählung dargestellt wird.
2. Stelle mit eigenen Worten dar, was das Besondere an der Kreidestadt ist.
3. Beschreibe, wie Benze reagiert, als Mandi am nächsten Tag nicht sofort erscheint, und erkläre sein Verhalten.
4. Diskutiert, ob der Junge mit dem Fahrrad wirklich gelogen hat.
5. Am nächsten Tag treffen sich Mandi und Benze und reden über den Vorfall. Schreibe einen Dialog, in dem Mandi ihr Zuspätkommen erklärt und Benze auf sein Verhalten eingeht.

 Hans Peter Richter, **Der Ziegenbart** *(Seite 43)*

1. Erkläre mit eigenen Worten, warum der Ziegenbart den Leuten fremd bleibt.
2. Untersuche die verschiedenen Mutproben und arbeite heraus, inwiefern eine Steigerung zu erkennen ist.
3. Beschreibe das Verhalten der anderen Jungen.
4. Der alte Mann erzählt zum Schluss seine Geschichte. Erkläre, was er damit bezwecken will.
5. Am Schluss läuft der Ich-Erzähler an den anderen Jungen vorbei. Was geht dabei in seinem Kopf vor? Notiere seine Gedanken in der Ich-Form.

Erzählen

Bildergeschichten zu lebendigen Erzählungen ausgestalten

Wie man eine Erzählung aufbaut

1. „Mädchen können nicht Fußball spielen."
Überlegt, ob dieses Vorurteil hier zurechtgerückt wird. Sprecht auch über andere Vorurteile dieser Art und erzählt von Fällen, in denen ein Vorurteil korrigiert werden musste.

2. a) Beschreibe genau, was du auf dem ersten und letzten Bild dieser Bildergeschichte siehst. Achte dabei auch auf die Körperhaltung der Personen, deren Bewegung von Händen, Armen und Kopf (Gestik) und deren Gesichtsausdruck (Mimik).
b) Erläutere dann, wie das Bild oder die Bilder dazwischen aussehen könnten.
c) Zeichne – wenn nötig – auch noch ein Bild als Vorgeschichte oder eines als Schluss.

3. Nachdem ihr nun vollständige Geschichten erfunden und euch dabei über das Handeln der einzelnen Personen Gedanken gemacht habt, können jeweils drei von euch eine Pantomime (ein Spiel ohne Worte) vorbereiten und der Klasse vorspielen.

Bildergeschichten erzählen

Grundsätzlich solltest du bei **Bildergeschichten** so vorgehen:
- Sieh dir jedes einzelne Bild sehr genau an. Beachte insbesondere das **Aussehen der Personen**, ihre **Gesten** und den **Gesichtsausdruck**. Auch Einzelheiten können sehr wichtig sein. Versuche, dich in die Personen hineinzuversetzen, um ihr Denken und Handeln zu verstehen.
- Überprüfe, ob zwischen den einzelnen Bildern noch **verbindende Handlungsschritte eingefügt** werden müssen, damit die Geschichte logisch und verständlich ist.
- Denke dir, wenn nötig, eine Vorgeschichte und/oder einen Schluss aus.

Erzählform und Zeitstufe

1. Überlege für Sempés Bildergeschichte, aus welchen verschiedenen Blickwinkeln sie erzählt werden könnte, und lege dich dann auf eine Erzählform bzw. einen Erzähler fest.

Ein Erzähler nimmt einen bestimmten Blickwinkel ein; hier besteht grundsätzlich die Wahlmöglichkeit zwischen zwei **Erzählformen**:
- In der **Er-Form** wird die Geschichte von jemandem erzählt, der oft alles weiß und sieht und auch die Gedanken aller vorkommenden Personen kennt. Diese Erzählform ist grundsätzlich immer anwendbar.
- In der **Ich-Form** erzählt eine der Figuren der Geschichte aus ihrer ganz persönlichen Sicht. Sie kennt lediglich die eigenen Gedanken, die der anderen Personen erschließt sie nur über deren Äußerungen und ihr Verhalten. Diese Erzählform ist nicht für alle vorkommenden Personen günstig und sinnvoll.

Erzählt wird etwas Vergangenes, daher wird als **Zeitstufe** das **Präteritum** (Imperfekt) verwendet.

2. Untersuche, in welcher Form die Geschichten im Erzählteil dieses Kapitels (S. 34–45) geschrieben sind. Überlege, warum diese Erzählform gut zur Geschichte passt.

Die Einleitung

Nun stellt sich die nächste Frage: Wie kannst du anfangen? Etwa so:

> Hallo, ich bin der Franz. Ich erzähle euch jetzt eine Geschichte:
> Es war an einem wunderschönen sonnigen Sonntagmorgen im Frühling. Ich war mit meinem Vater, meiner Mutter, meinem Bruder Erwin und unserem Dackel Kuno zu meiner Tante Antonie und ihrer Tochter nach Bergheim gefahren …

Oder so:

„Komm, wir gehen nach draußen und spielen Fußball", schlug meine Cousine Maria vor. Seit gestern war ich mit meinen Eltern bei ihrer Mutter, meiner Tante Antonie, in Bergheim zu Besuch, und jetzt war es uns nach dem Sonntagskaffee langweilig geworden. „Du und Fußball spielen?", entgegnete ich spöttisch. „Wirst schon sehen!", meinte Maria, holte einen schwarz-weißen Lederfußball aus ihrem Zimmer und …

1. Vergleiche die beiden Erzählanfänge und entscheide, welche Einleitung gelungener ist. Begründe dein Urteil.

2. Verfasse selbst einen Einstieg in die Geschichte.

Nach dem Lesen der **Einleitung** sollte klar sein, wer die **Hauptpersonen** der Geschichte sind und **wo und wann** sie spielt. Die **W-Fragen** können dabei helfen, dass man nichts Wichtiges vergisst:
- **Wer** sind die Hauptpersonen?
- **Wo** spielt die Geschichte?
- **Was** geschieht?
- **Wann** geschieht es?
- **Warum** geschieht es?

Nach einer **originellen Einleitung**, z. B. mit wörtlicher Rede, liest man gerne weiter.

+ Ergänzen

3. Überprüfe an einigen Erzähltexten des Buches, ob sich auch Schriftsteller an diese Empfehlung halten.

4. Zum Bild links hat sich ein Schüler für seine Geschichte schon die folgenden Notizen gemacht:

Wer?	mein Vater, meine Mutter, meine kleine Schwester Anna und ich (als Erzähler)
Wo?	Urlaubsort Ruhpolding in Bayern, dunkler Gebirgswald am Rauschberg
Was?	Wanderung mit Familie, Abstieg
Wann?	Sommerurlaub, letzter Tag, später Nachmittag
Warum?	langer Rückweg, ich will allein abkürzen: verirrt

Entnimm diesen Notizen alle Informationen, die du brauchst, und schreibe eine Einleitung, die Interesse weckt.

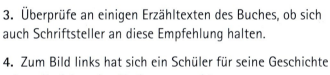

5. Zu einer anderen Geschichte gibt es als Anregung nur das Bild rechts. Denke dir selbst eine Handlung aus und notiere dir das Wichtigste zu den W-Fragen. Schreibe dann eine Einleitung.

Schreiben: Erzählen — Ängste überwinden, Zweifel besiegen

Der Hauptteil und seine Stellung im Gesamtaufbau

Die eigentliche Handlung beginnt erst im Hauptteil. Auch für diesen wichtigsten Teil einer Erzählung solltest du dich an einige Regeln halten. Den grundlegenden Aufbau einer Erzählung kannst du dir leicht merken, wenn du dich möglichst schnell mit dem folgenden netten Haustier anfreundest, das hier in einem wahren Prachtexemplar abgebildet ist, mit der **Erzählmaus**.

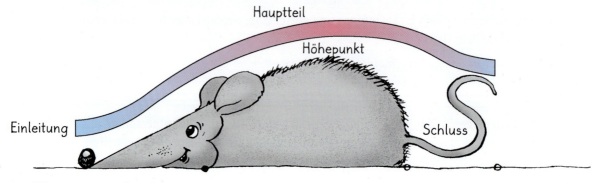

Erkennungsmerkmale:
kurzes, gedrungenes Schnäuzchen — gut genährter Körper mit wohlgerundetem Rücken — straffe Rundung hin zum Schwänzchen

1. Untersuche den Handlungsaufbau von „Der Ziegenbart" (S. 43 ff.).
Wähle aus den folgenden Vorschlägen passende Überschriften für die fehlenden fünf Erzählabschnitte aus und trage sie in die entsprechenden Stufen ein:
Die Bitte um einen Gefallen • Die Erklärung für den Namen • Die Gefangennahme • Die Hilfe der Nachbarn • Die Rache des Ziegenbartes • Die zweite Mutprobe • Die Abmachung • Der Fremde in der Straße • Die Machtlosigkeit der Freunde • Die erste Mutprobe • Die Zerstörung der Fensterscheibe

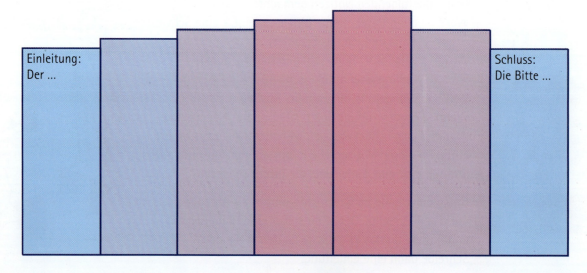

> Der **Hauptteil** ist der wichtigste und damit auch der längste Abschnitt einer Erzählung. In einem **Spannungsbogen** soll der **Handlungsverlauf gezielt bis zum Höhepunkt gesteigert** werden, wo die Geschichte besonders lustig oder spannend ist oder auch eine überraschende Wendung nimmt.

Der Schluss

Die Erzählmaus hat es dir schon deutlich gemacht: Der Schluss soll die Spannung abbauen und die Geschichte zügig abrunden; zögere das Ende deiner Erzählung also nicht unnötig hinaus.
Verunstalte deine Maus nicht:

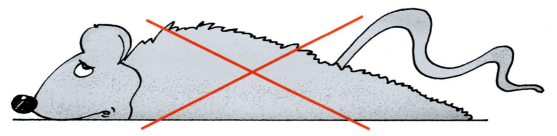

Lass dir lieber etwas Lustiges, Originelles oder Überraschendes einfallen, um deinem Aufsatz zum Schluss noch eine besondere Note zu geben.

> Abgerundet wird eine Erzählung durch einen nicht zu langen **Schluss**, der noch einmal Bezug auf die Handlung des Hauptteils nehmen sollte und einen kurzen Ausblick gibt, z. B. auf die Folgen, die aber nicht mehr näher dargestellt werden.

1. Nun dürfte es für dich nicht mehr schwierig sein, die begonnene Fußballgeschichte fertig zu schreiben: Verfasse zu der bereits erarbeiteten Einleitung (☞ Aufgabe 2/ Seite 49) nun auch Hauptteil und Schluss.

2. Suche für deinen Aufsatz eine passende Überschrift. Meist ist es günstig, mit der endgültigen Festlegung des Titels einer Erzählung bis zum Schluss zu warten, auch wenn du vorher schon die eine oder andere Idee notiert haben solltest.

3. Ergänze eine der Einleitungen, die bei den Aufgaben 4 und 5 auf Seite 49 entstanden sind, um einen spannenden Hauptteil und einen abrundenden Schluss.

4. Sammelt Vorschläge für passende Überschriften zu den Geschichten aus Aufgabe 3 und diskutiert, welche sich am besten eignen.

Wie man Geschichten plant

Nur selten kommt ein gelungener Aufsatz dabei heraus, wenn man einfach losschreibt und sich überraschen lässt, welchen Weg die Geschichte nimmt und wo sie letztlich ankommt. Deshalb solltest du den Handlungsverlauf bereits vor dem Schreiben planen. Bei Bildergeschichten ist das nur dann ein Problem, wenn die Reihenfolge der Bilder durcheinandergeraten ist, wie hier:

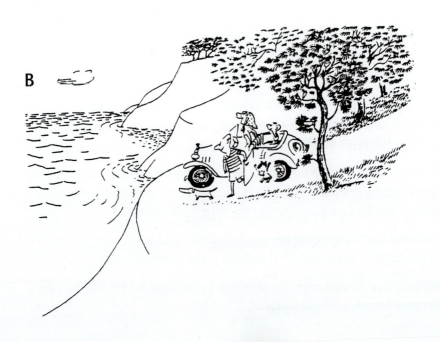

1. Ordne die Bilder in der richtigen Reihenfolge.

2. Zeichne in dein Heft die Rückenlinie einer Erzählmaus, also den Spannungsbogen, und trage die Kennbuchstaben der einzelnen Zeichnungen aus der Bildergeschichte an der Stelle ein, an die sie nach deiner Meinung gehören. Kennzeichne den Höhepunkt der Geschichte mit einem Pfeil.

3. Überlege, welche verschiedenen Erzählhaltungen möglich wären. Diskutiert ihre Vor- und Nachteile in der Klasse.

Eine Erzählung planen

- In einer kleinen **Skizze** und mit ein paar **Stichworten** werden der **Aufbau** und der grundlegende **Handlungsverlauf** entworfen.
- Besonders wichtig ist es, den **Höhepunkt** festzulegen und zu notieren, was dort in etwa geschehen soll.
- Wenn man festhält, für welche **Erzählform** bzw. welchen Erzähler man sich entschieden hat, verhindert das einen unbeabsichtigten Wechsel.

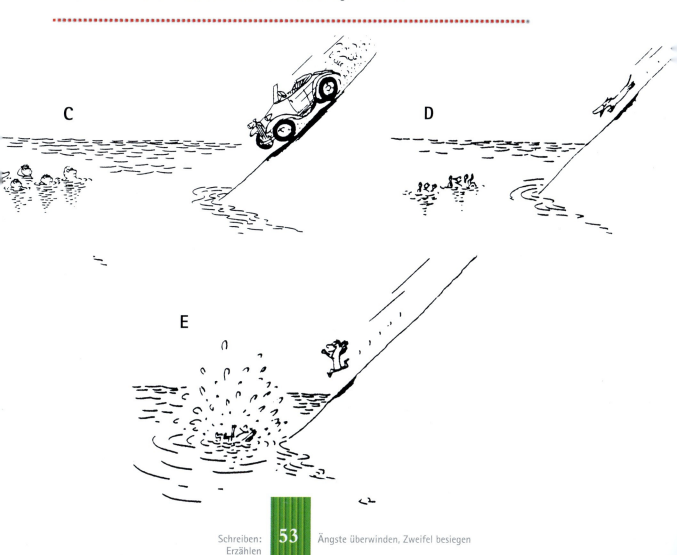

Wie man die passenden Worte findet

1. In der Bildergeschichte spielt Fortbewegung eine wichtige Rolle. Bildet Wortspeicher zu *gehen* und zu *fahren*. Schreibt das Wort in die Mitte eines Blattes, das ihr von Bank zu Bank weiterreicht, wo jeweils ein neues sinnverwandtes Wort hinzugefügt wird.

Ideen sammeln: ein Cluster erstellen

Wenn ihr Wörter, die euch zu einem bestimmten Begriff oder Thema einfallen, so aufschreibt, dass sich Verbindungslinien zwischen sinnverwandten Wörtern ziehen lassen, entsteht ein CLUSTER, der für das Wort *gehen* so beginnen könnte:

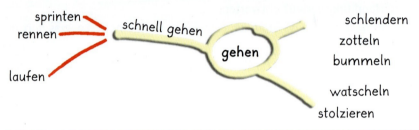

2. Beschreibe deinen Tagesablauf, indem du möglichst verschiedene und treffende Verben aus dem Cluster einsetzt.

3. Teste deine Erzählerqualitäten, indem du das Adjektiv *schnell* in den nachfolgenden Sätzen durch einen treffenderen Ausdruck aus dem Wortspeicher ersetzt. Schreibe die korrigierten Sätze in dein Heft.

1. *Schnell* kam er um die Ecke geschossen.
2. Das Gerücht verbreitete sich *schnell*.
3. Nach dem Anruf seiner Frau brach er *schnell* auf.
4. Die Zeit verging *schnell*.
5. *Schnell* raffte sie ihre Sachen zusammen.
6. Als der Alarm losging, stürzte der Räuber *schnell* aus der Bank.
7. *Schnell* schlang er den letzten Bissen hinunter.
8. Das ging aber *schnell*!
9. *Schnell* schwang sich Peter auf sein Fahrrad und düste davon.

Hals über Kopf • hastig • wie im Fluge • im Handumdrehen • in einem Saus • in Windeseile • leichtfüßig • ruck, zuck • schlagartig • schleunigst • überstürzt • unversehens • wie ein geölter Blitz • wie ein Lauffeuer • wie ein Pfeil

Erlebniserzählungen spannend gestalten

Ein unerwartetes Geschenk

Es war drückend heiß in meinem Zimmer. Der Mond schien durch die Ritzen des Rollladens hindurch. Auch Max, mein Hund, wälzte sich im Nachbarzimmer schwer von der einen auf die andere Seite. Im Halbschlaf hörte ich ihn immer wieder zum Wassernapf tappen.
5 Ich bemühte mich, zur Ruhe zu kommen, da drang ein ungewöhnliches Geräusch, eine Art Glucksen, in mein Bewusstsein vor. „Was kann das sein?", fragte ich mich. Plötzlich gab es einen lauten Knall und etwas fiel scheppernd zu Boden. Ich erschrak fürchterlich und sackte fast zu Boden. Mein Fuß schmerzte entsetzlich. Offensichtlich war ich gegen irgendetwas gestoßen.
10 Zu allem Überfluss bellte Max laut auf und scharrte mit seinen Pfoten an der Tür, um hereingelassen zu werden. Ich knipste das Licht an und sah die Bescherung: Das CD-Regal lag umgekippt auf dem Boden und alle CDs lagen verstreut auf dem Boden.
Ich schaute mich im Zimmer um. Jetzt war es wieder ganz still. Da, wieder
15 so ein schlürfender Laut! Ganz zufällig fiel mein Blick auf den großen Chinchillakäfig. Emilia, mein Chinchillaweibchen, war zwar nicht zu sehen, doch irgendwie wurde ich das Gefühl nicht los, dass die Geräusche aus ihrem kleinen Holzhäuschen oben auf der Plattform kommen mussten.
Gerade wollte ich mir das Häuschen von Nahem betrachten, da stürzte And-
20 reas zusammen mit Max mit lautem Getöse in mein Zimmer. „Bist du verrückt, mitten in der Nacht so einen Krach zu machen?", schrie er.
Vorsichtig öffnete ich die Käfigtür und drehte das Holzhäuschen um, sodass der Eingang nach vorne zeigte. Meine Hände zitterten, als ich die Holzwolle zur Seite schob. „Kannst du etwas sehen?", fragte Andreas mit erstickter
25 Stimme. „Nein", antwortete ich. Doch plötzlich bewegte sich etwas Dunkles, Flauschiges in der vorderen rechten Ecke. Erschrocken stieß ich einen spitzen Schrei aus und zog die Hand ruckartig zurück. Aufgeregt entfernte ich die Holzwolle und konnte es kaum glauben. Da drehte sich ein braunes Wollknäuel auf der Holzwolle hin und her. Emilia lag in der hinteren Ecke und
30 bewegte sich kaum. Mit einem Schlag wurde mir klar, was passiert war: Sie hatte in den letzten Stunden ein Junges zur Welt gebracht, das nun nach seiner Mutter rief.
Andreas war mein erstauntes Gesicht nicht entgangen. Ungeduldig zerrte er an meinem Schlafanzug: „Lass mich auch mal sehen", drängelte er.
35 Mit großen Augen beobachtete er das Junge und rief entzückt: „Anna, das gibt's doch gar nicht. Das hätte dir doch schon längst auffallen müssen, dass Emilia ein Junges erwartet." Die boshafte Bemerkung: „Sonst bist du es doch immer, der alles im Blick hat", konnte ich mir nicht verkneifen.
Noch eine halbe Stunde verbrachten wir zusammengekauert vor dem Käfig
40 und dachten über einen passenden Namen für das Kleine nach. Ein wirklich guter fiel uns aber nicht ein. Außerdem wussten wir ja auch gar nicht, ob es ein Männchen oder Weibchen war. Beim Blick auf die Uhr stellte ich fest: „Oh Gott, es ist ja schon halb drei." „Dann lass uns wieder ins Bett gehen, sonst kommen wir morgen nicht heraus", antwortete er.

1. Besprecht die Stärken und Schwächen des voranstehenden Aufsatzes.

2. Überprüfe, auf welche W-Fragen (☞ S. 49) diese Erlebniserzählung Antworten gibt.

3. Arbeite den Schreibplan heraus, der der Erzählung zugrunde liegt, indem du die Erzählschritte stichpunktartig festhältst (☞ S. 50).

> Ziel einer Erlebniserzählung ist es, dass alle Leser dem Geschehen mit Interesse folgen.
> - Mehr noch als bei Bildergeschichten, deren Handlung weitgehend vorgegeben ist, kommt es daher bei **Erlebniserzählungen** darauf an, die Spannung von Erzählschritt zu Erzählschritt zu erhöhen.
> - Das gilt insbesondere für den Hauptteil, dessen Spannungsbogen klar gegliedert sein sollte.
> - Um dieses Ziel nicht aus dem Auge zu verlieren, sollte man einen **Schreibplan** erstellen, der die Abfolge der Erzählschritte festhält.
> - Eine Erlebniserzählung muss nicht auf ein eigenes Erlebnis zurückgehen, doch sollten die Ereignisse zumindest möglich und denkbar sein.
>
> Die übliche Erzählzeit ist auch hier das **Präteritum** (Imperfekt).

4. Klärt gemeinsam, welche Aufgabe der Anfang in der Erzählung „Ein unerwartetes Geschenk" übernimmt. Welche Bedeutung hat er für den Fortgang der Erzählung?

5. Verfasst andere Erzählanfänge, die ebenfalls neugierig machen, aber noch nicht zu viel verraten. Tragt euch eure Einfälle gegenseitig vor und diskutiert, welcher Erzählanfang besonders gut passt.

6. Überprüfe am letzten Absatz des Schüleraufsatzes die Forderung: „Der Schluss soll die Erzählung abrunden, indem nochmals Bezug zum Hauptteil genommen, dann aber ohne weiteres Hinauszögern ein klarer Schlusspunkt gesetzt wird."

7. Beurteile die folgenden Schülervorschläge für einen Schluss. Begründe dein Urteil. Schreibe selbst einen Schluss, wenn dir keine der vier Lösungen gefällt.

> a) Schweren Herzens trennte ich mich von den Chinchillas und hüpfte ins Bett. Andreas knipste das Licht aus und schloss die Tür. Ich drückte meinen Kuschelbär noch einmal und drehte mich um, um auf der Stelle einzuschlafen.

b) Obwohl ich eigentlich vollkommen müde war, konnte ich nicht einschlafen. Deshalb lief ich zu meinem Bruder und fragte ihn: „Kann ich heute nicht bei dir schlafen, denn alleine kann ich nicht einschlafen?" Andreas knurrte mürrisch, rutschte dann aber doch
5 zur Seite. Beim Einschlafen dachte ich mir: „Irgendwie ist es ja doch gut, einen Bruder zu haben, mit dem man solche Erlebnisse teilen kann."

c) Nach dieser Feststellung ging ich ins Bett und schlief sofort ein.

d) Das ließ ich mir nicht zweimal sagen, weil ich nun auch genug von der Aktion hatte. Bevor ich ins Bett stieg, blickte ich noch einmal auf das Poster mit der Eisläuferin über meinem Bett. Sofort waren meine Gedanken beim letzten Holiday on Ice-
5 Besuch. Da gab es viel zu sehen. Ich konnte nur schlecht einschlafen, weil ich wieder einmal Pläne zu schmieden begann, wie ich es endlich schaffen könnte, Papa dazu zu überreden, mich im Eislauf-Verein anzumelden.

Um eine **Erzählung abwechslungsreich** und **spannend** zu gestalten, kannst du verschiedene **Erzählmittel** verwenden:

- Benutze **wörtliche Rede**, um besonders wichtige Momente lebendig zu gestalten.
- Stelle die Innensicht einer Figur (= **innere Handlung**) durch die Wiedergabe ihrer **Gedanken und Gefühle** dar.
- Beschreibe **Sinneseindrücke**, die wiedergeben, was um die Hauptfigur herum passiert.
- Schildere **Mimik und Gestik**, um Gefühle zu beschreiben und typische Verhaltensweisen darzustellen.
- **Dehne** die **Erzählzeit**, um wichtige Momente hinauszuzögern und so für den Leser noch spannender zu gestalten.
- Verwende **bildhafte und treffende Ausdrücke**, damit sich der Leser etwas besser vorstellen kann: Vergleiche, Bilder, passende Verben und Adjektive …

Texte überarbeiten und Zeichensetzung trainieren: S. 149 ff.

8. Ordne folgende Auszüge aus den Erzählungen des Lesebuchteils (S. 34 bis 45) den verschiedenen Erzählmitteln aus dem Merkkästchen zu.

1. „Langsam überquerte ich die Straße und schlenderte zum schmalen Haus hin. Vor dem Nachbarhaus hielt ich noch einmal an. Vorsichtig schaute ich nach allen Seiten: Kein Erwachsener war in der Nähe, vor mir freie Straße."
(Hans Peter Richter, Der Ziegenbart S. 44/Z. 28 ff.)

2. „Es ging eine Treppe hinauf, der Straßenlärm schien näher zu kommen, die Schwärze vor seinen Augen hellte sich auf, sie mussten im Tageslicht sein jetzt. Die Schritte hallten wider, Sand knirschte unter Schuhsohlen, das musste der Betonboden der Maschinenhalle sein, in die sie aus dem Keller heraufgestiegen waren. Wieder wurde es heller."
(Theodor Weißenborn, Der Sprung ins Ungewisse S. 38/Z. 116–120)

3. Zuerst zerstörte er das Schloss, rieb es mit seinen Kreppsohlen weg. Spuckte hin und rieb. Die Sonnenblumen zertrampelte er, den Teich.
(Gina Ruck-Pauquét, Die Kreidestadt S. 43/Z. 65 f.)

4. Martin stand, die Hände im Rücken verkrampft, an der Wand – er fühlte die Feuchtigkeit des Salpeters an seinen Händen – und starrte in das Gesicht des Bosses, das kalkweiß, von Schatten überspült, auf ihn zukam. Er grub die Fingernägel in seine Handflächen: Nein, er würde es nicht sagen.
(Theodor Weißenborn, Der Sprung ins Ungewisse S. 36/Z. 7–11)

5. Von außen fiel kein Licht in den Raum. Im Flackerschein der auf dem Boden angeklebten Kerzen lastete das Gewölbe des Kellers über den Mitgliedern der Bande und über Martin. Der Straßenlärm, gefiltert durch die meterdicken Mauern der ehemaligen Brauerei, drang dumpf herein wie das Tosen eines unterirdischen Stroms.
(Theodor Weißenborn, Der Sprung ins Ungewisse S. 36/Z. 1–7)

9. Suche zu jedem der Erzählmittel ein weiteres Beispiel aus den genannten Texten.

Ideen für spannende Erzählungen

1. Zu Reizwörtern schreiben
Bei Reizwortgeschichten dienen einige wenige Begriffe als Grundlage für eine Erzählung. Jedes dieser „Reizwörter" muss in der Geschichte vorkommen, wobei die Reihenfolge keine Rolle spielt:
Geschichte 1: Freibad – Angeberei – Held
Geschichte 2: Taucherbrille – Ostereier – Luftmatratze

2. Einen Erzählkern ausgestalten
In den Zeitungen findest du viele Meldungen zu ungewöhnlichen Geschehnissen, die Grundlage für eine spannende Geschichte sein könnten:

Der Schulbus-Held Uli

70 Kinder waren auf dem Weg zur Schule, als der Busfahrer Anton zusammensackte und der Bus sich selbstständig machte. Als der voll besetzte Schulbus endlich an einem Abhang zum Stehen kam, hing er mit den Vorderrädern bedrohlich über dem Abgrund. Geistesgegenwärtig hatte der elfjährige Uli
5 Stegmair die Handbremse gezogen, als der 71-jährige Fahrer Anton am Steuer bewusstlos zusammengebrochen war. Uli reagierte blitzschnell, verhinderte eine Katastrophe und wurde zum Lebensretter seiner 70 Schulkameraden.

Baue diese Nachricht zu einer spannenden Erzählung aus. Erzähle das Geschehen aus der Sicht von Uli Stegmair oder eines anderen Kindes im Bus. In der Zeitungsmeldung wird nicht alles gesagt. Überlege, welche Fragen du klären musst, um eine spannende Geschichte zu schreiben.
Zum Beispiel:
- Warum ist der Busfahrer zusammengesackt?
- Wie ist Uli darauf aufmerksam geworden?
- …

3. Erzählen nach Sprichwörtern
Ausgehend von einem Sprichwort oder einer Redensart (S. 169) musst du dir, ähnlich wie bei der Reizwortgeschichte, eine passende Handlung ausdenken. Beachte dabei, dass Sprichwörter oft eine Lehre enthalten. Deine Handlung muss diese Lehre verdeutlichen:

- Lügen haben kurze Beine.
- Gelegenheit macht Diebe.
- Wer andern eine Grube gräbt, fällt selbst hinein.

Wer keine Bücher liest, ist ein armseliger Ignorant, dessen Unterhaltung, wenn sie überhaupt so genannt werden kann, weiter nichts ist als ein bedeutungsloses Geschwätz über seine Person, Geschäfte, kleine Leiden und seine Bekannten.
Friedrich Wilhelm Herschel

An Zerstreuung lässt es uns die Welt nicht fehlen; wenn ich lese, will ich mich sammeln.
Johann Wolfgang Goethe

Das Buch ist der bequemste Freund. Man kann sich mit ihm unterhalten, so lange und so oft man will, kann in jeder Stimmung die rechte Kost wählen und ist nie enttäuscht.
Angelus Silesius

Roger Vogel, Durchgang in andere Welten

Je mehr ich las, umso näher brachten die Bücher mir die Welt, umso heller und bedeutsamer wurde das Leben für mich.
Maxim Gorki

Wer Bücher und den Verstand besitzt, sie zu lesen, kann doch nie ganz unglücklich sein; hat er doch die beste Gesellschaft, die es auf Erden gibt.
Paul Ernst

Man kann keine große Seele oder keinen einigermaßen scharfen Verstand ohne einige Leidenschaft für das Schrifttum haben.
Luc Clapiers Marquis de Vauvenargues

Renate Welsh
Max, der Neue

Max war nun schon seit drei Wochen in dieser Klasse und fühlte sich noch genauso fremd wie am ersten Tag. Wie der reinste Ameisenhaufen schien sie ihm. Er bekam richtig Heimweh nach seiner alten Schule, selbst wenn er an Stefans Herrschsucht, an Veronikas Herablassung, an Friedrichs Spott dachte. Dort hatte er seinen Platz gehabt, hatte sich ausgekannt.

Er starrte die Tischplatte an. Kein einziger Kratzer, nichts als glänzendes helles Holz. Auf seinem alten Pult hatte ein dicker Elefant ein Gänseblümchen mit dem Rüssel gehalten, eine Erdkugel riesige Tränen geweint, Monogramme hatten in pfeildurchschossenen Herzen gestanden, zwei Mäuse hatten an den Fünfen in einem Zeugnis genagt, Grabhügel Kreuze getragen. Die hatte nicht Max gekritzelt und geritzt, die waren schon lange vor seiner Zeit da gewesen. Generationen von Schülern hatten daran gearbeitet. Max wunderte sich, wie deutlich er die Platte vor sich sah, wie genau er die Linien verfolgen konnte.

Jede Beschädigung des Klasseninventars ist streng verboten. Beschädigte Möbelstücke müssen ausnahmslos ersetzt werden.

Scharfumrissene Sonnenflecken tanzten über die Türwand. Max drehte sich halb um. Rainer hielt seine Brille in der Hand, fing die Strahlen ein und warf sie an die Wand. Sein Nachbar nahm ebenfalls die Brille ab und machte mit. Die blendenden Kreise überschnitten sich, trennten sich wieder, bildeten schöne Muster.

Die Lehrerin drehte sich von der Tafel weg. Ein Strahl traf ihre Gläser. Sie zuckte zurück, griff nach der Brille, nahm sie ab, ihre Augen wurden klein, sie blinzelte.

Kichern kullerte durch die Klasse. In der Bank vor Max stießen Valerie und Conny einander an, hinter sich hörte er Glucksen und unterdrücktes Lachen, in der Türreihe lehnte sich Fanny weit zurück, bis ihr Stuhl nur mit den Hinterbeinen auf dem Boden stand, und legte die Hände mit ausgebreiteten Fingern auf den Tisch. Rainer putzte mit dem Hemdzipfel seine Brille und grinste. Valerie kicherte in ihr Taschentuch.

Die Blicke der Lehrerin irrten durch die Klasse, vor und zurück, hin und her. Die hatte Angst!

Sie fuhr mit den Händen an ihren Rock, sah den Kreidefleck, putzte daran herum, straffte sich.

„Also, wiederholen wir. Fanny, du kannst uns bestimmt den Unterschied zwischen einhäusigen und zweihäusigen Pflanzen erklären."

Fanny konnte nicht. Sie stand da und lächelte. Ihr linker Mundwinkel hob sich immer mehr. Bald würde er den Nasenflügel erreichen.

Die Lehrerin rief drei weitere Schülerinnen auf. Jede einzelne erhob sich umständlich, stand da wie ein Soldat bei der Parade und schwieg.

Was tu' ich, wenn sie mich fragt?, überlegte Max: Es kann doch nicht sein, dass

sie das alle wirklich nicht wissen. Sie haben anscheinend ausgemacht zu schweigen. Aber warum? Sie hat uns nichts getan, oder? Wenn ich antworte, krieg' ich
45 kein Bein mehr auf die Erde in dieser Klasse. Wenn ich nicht antworte …
Die Lehrerin gab auf. „Nehmt die Hefte heraus." Sie diktierte noch, als es schon die Pause eingeläutet hatte, kümmerte sich nicht um die Proteste, machte einfach weiter.
Als sie endlich gegangen war, schimpften fast alle hinter ihr her. Jetzt war ganz
50 gewiss die falsche Zeit zu fragen, was die Klasse gegen diese Frau Bräuer hatte.

David Hill

Tor!

Aufgaben: Seite 66

Simon schoss heute dieses tolle Tor beim Fußball.
Mr. Johnston hatte uns ein Spiel erlaubt, obwohl eigentlich andere Sportarten dran gewesen wären, denn es war immer noch Sommer. Er ließ uns alle in alphabetischer Reihenfolge
5 antreten, Mädchen und Jungen durcheinander.
Es war unglaublich, wie darüber gezankt wurde, ob Todd Martin vor Melissa McDonald käme oder nicht, und natürlich musste Alex Wilson sich wieder unter A statt unter W aufstellen. Dann kam Mr. Johnston und machte: „Tip – top – tip – top", bis er die Klasse in zwei Mannschaften aufgeteilt hatte: in die
10 Tips und die Tops.
Nelita Travers sagte ihm, dass er den Schiedsrichter vergessen hätte und die Linienrichter, aber Mr. Johnston sagte, das ginge in Ordnung, er wäre alle drei. „Sie haben doch nicht sechs Arme und sechs Beine", sagte Nelita, die sich bei Witzen so schwer tut wie unser Hund, wenn er sich durch einen Teller Fleisch-
15 sülze durcharbeiten soll.
Mr. Johnston war ihr gewachsen. „Vielleicht nicht", sagte er. „Aber als Lehrer habe ich ja Augen auf dem Rücken, das sollte eigentlich reichen." Nelita ging zu den Tops und rief: „Freunde, Römer, Sportlehrer, borgt mir eure Augen!"
Ich machte mich auf, um Brady West zu decken, die bei den Tops war, und das
20 taten auch drei andere Typen.
Simon war Torwart in unserer Mannschaft, den Tips. In der ersten Hälfte des Spiels war der Ball in der anderen Hälfte, und er hatte nichts zu tun. Er flitzte immer nur zwischen den Torpfosten hin und her und brüllte: „Ihr habt wohl Schiss vor mir, he?" und „Vorwärts, jawohl!", wie es die Hooligans bei den
25 Fußballspielen in England machen.

Dann schoss jemand den Ball mit einem gewaltigen Tritt hoch und er flog dorthin, wo Simon wartete, ganz allein. „Pass auf, Simon! Hey, Super-Stopper! Fang ihn, Simon!", grölten die Tips.

Simon musste ihn gar nicht fangen. Der Ball kam auf, sprang hoch und noch mal und landete plumps in seinem Schoß. „Na, ist das vielleicht ein gut erzogener Fußball?", sagte er.

Alle brüllten, dass Simon den Ball zurückschießen sollte, aber er machte das nicht. Stattdessen legte er den Ball zwischen seine Füße, legte den ersten Gang bei seinem Rollstuhl ein und kam quer über das Fußballfeld zum anderen Tor gerattert.

Nelita war von den Top-Spielern am nächsten an ihm dran. Sie stand mit sperrangelweit aufgesperrtem Mund da, während Simon und sein Rollstuhl auf sie zugefahren kamen. Im letzten Moment sprang sie zur Seite. Eine von den Armlehnen bumste ihr in

den Rücken, als Simon vorbeiflitzte. Nelita stand da, rieb sich ihre Kehrseite und brüllte: „Fahrerflucht! Verkehrsverbrecher!"

Da war aber schon unsere ganze Tip-Mannschaft bei Simon und rannte neben ihm her und wollte den Ball. „Simon! Simon! Hierher, Simon!" Wir sahen wahrscheinlich aus wie eine Warteschlange, die hinter „Essen-auf-Rädern" herjagte.

Simon achtete gar nicht darauf. „Haut ab!", sagte er und grinste von einem Ohr zum andern.

Haare Haunui war der Torwart bei den Tops. Als Simon immer näher kam, ließ er sich auf die Knie fallen und tat so, als würde er beten. Dann krabbelte er zum Tor und tat so, als würde er sich hinter einem der Torpfosten verstecken.

Simon fuhr mit seinem Rollstuhl zwischen den Pfosten durch bis hinten ins Netz. „Tor!", brüllten wir Tips alle.

Die Tops widersprachen. „Das war kein Tor!", brüllte Todd Martin.

„Wieso nicht?", wollte Simon wissen. „Der Ball war doch hinter der Torlinie, oder?"

„Schon, aber ...", versuchte Todd zu widersprechen.

„Ich hatte ihn zwischen den Füßen, oder?", wurde er von Simon unterbrochen.

„Ja, schon, aber …"

60 „Dann war's doch ein Tor, oder?"

Todd versuchte, noch was zu sagen, aber alle klatschten und brüllten begeistert, und man konnte ihn nicht mehr verstehen. Mr. Johnstons Gesicht war vor lauter Lachen so rot wie eine Ampel, und er kriegte einen Schluckauf. Doch er hatte gerade noch so viel Puste, dass er die Pfeife schwach trillern lassen konnte.

65 „Eins zu Null", gurgelte er. „Alle zurück in eure Spielhälften. Simon, leg mal den Rückwärtsgang ein und mach, dass du in dein eigenes Tor kommst."

„Tut mir leid, Mr. Johnston", sagte Simon, der überhaupt nicht aussah, als ob ihm was leid tat. „Da muss mir jemand helfen. Ich häng' mit dem einen Rad im Netz fest, und ich glaube, meine Batterie ist alle."

70 „Scheiße", stöhnte ich innerlich. Jetzt muss ich Simon nach der Schule nach Hause schieben. Und dieser neue Rollstuhl von ihm ist grässlich schwer.

Simon hatte den neuen Rollstuhl Anfang des Jahres bekommen. Im letzten Jahr hatte er einen leichteren, den er mit den Händen vorwärts bewegen konnte. Aber während der Sommerferien waren seine Muskeln sehr viel schwächer 75 geworden. Als wir in die nächste Klasse kamen, hatte er nicht mehr viel Kraft in den Schultern und den Oberarmen. Jetzt hat er diesen Superstuhl mit Elektromotor, volle zwei Pferdestärken. „Kurzmeldung, Nathan!", sagte er, als er mich in den Ferien anrief, um mir davon zu erzählen. „Sie setzen mich auf den elektrischen Stuhl!"

80 Der neue Rollstuhl hält gewöhnlich zwei oder drei Tage bei langsamer Geschwindigkeit aus, bevor die Batterien aufgeladen werden müssen. Aber wenn Simon damit so rumkarriolt, wie er das heute beim Fußballspiel gemacht hat, dann entladen sie sich viel schneller.

Auch als er den neuen Stuhl bekam, war mir noch nicht klar, wie viel schlech85 ter es Simon jetzt ging. […] Wenn man jemanden fast jeden Tag sieht, dann erkennt man Veränderungen nicht so, aber auf dem Foto vom letzten Jahr saß Simon noch aufrecht in seinem Rollstuhl, sein Gesicht war runder, und seine Arme sahen dicker und stärker aus. Auf dem Foto von diesem Jahr sitzt er vorgebeugt, und sein Gesicht und sein Körper sehen magerer aus. Er sieht irgendwie 90 zerbrechlich aus. Er wird auch nicht größer wie wir anderen. Er wird kleiner.

Renate Welsh, **Max, der Neue** *(Seite 62)*

1. Max fühlt sich an seiner neuen Schule noch fremd. Notiere, worin sich diese von seiner alten Schule unterscheidet.
2. Max beobachtet aufmerksam das Verhalten seiner Mitschüler. Gib seine Beobachtungen mit eigenen Worten wieder.
3. Beschreibe, wie sich die Klasse der Lehrerin gegenüber benimmt, und stelle dar, wie Frau Bräuer darauf reagiert.
4. Max befindet sich in einer ausweglosen Situation.
a) Beschreibe seine Lage.
b) Welchen Rat würdest du Max geben? Begründe deine Entscheidung.
5. Versetze dich in Max' Lage und schreibe einen Brief an einen Freund aus seiner alten Klasse, in dem er sich über das Verhalten der neuen Mitschüler äußert.

 David Hill, **Tor!** *(Seite 63)*

1. In diesem ersten Kapitel des Jugendbuchs „Bis dann, Simon" von David Hill gibt es eine Stelle, an der dem Leser plötzlich klar wird, was das Besondere an der geschilderten Situation auf dem Sportplatz ist. Finde diese Stelle, erkläre, worin das Besondere besteht, und zeige, wie der Autor die überraschende Einsicht vorbereitet.
2. Arbeite aus dem Text heraus, wie sich die anderen Simon gegenüber verhalten bzw. wie sich Simon ihnen gegenüber verhält.
3. Abends vertraut Simon seinem Tagebuch an, warum es ihm so wichtig war, dieses Tor zu schießen. Schreibe diesen Eintrag.

Jugendbücher lesen

1. Beschreibe, nach welchen Kriterien du vorgehst, wenn du ein Buch auswählst.

Informationen über Bücher beschaffen

Das Angebot an Kinder- und Jugendbüchern ist fast unüberschaubar und jedes Jahr kommen neue dazu. Man kann sich auf verschiedenen Wegen über Bücher informieren:

- In einer **Bücherei** oder **Buchhandlung** verraten die **Buchumschläge**, also das Titelbild und der sogenannte Klappentext[1], schon einiges über Inhalt und Thema des Buches.
- Das **Anlesen** von Büchern, d.h. der Blick in die ersten Zeilen, kann zeigen, ob das Buch für den Interessenten das richtige ist.
- Die großen Verlage geben kostenlose **Buchkataloge** speziell zum Kinder- und Jugendbuch heraus.
- Auch im **Internet** können Buchinformationen abgerufen werden. Als Suchbegriffe eignen sich Autorennamen, Buchtitel, aber auch Verlagsnamen.

[1] *der Klappentext:* Lies dazu Seite 68 oben.

2. Gib an, welche Bücher du am liebsten liest, und erkläre, warum.

> Die meisten Kinder- und Jugendbücher lassen sich einer der Gruppen zuordnen:
> - **sachorientierte Bücher**, die über bestimmte Themen informieren;
> - **klassische Jugendbücher**, die schon Generationen von Lesern vor euch gefesselt haben und nach wie vor gern gelesen werden;
> - **spannende Bücher**, die in erster Linie unterhalten wollen;
> - **problemorientierte Bücher**, die Probleme von Kindern und Jugendlichen in einer Erzählung aufgreifen.

3. Bewerte folgende Aussagen über die Lektüre von Büchern in der Klasse mit Noten zwischen 1 und 6: Was dir persönlich besonders wichtig ist, erhält eine 1. Für Dinge, die dir weniger gut gefallen, vergibst du Noten zwischen 2 und 6.

- Man beschäftigt sich mehrere Wochen mit dem gleichen Buch.
- Die Handlung ist spannend, da viel passieren kann.
- Es kommen mehr Personen vor als in einem kurzen Text.
- Man lernt die Personen in einem Buch gut kennen.
- Die Geschichte behandelt einen längeren Zeitraum.
- Es wird eine Vielzahl von Themen angesprochen.
- Alle können sich am Unterrichtsgespräch beteiligen.
- Man kann eine andere Welt besser kennenlernen.

Kino im Kopf – Jugendbücher für jeden Geschmack

Der **Klappentext** befindet sich bei Taschenbüchern auf der Rückseite des Buches. Bei gebundenen Büchern steht er auf der Innenseite des Vorder- oder Rückumschlags. Im Klappentext soll für das Buch geworben werden, damit der Leser Lust bekommt, es zu kaufen. Dabei werden die Hauptpersonen, die wichtigsten Schauplätze und das Thema des Buches genannt und der Inhalt kurz angedeutet.

1. Achtung! Hier ist etwas durcheinander geraten: Schau dir die Titelseiten der folgenden Bücher an und versuche, ihnen die passenden Klappentexte zuzuordnen.

Amelie Fried, Bestsellerautorin und Fernsehmoderatorin, hat durch einen Zufall ein Familiengeheimnis entdeckt: Während des Nationalsozialismus waren auch ihr Vater und Großvater, Eigentümer des Schuhhauses Pallas in Ulm, schlimmsten Repressalien ausgesetzt. Nahe Verwandte ihres Großvaters wurden im Konzentrationslager ermordet, er selbst überlebte durch einen unglaublichen Zufall. Erschüttert fragt sie sich, warum alle, die ihr und ihren Geschwistern etwas über diese Zeit hätten erzählen können, geschwiegen haben. In akribischer Detektivarbeit hat Amelie Fried die eigene Familiengeschichte recherchiert und aufgeschrieben – für ihre Kinder und für alle anderen, die sich mit dem Schweigen nicht abfinden wollen.

Als Jonas im Krankenhaus aufwacht, weiß er nicht, wie er dorthin gekommen ist. Ist er tatsächlich vom Mobilfunkmast am Katzenberg gestürzt? Woher kommt das Geld, das man bei ihm fand? Mit Hilfe seines Arztes und des Mädchens Rieke macht Jonas sich auf die schwierige Suche nach der Wahrheit. Ein fesselnder Krimi, der unter die Haut geht.

Als der gutaussehende Junge ihr ein Foto-Negativ reicht und darauf besteht, dass es ihr aus der Tasche gefallen sei, glaubt Rowan, es sei ein Missverständnis. Aber im nächsten Moment ist er im Getümmel verschwunden. Und sie kann ihren Platz an der Supermarktkasse nicht aufgeben, um ihm nachzulaufen. Denn wenn sie die Einkäufe nicht nach Hause bringt, tut's keiner. Rowan ist für so vieles verantwortlich. Sie versorgt den Haushalt und kümmert sich vor allem um ihre kleine Schwester Stroma. Für ihre Freunde hat sie gar keine Zeit mehr. Als sie jedoch Bee, ein Mädchen aus ihrer Schule, kennenlernt, die die merkwürdige Szene im Supermarkt beobachtet hat und unbedingt wissen will, was wohl auf dem Foto ist, wird Rowan auch neugierig. Wer war der Junge? Und warum hat er so hartnäckig behauptet, das Negativ gehöre ihr?

Robert hat das Träumen satt. Weil ihm die unheimlichsten Dinge im Traum passieren, beschließt er, es nicht mehr zu tun. Doch da hat er die Rechnung ohne den Zahlenteufel gemacht! Plötzlich ist er da, wirbelt mit seinem geheimnisvollen Stock herum und zaubert aus ihm ganze Zahlenfolgen. In zwölf Nächten erzählt er Robert von hopsenden Zahlen, wie man Rettiche zieht und dass es auch eingebildete Zahlen gibt.
Wer bei so vielen Rechenaufgaben auf die Mathematik Lust bekommt, auf den wartet zum Ende jedes Kapitels eine kleine Denkaufgabe.

Alice wird nach Auschwitz deportiert. Auf dem Weg dorthin erlebt das Mädchen noch einmal Stationen ihres Lebens. Am Ende ist Alice kein Kind mehr – und darf doch nicht erwachsen werden.

Yuriko lebt in einem japanischen Fischerdorf. Ihr treuer Begleiter im Wasser ist der Delfin Ruka. Als eines Tages ein großer Delfinschwarm in der Bucht auftaucht, fürchten die Fischer um ihre Fangbestände und beschließen, alle Delfine zu töten. Yuriko und ihr Freund Naomi werden Ruka retten.

2. Wähle eines der beiden folgenden Bücher aus und stelle Vermutungen über den Inhalt an. Erfinde einen Klappentext, der den Leser zum Kauf des Buches anregen soll. Orientiere dich dabei an den Beispielen in Aufgabe 1.

Lesen sinnvoll planen und gewinnbringend organisieren

Natürlich darfst du weiterhin in deiner Freizeit einfach „nur" lesen und dabei träumen, Spannung genießen und Informationen sammeln – und das wieder vergessen, was dir nicht so wichtig war. Allerdings gibt es Bücher und Situationen, in denen du bestimmte Bücher liest, wo es sinnvoll ist, Inhalte selbst besser zu behalten oder dich auch über Bücher mit anderen auszutauschen. Dabei können dir die folgenden Methoden hilfreiche Dienste erweisen:

Ein Leseprotokoll führen

Das **Leseprotokoll** hilft dir, dich an Gelesenes besser zu erinnern und dich über das Gelesene mit anderen auszutauschen.

Äußere Gestaltung: Die zwei Spalten sollten nebeneinander stehen. Entweder du nimmst ein Heft (kariert) quer oder du beschreibst – bei einem Din A 5-Heft – zwei gegenüberliegende Seiten.

„Das geschieht"-Spalte: Hier machst du dir Notizen zum Inhalt. Sie dienen als Gedächtnisstütze und müssen keine perfekte Inhaltsangabe darstellen. Auch Stichworte genügen. Wichtig ist, dass du dir immer notierst, über welchen Abschnitt des Buchs du schreibst (Kapitelangabe, besser noch: Seitenangabe).

„Meine Gedanken"-Spalte: Hier schreibst du dir z. B. auf, …
- wie du den Inhalt verstehst (deine Interpretation);
- was du von dem Inhalt hältst (deine Bewertung);
- welche Fragen dir kommen (Unklarheiten);
- wo es Zusammenhänge gibt und wie es wohl weitergeht (deine Vermutungen);
- was dir besonders auffällt (Äußeres: Bilder, Schrifttypen …).

Vergiss nicht, das Datum deiner Eintragungen dazu zu notieren.

Beispiel für ein Leseprotokoll: Kirsten Boie „Die Medlevinger"

Das geschieht:	Meine Gedanken dazu:
Kapitel 1:	(am 20.09.07:)
Seite 3–8: Johannes (12) zieht mit alleinerz. Mutter nach Hamburg. Keine Freunde. Zoff in der Schule.	Ziemlich selbstmitleidig. Liest viel: Streber? Aber: frech, unsere Sprache, Gegenwart!
Seite 9–14: Andere Welt/Höhle: Ein Junge (Marti 14) will von zu Hause ausreißen. Mutter besorgt, Vater verärgert.	Überraschend! Bruch mitten im Kapitel: andere Schrift! Vermutlich: 2 Erzählstränge. Was ist das für eine Welt? Fantasy? Spielt das zu einer anderen Zeit?

Ein Lesetagebuch führen

Wenn du den Überblick behalten willst, was du im Laufe eines Schuljahrs alles gelesen hast, kann dir ein Lesetagebuch gute Dienste leisten.

- Darin sollst du nicht nur die Titel der Bücher notieren, sondern auch deine Leseeindrücke festhalten. Solche Eintragungen können als Gedächtnisstütze dienen, können Auszüge aus Texten wiedergeben, die du im Unterricht oder privat gelesen hast, können die Lektüre illustrieren oder offene Fragen formulieren, um nur einige Möglichkeiten zu nennen.
- Wenn das Lesen eines Buches sich über einen längeren Zeitraum erstreckt, also etwa bei der **Klassenlektüre**, ist es besonders hilfreich, sich Notizen über die darin vorkommenden **Personen** zu machen und einen Überblick über den Fortgang der **Handlung** aufzunehmen. Dazu kannst du eine Skizze entwerfen, in der die verschiedenen Handlungen mit den Handlungsorten dargestellt werden.
- Du kannst dein Lesetagebuch auch weiter ausgestalten, indem du z. B. ...
  - Zusatztexte aus Zeitungen und Illustrierten einfügst;
  - Zitate, die du wichtig findest, aufschreibst und mit einer besonderen Farbe kennzeichnest;
  - Kommentare zu Textstellen notierst, die dir gut gefallen oder nicht gefallen;
  - einen Brief an die Autorin/den Autor verfasst, in dem du deine Meinung über das Buch darstellst und begründest.

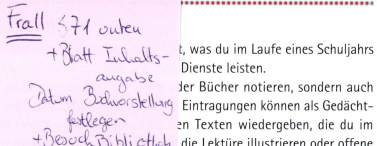

(handschriftliche Notiz: Frau S. 71 unten + Blatt Inhaltsangabe, Datum Buchvorstellung festlegen, + Besuch Bibliothek)

Ein Jugendbuch in der Klasse vorstellen

Einen Vortrag halten, S. 232

Wenn du ein Jugendbuch vorstellen sollst, musst du deinen Vortrag sorgfältig vorbereiten. Wichtig ist eine gute Gliederung. Halte dich an den folgenden Aufbau:

- In der **Einleitung** nennst du **Titel, Autor** und **Verlag**. Hier beschreibst du auch, welche Erwartungen du vor dem Lesen an das Buch gehabt hast.
- Anschließend **informierst** du deine Zuhörer **über den Autor**.
- Als Nächstes stellst du kurz die **Hauptfiguren** vor. Danach **fasst** du den **Inhalt** in wenigen Sätzen **zusammen**, **ohne** dabei allerdings die spannendsten Passagen oder gar den **Schluss zu verraten**.
- Mit einer **Leseprobe** machst du deinen Mitschülern „Appetit" auf das Buch. Dazu wählst du eine besonders spannende oder schöne Textstelle aus. Du gibst an, wo sich die Textstelle im Buch befindet (Handlungszusammenhang und Seitenzahl), und begründest deine Wahl.
- Abschließend äußerst du **deine Meinung** über das Buch und erklärst, warum es dir gefallen bzw. nicht gefallen hat. Gib auch an, ob und wie sich deine Leseerwartungen erfüllt haben.

Verben richtig verwenden

Infinitiv

1 **Allein in der Wildnis**

Der dreizehnjährige Brian ist unterwegs zu seinem Vater, der im Norden Kanadas lebt. Auf dem Flug dorthin erleidet der Pilot einen Herzinfarkt und das kleine Flugzeug stürzt ab. Obwohl das Wrack in einem See liegt, kann sich Brian befreien und überlebt das Unglück wie durch ein Wunder. Die ersten Tage allein in den kanadischen Wäldern, am Ufer eines Sees, übersteht er ganz gut. Als jedoch das Suchflugzeug abdreht, ohne ihn oder ein Signalfeuer bemerkt zu haben, ist Brian verzweifelt. Und doch versucht er weiterhin, in der Wildnis zu überleben.

1. Der Klappentext oben gibt eine kurze Beschreibung des Romans „Allein in der Wildnis" von Gary Paulsen. Unterstreiche alle Verben im Text.

 Prädikat, S. 24f.

Eine der wichtigsten Wortarten sind die **Verben**.
- Jeder vollständige Satz enthält ein konjugiertes Verb (= Prädikat).
- Sie sind **Träger der „Satzaussage"**.
- Sie drücken eine Tätigkeit (*abdrehen*), einen Zustand (*liegen*) oder einen Vorgang (*abstürzen*) aus.
- Im Wörterbuch werden sie in ihrer **Grundform**, dem **Infinitiv**, angegeben (*schreiben, klingeln*).
- Alle Verben im Infinitiv haben die Endung *–en* oder *–n*. Streicht man die Infinitiv-Endung des Verbs, erhält man den **Verbstamm**:
  schreiben → *schreib-*; *klingeln* → *klingel-*.

Erklärung
Das Prädikat bezeichnet die Rolle des Verbs im Satz. Das Prädikat ist ein Satzglied.

2. Zeichne die folgende Tabelle in dein Heft und trage die Verben des obigen Klappentextes von „Allein in der Wildnis" ein. Notiere zu jedem Verb die Infinitivform und den Verbstamm.

Verb	Infinitiv	Verbstamm
ist	sein	sei-
lebt	...	

Personalform

 Subjekt, S. 25f.

1. Lies den nachfolgenden Textauszug und unterstreiche die Verben im Text. Umkreise das Subjekt, das zum jeweiligen Verb gehört.

2 Es war vorbei. Der Absturz war vorbei. Und er war am Leben.
„Ich habe überlebt!", dachte er. Dann schloss er die Augen und ließ den Kopf hängen. Als er wieder aufblickte, war es Abend geworden, und nur ein Glutstreifen am Horizont verriet die Stelle, wo die Sonne untergegangen war. […]
5 Zwischen die Bäume war das Flugzeug gestürzt und dann hinaus auf den See. Unglaublich. Es war abgeprallt von der Wasseroberfläche und dann steil eingetaucht – und schließlich bis auf den Grund gesunken. Brian hatte sich irgendwie befreit.
Jetzt lag er am Ufer und stemmte sich hoch, stöhnend vor Schmerz bei jeder
10 Bewegung. Glühende Stiche fuhren durch seine Beine, als er aufzustehen versuchte. Sein Kopf dröhnte, als hätte ihm jemand einen Schlag mit dem Hammer versetzt.

> **Erklärung**
> Das Subjekt ist das Satzglied, von dem die Handlung ausgeht. Das Subjekt steht immer im Nominativ und wird mit *wer oder was?* erfragt.

2. Verändere den Textausschnitt so, dass nicht nur Brian, sondern auch eine zweite Person überlebt hat. Verwende anstelle der *er*-Form (3. Person Singular) die *sie*-Form (3. Person Plural). Schreibe den Text in dein Heft.

3. Unterstreiche in deinem Text die Verben und umkreise das Subjekt, das zum jeweiligen Verb gehört. Was stellst du fest, wenn du deine Textversion mit jener in deinem Buch vergleichst?

Verben werden konjugiert (= gebeugt), d.h. sie verändern ihre Form. Die konjugierte (= finite) Form des Verbs gibt unter anderem an, wer etwas tut (*ich schreibe, du schreibst* …). Deshalb nennt man diese Form des Verbs auch **Personalform**. Sie stimmt in Person und Numerus mit dem Subjekt überein.
Jede konjugierte Verbform ist durch **fünf Merkmale** gekennzeichnet:
1. Person (*ich, du, er/sie/es, wir, ihr, sie/Sie*)
2. Numerus (*Singular, Plural*)
3. Modus (*Indikativ* = Wirklichkeitsform, *Konjunktiv* = Möglichkeitsform, *Imperativ* = Aufforderungsform)
4. Tempus (*Präsens, Perfekt, Präteritum, Plusquamperfekt, Futur I, Futur II*)
5. Genus Verbi (*Aktiv, Passiv*)

Zeitformen und Zeitstufen

3 Die Felsklippe am Ufer ist abgerundet und ausgewaschen, aus hellem Sandstein und mit dunkleren Steinschichten gemasert. Direkt gegenüber, am jenseitigen Ufer, ragt ein Haufen von Ästen und Schlamm aus dem Wasser, ein kleiner Hügel, fast drei Meter hoch. Anfangs ist Brian ratlos, was dies sein mag. Dann aber erinnert er sich: Hat er so etwas nicht schon im Kino gesehen? Nicht weit von dem Hügel entfernt taucht ein kleiner brauner Kopf aus dem Wasser auf und beginnt, eine Bugwelle nach sich ziehend, am Ufer entlang zu schwimmen. Tatsächlich – es ist ein Biber, der seinen im Wasser kunstvoll aufgeschichteten Bau verlassen hat. Jetzt springt ein Fisch. Kein großer Fisch, aber es klatscht mächtig, als er wieder eintaucht. Wie auf ein Zeichen beginnen jetzt überall auf dem L-förmig gestreckten See die Fische zu springen – es klatscht und spritzt von allen Seiten. Hunderte mögen es sein, die mit hurtigem Flossenschlag aus dem Wasser schnellen. „Welch ein Schauspiel!", staunt Brian und seine Gedanken wandern zurück in die Stadt, wo er zu Hause ist. Grau und schwarz sind dort die Straßen, die Fassaden der Hochhäuser – während hier die Natur in leuchtenden Farben prangt. Und die leisen Geräusche der Blätter im Wind, der springenden Fische im Wasser vermischen sich mit Erinnerungen an den tosenden Verkehrslärm der Stadt, an das ewige Dröhnen hektischen Lebens.

1. Kreuze an, welche der folgenden Aussagen richtig ist/sind. Markiere mit einer Linie am Rand des Textes die Stelle(n), die deine Entscheidung begründet/begründen. Wähle unterschiedliche Farben für den Fall, dass mehrere Aussagen zutreffen.
☐ Brian träumt von einer Landschaft, die er in den nächsten Tagen sehen wird.
☐ Brian lernt eine Landschaft kennen, die er gerade sieht.
☐ Brian denkt über die Landschaft nach, die er vor einigen Tagen gesehen hat.

2. Erweitere deinen Wortschatz und dein Wissen. Schlage die folgenden Verben nach und übertrage das gesuchte Verb im Infinitiv und die Erklärung der Bedeutung in dein Heft:
- aus dem Wasser **schnellen** (Z. 22f.)
- die Natur **prangt** (Z. 29f.)
- Erinnerungen an den **tosenden** Verkehrslärm (Z. 31)

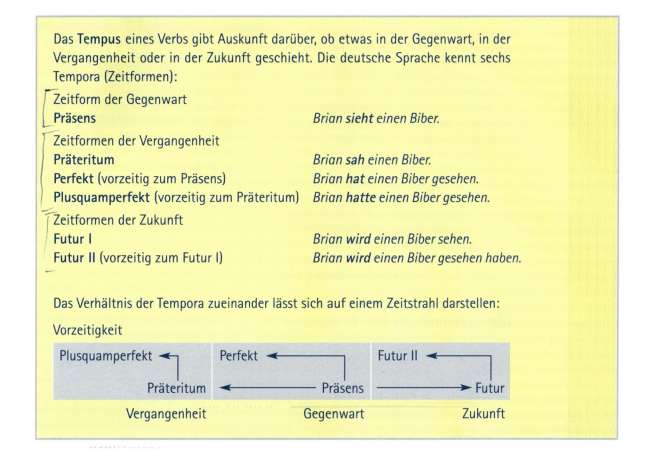

Das **Tempus** eines Verbs gibt Auskunft darüber, ob etwas in der Gegenwart, in der Vergangenheit oder in der Zukunft geschieht. Die deutsche Sprache kennt sechs Tempora (Zeitformen):

Zeitform der Gegenwart
Präsens — *Brian sieht einen Biber.*

Zeitformen der Vergangenheit
Präteritum — *Brian sah einen Biber.*
Perfekt (vorzeitig zum Präsens) — *Brian hat einen Biber gesehen.*
Plusquamperfekt (vorzeitig zum Präteritum) — *Brian hatte einen Biber gesehen.*

Zeitformen der Zukunft
Futur I — *Brian wird einen Biber sehen.*
Futur II (vorzeitig zum Futur I) — *Brian wird einen Biber gesehen haben.*

Das Verhältnis der Tempora zueinander lässt sich auf einem Zeitstrahl darstellen:

Vorzeitigkeit

Plusquamperfekt ←	Perfekt ←	Futur II ←
Präteritum	Präsens	Futur
Vergangenheit	Gegenwart	Zukunft

3. Der Textausschnitt 3 verwendet als Erzählzeit das Präsens. Suche die Stellen heraus, in denen eine andere Zeitform vorkommt, und erkläre den Tempuswechsel.

4. Jeden Abend hält Brian seine Eindrücke in einem Tagebuch fest. Schreibe einen solchen Eintrag. Verwende dabei Präsens und Perfekt.

5. a) Forme Textausschnitt 3 um und verwende dabei als Erzählzeit das Präteritum. Überlege genau, an welchen Stellen du dann das Plusquamperfekt einsetzen musst.
b) Beschreibe, wie sich der Text dadurch verändert.

Der Autor Gary Paulsen

Gary Paulsen (werden) 1939 geboren und (verbringen) seine frühe Kindheit bei der Großmutter im Norden Minnesotas. Ursprünglich (sein) Paulsen Elektrotechniker beim Militär, bis er eines Nachts (beschließen), Schriftsteller zu werden – ohne jemals ₅ etwas geschrieben zu haben.
Nach elf Monaten (herausbringen) er seine erste Kurzgeschichte und (schreiben) mehrere unbeachtete Bücher, bis er die Geschichte eines Eskimojungen (veröffentlichen), der auf eine Schlittenhund- ₁₀ Reise geht. Das Buch „Dogsong" (gewinnen) den Newbery-Preis, den renommiertesten Kinderliteraturpreis der USA.
Danach (werden) für Paulsen alles anders: Er (sein) ein berühmter und erfolgreicher Autor. Es (folgen) zwei weitere Newbery-Preise, einen davon (erhalten) ₁₅ er für „Allein in der Wildnis".

6. Im oben stehenden Text erfährst du mehr über das Leben von Gary Paulsen.
a) Überlege, welcher Zeitstufe du die Ereignisse zuordnen musst.
b) Setze dann die Verben ins richtige Tempus.

Die Verwendung der Tempora

 Bildung der Tempusformen S. 248–268

- Das **Präsens**:
  – Es drückt aus, dass etwas in der Gegenwart geschieht. (*Brian hofft auf Rettung.*)
  – Es kann ausdrücken, dass etwas allgemein gültig ist. (*Allein in der Wildnis überleben zu müssen, ist eine große Herausforderung.*)
  – In Verbindung mit einer Zeitangabe kann das Präsens auch Zukünftiges ausdrücken. (*Das Flugzeug kommt in ein paar Tagen.*)
  – In Texten, die über historische Ereignisse berichten, kann Präsens verwendet werden, um das damalige Geschehen spannender und anschaulicher darzustellen. In diesem Fall spricht man vom **historischen Präsens** (*Gegen Ende des 18. Jahrhunderts kommt es in einigen Ländern zu Unruhen.*). Das historische Präsens kann auch in Erzähltexten verwendet werden, die im Präteritum stehen. Hier wird es eingesetzt, um den Höhepunkt der Geschichte zu markieren. (*Die nahe Turmuhr schlug zwölf! Mitternacht! Geisterstunde! Entsetzt wandert mein Blick über die Grabreihen.*)

- **Das Perfekt:**
- Es drückt Vergangenes aus, das eben erst zu Ende gegangen ist und häufig noch von Bedeutung für das gegenwärtige Geschehen ist.
- Es wird zumeist bei mündlichen Erzählungen, aber häufig auch in persönlichen Briefen und E-Mails und in Tagebucheinträgen verwendet, um von Vergangenem zu berichten.
- In Kombination mit dem Präsens drückt es Vorzeitigkeit zur Gegenwart aus. (*Während der letzten Tage **habe** ich mir viele Gedanken **gemacht**. Jetzt **bin** ich zuversichtlicher.*)

- **Das Präteritum:**
- Es drückt aus, dass etwas in der Vergangenheit passiert ist.
- Das Geschehen ist abgeschlossen.
- Das Präteritum ist das bevorzugte Tempus in schriftlichen Erzählungen, Berichten, Reportagen … (*Es **gab** tausende von Geräuschen hier.*)

- **Das Plusquamperfekt:**
- Wenn im Präteritum erzählt oder berichtet wird, benötigt man das **Plusquamperfekt**, um auszudrücken, dass etwas noch weiter in der Vergangenheit zurückliegt. Deshalb wird das Plusquamperfekt auch als Vorvergangenheit bezeichnet. (*Es gab viele Geräusche, die Brian bis dahin nicht **gekannt hatte**.*)

- **Das Futur I:**
- Es wird verwendet, um zukünftiges Geschehen auszudrücken. (*Über kurz oder lang **werden** Rettungsmannschaften Brian **finden**.*)
- Auch Vermutungen können im Futur I stehen. (*Brian hört ein Geräusch. Es **wird** wohl ein Bär **sein**.*)

- **Das Futur II:**
- Es drückt etwas aus, das zu einem bestimmten Zeitpunkt in der Zukunft bereits geschehen sein wird. Deshalb spricht man auch von der vollendeten Zukunft. (*In ein paar Tagen **wird sich** Brian von den Strapazen **erholt haben**.*)

In der wörtlichen Rede und in der Gedankenrede (= innerer Monolog) verwendet man in der Regel das Präsens. Vergangenes wird normalerweise im Perfekt ausgedrückt, Zukünftiges im Futur I.

4 Welche Stille hier in der Wildnis. Doch was Brian als geheimnisvolle Stille erschienen war, entwirrte sich – als er aufmerksamer lauschte – als ein vielstimmiges Konzert leiser Stimmen. Da zischte und blubberte es, kleine Wellen plätscherten gegen Ufergesteine, Vögel zwitscherten, zahllose Insekten summten
5 im Sonnenlicht und die Fische sprangen. Doch es gab tausendfältige Geräusche hier – aber viele Geräusche, die Brian bis heute nicht gekannt hatte.
„Und die Farben!", dachte er. Überall leuchtendes Grün, tiefblaues Wasser, wo sich ein endloser Himmel spiegelte – eine Symphonie der Farben, die Brian zu hören glaubte wie den beharrlichen Puls seines Blutes.

7. a) Unterstreiche im Textausschnitt 4 die konjugierten Verben. Benutze dabei für jedes Tempus eine andere Farbe. Was stellst du fest?
b) Ergänze den Lückentext.

Die meisten konjugierten Verben stehen im _____.

Einige Verben stehen im _____.

Das _____ ist _____

zum _____. Es gibt an, dass die Handlungen,

die in dieser Zeitform stehen, _____

jenen passiert sind, die im _____ stehen.

5 Nach diesen aufregenden Ereignissen war Brian schrecklich müde und schlief am Abend sofort ein. Allerdings wälzte er sich unruhig hin und her und begann zu träumen: Wird er es hier ganz allein aushalten? Werden seine Eltern ein Suchflugzeug nach ihm losschicken und wird er sich dann überhaupt bemerk-
5 bar machen können, damit die Rettungsmannschaft ihn finden kann? Obwohl Brian den Schlaf dringend brauchte, wachte er schweißgebadet mitten in der Nacht auf.

8. Unterstreiche im Textausschnitt 5 die konjugierten Verben. Benutze dabei für jedes Tempus eine andere Farbe.

9. Bestimme, welches Tempus in den Fragesätzen verwendet wird. Erkläre die Verwendung des gewählten Tempus.

10. Versetze dich in Brians Lage und notiere drei weitere Fragen, aus denen deutlich wird, dass Brian sich Gedanken um seine Zukunft macht. Verwende dabei das passende Tempus.

Starke Verben, schwache Verben und Mischverben

- Der **Infinitiv** ist eine der **drei Stammformen** des Verbs. Die beiden anderen sind das **Präteritum** (Imperfekt) und das **Partizip Perfekt** (Partizip II) (S. 254–268).

Stammformen		
Infinitiv	Präteritum	Partizip Perfekt
sehen	sah	gesehen

- Die Stammformen verraten, ob es sich um ein starkes Verb (unregelmäßiges Verb) oder ein schwaches Verb (regelmäßiges Verb) handelt. Bei einem **starken Verb verändert sich der Stamm des Verbs, bei einem schwachen Verb bleibt er gleich**. Auch das Präteritum und das Partizip Perfekt werden bei starken und schwachen Verben unterschiedlich gebildet.

	Infinitiv	Präteritum	Partizip Perfekt
starkes Verb	les -en	las	ge- les -en
	gieß -en	goss	ge- goss -en
schwaches Verb	mal -en	mal -t -e	ge- mal -t
	spritz -en	spritz -t -e	ge- spritz -t

Tipp: Einige Verben werden je nach Bedeutung stark oder schwach konjugiert, z. B. *erschrecken, hängen* …(Verb-Tabelle S. 268):
*Er **hängte** den Mantel in den Schrank.* (schwaches Verb)
*Der Mantel **hing** im Schrank.* (starkes Verb)

- Neben den starken und den schwachen Verben gibt es noch einige **Mischverben**. Sie haben die **Endungen der schwachen Verben, verändern aber wie die starken Verben den Stamm**. Mischverben sind also auch unregelmäßige Verben.

	Infinitiv	Präteritum	Partizip Perfekt
Mischverb	denk -en	dach -t -e	ge- dach -t
	brenn -en	brann -t -e	ge- brann -t

Mischverben sind: *brennen, bringen, denken, kennen, nennen, rennen, wissen, mögen, können, sollen, wollen, dürfen, müssen.* (Verb-Tabelle S. 255)

1. In dem Merkkasten tauchen folgende wichtige grammatische Begriffe auf:
Infinitiv • Stammform • starkes Verb • schwaches Verb • Mischverb
Ordne die Beispiele aus dem folgenden Wortspeicher dem passenden Begriff zu. Manchmal treffen mehrere richtige Begriffe zu.
gehen – ging – gegangen • lief • ertrank • abstürzen • mochte • lieben – liebte – geliebt • rauchte • kennen – kannte – gekannt • aufgehängt • erschreckte

2. Untersuche die konjugierten Verben aus den Textausschnitten 4 und 5 (S. 78) und entscheide, ob es sich jeweils um ein starkes Verb, ein schwaches Verb oder ein Mischverb handelt. Zeichne dazu die folgende Tabelle in dein Heft und trage die konjugierten Verben zusammen mit ihrem Subjekt ein.

konjugiertes Verb	Infinitiv	Präteritum (3. P. Sg.)	Partizip Perfekt	starkes Verb	schwaches Verb	Mischverb
es war erschienen						

Nach dem Ende des Buches

Ob und wie es Brian geschafft hat, in der Wildnis zu überleben, erfährst du nur, wenn du Gary Paulsens Buch liest. Aber gehen wir für die folgende Übung einmal davon aus, dass er wieder zu Hause ist und einige der vielen Abenteuer seinen Freunden erzählt.

Während der ersten Tage habe ich mir viele Gedanken gemacht, wie ich mich auf Dauer ernähren kann. Aber erst als ich einen Fischreiher gesehen habe, wie er im See untergetaucht ist und kurze Zeit später einen zappelnden Fisch im Mund gehabt hat, bin ich auf die Idee gekommen, mir einen Fischspeer herzu-
5 stellen. Ich habe gewusst, dass es wichtig ist, das richtige Holz für einen Speer zu finden. Die Speerspitze habe ich mir mit dem kleinen Beil, das mir meine Mutter als Talisman geschenkt hatte, zurechtgeschlagen und abends am Feuer gehärtet. Allerdings bin ich am nächsten Morgen ziemlich enttäuscht gewesen, dass es nicht geklappt hat. Ich habe nicht einen einzigen Fisch gefangen,
10 obwohl ich mir mit dem Speer doch so viel Mühe gegeben habe.

3. Bestimme das Tempus, in dem Brians Erzählung steht, und begründe, warum dieses Tempus verwendet wird.

4. Brians Erzählung hört sich zwar spannend an. Aber wenn man sie liest, wirkt die Wiederholung der Hilfsverben *haben* und *sein* störend. Übertrage den Text deshalb ins Präteritum.

5. Wie könnte die Geschichte an dieser Stelle weitergehen? Schreibe eine Fortsetzung, in der du erzählst, wie Brian schließlich seinen ersten Fisch fängt: Welche Gedanken gehen ihm dabei durch den Kopf? Wie fühlt er sich?

Die Partizipien

> Neben dem **Infinitiv** gehören auch die **Partizipien** zu den **infiniten Verformen** (also den nicht gebeugten, d.h. nicht konjugierten Verbformen).
> - Es gibt zwei Partizipien: **Partizip Präsens** (Partizip I) und **Partizip Perfekt** (Partizip II):
> - Das **Partizip Präsens** wird gebildet, indem man an den Infinitiv des Verbs ein *-d* (+Endung) anhängt. Es wird fast nur als Adjektiv verwendet (*das singende Kind*).
> - Das **Partizip Perfekt** ist eine der drei Stammformen der Verben. Es wird zur Bildung der zusammengesetzten Zeiten Perfekt, Plusquamperfekt und Futur II verwendet (*er hatte sich gefreut*).
>
> - Die Formen des Partizip Perfekt werden wie folgt gebildet:
> - Das Partizip Perfekt der starken Verben wird gebildet **mit** der Vorsilbe *ge-*, dem **Partizipstamm** des Verbs und der Endung *-en* (*ge-log-en, ge-sung-en*).
> - Das Partizip Perfekt der schwachen Verben wird gebildet **mit** der Vorsilbe *ge-*, dem **Infinitivstamm** des Verbs und der Endung *-t* (*ge-mal-t, ge-hör-t*).
> - Das Partizip Perfekt der Mischverben wird gebildet **mit** der Vorsilbe *ge-*, dem **Partizipstamm** des Verbs und der Endung *-t* (*ge-konn-t, ge-brann-t*).
> - Verben, die im **Infinitiv auf** *-ieren* enden, sowie Verben mit den Vorsilben *be-, ge-, ver-, er-, über-* bilden das Partizip Perfekt **ohne** die Vorsilbe *ge-* (*kommentier-t, beleb-t, gelung-en, verlor-en, erleb-t*).
> - Verben mit den Vorsilben *zu-, mit-, vor-, ab-, an-, um-, bei-, nach-* bilden das Partizip Perfekt, indem die Vorsilbe *ge-* zwischengeschoben wird. (*mit-ge-mach-t, zu-ge-nomm-en, vor-ge-spiel-t, ab-ge-hol-t, bei-ge-brach-t, nach-ge-lass-en*).
>
> - Das Partizip Perfekt kann auch als Adjektiv (*der gestrickte Pullover*) verwendet werden. Zusammen mit dem Verb *sein* kann es auch einen Zustand beschreiben. (*Das Wasser ist gefroren.*)

1. Schau dir noch einmal den Textauszug 3 Seite 74 an.
a) Unterstreiche alle Partizipien im Text.
b) Gib an, um welches Partizip es sich jeweils handelt.

Der Imperativ

1. Wenn die Hoffnung zu schwinden droht, spricht Brian sich selbst Mut zu.
Formuliere weitere Aufforderungen und Wünsche, die Brian in seiner Not aussprechen könnte.

> Die Verbform, mit der Aufforderungen, Wünsche und Befehle ausgedrückt werden, ist der **Imperativ**.
> - Singular: *Bleib(e) ruhig!*
> - Plural: *Bleibt ruhig!*
> - Höflichkeitsform: *Bleiben Sie ruhig!*

2. Trage Singular, Plural und Höflichkeitsform des Imperativs von zehn verschiedenen Verben in drei Spalten ein. Versuche dann, mit deinem Banknachbarn eine Regel für die Bildung des Imperativs aufzustellen.

Die Modalverben

> Verben, die die Aussage eines Vollverbs näher bestimmen, heißen **Modalverben**.
> - Es gibt sechs Modalverben: **mögen, wollen, sollen, können, dürfen, müssen**.
> - Je nachdem, welches Modalverb das Vollverb begleitet, erhält der Satz einen völlig anderen Sinn:
>   *Ich **darf** zu meinem Vater in den Norden fliegen.* (= **Erlaubnis**)
>   *Ich **muss** zu meinem Vater in den Norden fliegen.* (= **unumgängliche Pflicht**)
>   *Ich **soll** zu meinem Vater in den Norden fliegen.* (= **dringend gebotenes Handeln**)
>   *Ich **möchte**[1] zu meinem Vater in den Norden fliegen.* (= **Wunsch**)
>   *Ich **mag** fliegen.* (= **Vorliebe**)
>   *Ich **kann** zu meinem Vater in den Norden fliegen.* (= **Möglichkeit** *oder* **Fähigkeit**)
>   *Ich **will** zu meinem Vater in den Norden fliegen.* (= **feste Absicht**)

[1] *möchte*: Konjunktiv II von *mögen*

1. Notiere Brians Gedanken in dein Heft. Baue dabei das passende Modalverb in den Satz ein.
   - Ich **darf/muss** meine neue Umgebung erkunden.
   - Ich **sollte/möchte** darauf achten, mich nicht zu weit von der Absturzstelle zu entfernen.
   - An Zuhause **kann/darf** ich im Moment kaum denken.
   - Ich **will/muss** auf jeden Fall mit meinen Vorräten sparsam umgehen.
   - Ich **muss/soll** einen trockenen Schlafplatz finden.
   - Ich **kann/darf** mich nicht zu weit vom Flugzeug entfernen, wenn die Suchmannschaften mich finden **wollen/sollen**.
   - Ich **möchte/will** mir nicht ausmalen, was passiert, wenn ein Bär hier auftaucht.
   - Ich **kann/muss** mir überlegen, wie ich ein Feuer entfachen **kann/muss**.
   - Ich **kann/darf** die Hoffnung nicht aufgeben.
   - Ich **will/muss** mir jeden Tag neuen Mut zusprechen.

Rund ums Verb

nach Cornelia Funke
Drachenreiter

In der vierten Nacht wurde das Land, über das Lung flog, noch bergiger. Eine wilde, bedrohlich wirkende Felslandschaft lag unter ihnen im Mondlicht. Ben blickte staunend hinab. „Wie Tausendundeine Nacht!", murmelte er. „Wie was?", fragte Schwefelfell. „Wie Tausendundeine Nacht", wiederholte er. „Das sind Geschichten. Von fliegenden Teppichen und so was. Dschinnen kommen auch drin vor." – „So, so", brummte Schwefelfell gereizt. „Dass die Menschen immer Geschichten über etwas erzählen, von dem sie keine Ahnung haben!" Eigentlich wollte sie Ben nicht kränken, aber sie war die Felsen und den Sand leid, nachdem sie nun schon seit Tagen nichts anderes gesehen hatte.
Plötzlich beugte Ben sich vor. „He, Schwefelfell!", er zeigte aufgeregt nach unten. „Guck mal. Da unten. Siehst du das?" Die dunklen Berghänge neben der Straße glitzerten heller als das Meer. „O nein!", stöhnte das Koboldmädchen. „Das sind sie. Ganz bestimmt." – „Wer?" Ben beugte sich so weit vor, dass er fast von Lungs Rücken gerutscht wäre. „Elfen!" – „Elfen!", wiederholte Ben begeistert. Schwefelfell aber zerrte an den Riemen. „Flieg höher, Lung! Schnell! Da unten wimmelt es von Elfen!" Sofort stieg der Drachen mit kräftigen Flügelschlägen höher. Enttäuscht schaute Ben auf das glitzernde Gewimmel. „Ich hätte sie so gern mal aus der Nähe gesehen!" – „Damit sie dich vielleicht mit einem ihrer Liebespfeile treffen und du dummes Menschlein dich unsterblich in die nächstbeste Krähe verliebst, der wir begegnen. Nein, nein, nein!" – „Schwefelfell hat ausnahmsweise recht", pflichtete Fliegenbein ihr bei. Er steckte unter Bens Jacke. Nur sein Kopf guckte zwischen zwei Knöpfen heraus. „Wir können froh sein, wenn sie uns nicht bemerken."

1. Ein Mensch, ein Kobold und ein winziges Wesen fliegen auf einem Drachen durch die Nacht. Diskutiert, welches Ziel die vier zusammengeführt haben könnte.

2. Suche aus dem Text alle Partizipien heraus. Bilde zu den entsprechenden Verben alle in der Tabelle aufgeführten Formen und trage sie in dein Heft ein.

Infinitiv	Partizip I	Partizip II
wirken	wirkende	gewirkt

3. Erstelle zusammen mit deinem Nachbarn/deiner Nachbarin eine Konjugationstabelle für die Aktivformen der Verben *fliegen* und *erzählen*. Erkläre anschließend, worin der Unterschied bei der Konjugation der beiden Verben besteht und woraus dies ersichtlich wird.

Überprüfen und Sichern

4. Unterstreiche im Textauszug 2 alle konjugierten Verben und bestimme sie. Lege dir dazu in deinem Heft eine Tabelle nach folgendem Muster an:

Verb	Subjekt	Person	Numerus	Infinitiv	Tempus im Text
stöhnte auf	Schwefelfell	3.	Singular	aufstöhnen	Präteritum

„O nein!", Schwefelfell stöhnte auf. „Da vorn verzweigt sich die Straße. Ausgerechnet jetzt!" – „Ich muss tiefer fliegen!", rief Lung. „Sonst kann Ben das Schild nicht lesen!" Als Ben die Buchstaben auf dem Schild entziffern wollte, stellte er fest, dass es über und über mit Schwärmen von Staubelfen bedeckt war. Kaum größer als Zitronenfalter waren sie, sandgelb, mit schillernden Flügeln und staubgrünem Haar.
„He, du da!", wandte sich Schwefelfell an eine der Elfen. „Könntet ihr wohl so freundlich sein, das Schild freizumachen? Wir müssen nämlich nachsehen, ob der Weg da der richtige für uns ist." – „Ist nicht der richtige", antwortete die Staubelfe grinsend, nachdem sie sich auf Bens Oberschenkel niedergelassen hatte. „Wieso?", fragte Ben. „Weil er falsch ist", antwortete das kleine Wesen und zwinkerte ihm zu.

5. Notiere je einen Beispielsatz für jede Zeitform in dein Heft und bilde zu den einzelnen Sätzen jeweils die fünf anderen Zeitformen.
Präsens: *Die Straße* verzweigt *sich.*
... : *Die Straße* verzweigte *sich.*
... : ...

Über den Roman „Müller hoch Drei"

In der Inhaltsangabe zum Roman „Müller hoch Drei" von Burkhard Spinnen (heißen) es: „Kurz vor seinem 14. Geburtstag (werden) Paul Müller von seinen Eltern verlassen, die mal eben auf Weltreise (gehen). Paul, ein vorsichtiges Einzelkind, (sollen) jetzt mal ganz schnell erwachsen werden und allein zurecht kommen. Das (finden) er überhaupt nicht toll. Doch es (sein) erst der Anfang: nacheinander (platzen) in sein so wohlgeordnetes Leben ein ungezogener Hund und Paula, die (behaupten), seine Zwillingsschwester zu sein.

6. Schreibe die Inhaltsangabe mit den Verben im richtigen Tempus in dein Heft. Begründe deine Entscheidungen.

nach Burghard Spinnen
Müller hoch Drei

Die Geschichte selbst: Überraschung

Es (sein) am ersten Sonntag der großen Sommerferien, sieben Tage vor meinem vierzehnten Geburtstag, da (verkünden) meine Eltern mir, sie würden sich trennen. Und zwar jetzt. Auf der Stelle. Sie (stehen) vor mir im Flur, luftig gekleidet, sie (sich fassen) an den Händen wie zwei Schulkinder, und wie aus einem Munde (sagen) sie: „Wir (trennen) uns."

Zuerst (herausbringen) ich kein Wort. Ich (sein) bloß erschüttert. Und mir (stehen) leuchtend hell eine Zahl vor Augen: die Dreiunddreißig. Nach meiner letzten Kontrollrechnung (sein) nämlich genau dreiunddreißig Prozent meiner Klassenkameraden Scheidungskinder, die Sitzenbleiber und die Klassenüberspringer nicht einmal mitgerechnet. Ich (verbringen) ziemlich viel Zeit damit, über die Scheidungen in meiner Klasse Buch zu führen und die Betroffenen eingehend zu befragen. Man (müssen) ja schließlich wissen, was um einen herum (passieren).

Doch erst jetzt (aufgehen) mir, dass ich nie damit (rechnen), es könnte mich selbst einmal erwischen. Ich (vorkommen) wie ein Afrikaforscher, der Tag für Tag Giftschlagen (untersuchen) und keine Sekunde lang (fürchten), er könnte gebissen werden. Aus Verzweiflung, mehr aber noch aus Scham über meine Naivität, (werden) ich knallrot. Jedenfalls (sich anfühlen) mein Gesicht von innen knallrot.

Außerdem (stehen) wohl darauf zu lesen, was ich (denken). „Es (sein) nicht, was du (denken)!", (sagen) meine Mutter rasch. „Von Scheidung (können) keine Rede sein. Papa und ich (sich verstehen) glänzend. Wir (zusammenbleiben) sicher ein Leben lang." Sie (machen) eine kleine Pause. Dann (sagen) sie: „Wir (sich trennen) bloß von dir."

„Ach so." Mehr (sagen) ich nicht, weil ich in dieser Sekunde (erfahren), wie das (sein), wenn einem die Worte im Hals stecken (bleiben).

„Deine Mutter und ich", (sagen) mein Vater, „(beschließen), uns in Zukunft mehr mit uns selbst zu befassen. Wir (wollen) unsere Beziehung vertiefen. Wir (werden) älter, da (werden) es Zeit, inniger zueinander zu finden. Und was dabei am meisten (stören), (sein) du. Deshalb (trennen) wir uns von dir."

Aha! Ich sollte also kein Scheidungskind werden, sondern – was? Eine Verlassenswaise? (Geben) es das überhaupt? Ich (versuchen) mir eine Zukunft ohne Eltern auszumalen, doch dazu (fehlen) mir in diesen Sekunden die Fantasie.

7. Notiere die Verben in der korrekten Zeit (mit ihrem Subjekt) in dein Heft.

8. Du hast sicher die nötige Fantasie, um dir Pauls Zukunft vorzustellen. Schreibe einen Text (ca. 150 Wörter) über diese Zukunft.

Märchenhaft, magisch, mysteriös

Hans Joachim Gelberg
Was ist so faszinierend an Märchen?

Märchen sind zuallererst Volksgeschichten. Sie sind geheimnisvoll, rätselhaft und sie machen neugierig. Sie sind spannend, lustig, abenteuerlich […]. Sie berichten
5 von merkwürdiger Ferne, spiegeln Wünsche und Träume, wecken Gefühl und Moral, rechnen ab mit den Mächtigen, belohnen und strafen. Märchen erfüllen Unerfüllbares, und es vergeht kein Tag, an
10 dem nicht plötzlich irgendein Märchen Wirklichkeit wird.

*Marc Chagall,
Blick auf Paris aus dem Fenster (1913)*

Aufgaben: Seite 98

Brüder Grimm
Das tapfere Schneiderlein

An einem Sommermorgen saß ein Schneiderlein auf seinem Tisch am Fenster, war guter Dinge und nähte aus Leibeskräften. Da kam eine Bauersfrau die Straße herab und rief: „Gutes Mus! Gutes Mus!" Das klang dem Schneiderlein lieblich in den Ohren, es streckte sein zartes Haupt zum Fenster hinaus und rief: „Hier herauf, liebe Frau, hier werden Sie Ihre Ware los." Die Frau stieg die drei Treppen mit ihrem schweren Korbe zu dem Schneider herauf und musste die Töpfe sämtlich vor ihm auspacken. Er besah sie alle, hob sie in die Höhe, hielt die Nase dran und sagte endlich: „Das Mus scheint mir gut, wieg sie mir doch vier Lot[1] ab, liebe Frau, wenn's auch ein Viertelpfund ist, kommt es mir nicht darauf an." Die Frau, welche gehofft hatte, einen guten Absatz zu finden, gab ihm, was er verlangte, ging aber ganz ärgerlich und brummig fort. „Nun, das Mus soll mir schmecken", rief das Schneiderlein, „und soll mir Kraft und Stärke geben", holte das Brot aus dem Schrank, schnitt sich ein Stück über den ganzen Laib und strich sich das Mus darüber. „Das wird nicht bitter schmecken", sprach es, „aber erst will ich das Wams fertigmachen, eh' ich anbeiße." Es legte das Brot neben sich, nähte weiter und machte vor Freude immer größere Stiche. Indes stieg der Geruch von dem süßen Mus hinauf an die Wand, wo die Fliegen in großer Menge saßen, sodass sie herangelockt wurden und sich scharenweis darauf niederließen. „Ei, wer hat euch eingeladen?", sprach das Schneiderlein und jagte die ungebetenen Gäste fort. Die Fliegen aber ließen sich nicht abweisen, sondern kamen wieder. Da lief dem Schneiderlein endlich, wie man sagt, die Laus über die Leber, es langte nach einem Tuchlappen und: „Wart, ich will es euch geben!", schlug es unbarmherzig drauf. Als es abzog und zählte, so lagen nicht weniger als sieben vor ihm tot und streckten die Beine. „Bist du so ein Kerl?", sprach es und musste selbst seine Tapferkeit bewundern, „das soll die ganze Stadt erfahren." Und in der Hast schnitt sich das Schneiderlein einen Gürtel, nähte ihn und stickte mit großen Buchstaben darauf:

„Siebene auf einen Streich!"

„Ei was, Stadt!", sprach es weiter, „die ganze Welt soll's erfahren!" Und sein Herz wackelte ihm wie ein Lämmerschwänzchen.

Der Schneider band sich den Gürtel um den Leib und wollte in die Welt hinaus, weil er meinte, die Werkstätte sei zu klein für seine Tapferkeit. Eh' er abzog, suchte er im Haus herum, ob nichts da wäre, was er mitnehmen könnte, er fand aber nichts als einen alten Käs', den steckte er ein. Vor dem Tore bemerkte er einen Vogel, der sich im Gesträuch gefangen hatte, der musste zu dem Käse in die Tasche. Nun nahm er den Weg tapfer zwischen die Beine[2], und weil er leicht und behend war, fühlte er keine Müdigkeit. Der Weg führte ihn auf einen Berg, und als er den höchsten Gipfel erreicht hatte, so saß da ein gewaltiger Riese und schaute sich ganz gemächlich um. Das Schneiderlein ging

[1] *das Lot:* veraltet für *eine kleine Gewichtseinheit*

[2] *den Weg zwischen die Beine nehmen:* veraltet für *losgehen*

beherzt auf ihn zu, redete ihn an und sprach: „Guten Tag, Kamerad, gelt, du sitzest da und besiehst dir die weitläufige Welt? Ich bin eben auf dem Wege dahin und will mich versuchen³. Hast du Lust mitzugehen?" Der Riese sah den Schneider verächtlich an und sprach: „Du Lump! Du miserabler Kerl!"
„Das wäre!", antwortete das Schneiderlein, knöpfte den Rock auf und zeigte dem Riesen den Gürtel, „da kannst du lesen, was ich für ein Mann bin." Der Riese las: „Siebene auf einen Streich", meinte, das wären Menschen gewesen, die der Schneider erschlagen hätte, und kriegte ein wenig Respekt vor dem kleinen Kerl. Doch wollte er ihn erst prüfen, nahm einen Stein in die Hand und drückte ihn zusammen, dass das Wasser heraustropfte. „Das mach mir nach", sprach der Riese, „wenn du Stärke hast." „Ist's weiter nichts?", sagte das Schneiderlein, „das ist bei unsereinem Spielwerk", griff in die Tasche, holte den weichen Käs' und drückte ihn, dass der Saft herauslief. „Gelt", sprach er, „das war ein wenig besser?" Der Riese wusste nicht, was er sagen sollte, und konnte es von dem Männlein nicht glauben. Da hob der Riese einen Stein auf und warf ihn so hoch, dass man ihn mit Augen kaum noch sehen konnte: „Nun, du Erpelmännchen, das tu mir nach."

„Gut geworfen", sagte der Schneider, „aber der Stein hat doch wieder zur Erde herabfallen müssen; ich will dir einen werfen, der soll gar nicht wiederkommen", griff in die Tasche, nahm den Vogel und warf ihn in die Luft. Der Vogel, froh über seine Freiheit, stieg auf, flog fort und kam nicht wieder. „Wie gefällt dir das Stückchen, Kamerad?", fragte der Schneider. „Werfen kannst du wohl", sagte der Riese, „aber nun wollen wir sehen, ob du imstande bist, etwas Ordentliches zu tragen." Er führte das Schneiderlein zu einem mächtigen

³ *sich versuchen:* veraltet für *Erfahrungen sammeln*

Eichbaum, der da gefällt auf dem Boden lag, und sagte: „Wenn du stark genug bist, so hilf mir den Baum tragen." „Gerne", antwortete der kleine Mann, „nimm du nur den Stamm, ich will die Äste mit dem Gezweig aufheben und tragen, das ist doch das Schwerste."

Der Riese nahm den Stamm auf die Schulter, der Schneider aber setzte sich auf einen Ast, und der Riese, der sich nicht umsehen konnte, musste den ganzen Baum und das Schneiderlein noch obendrein forttragen. Es war da hinten ganz lustig und guter Dinge, pfiff das Liedchen: „Es ritten drei Schneider zum Tore hinaus", als wäre das Baumtragen ein Kinderspiel. Der Riese, nachdem er ein Stück Wegs die schwere Last fortgeschleppt hatte, konnte nicht weiter und rief: „Hör, ich muss den Baum fallen lassen." Der Schneider sprang herab, fasste den Baum mit beiden Armen, als wenn er ihn getragen hätte, und sprach zum Riesen: „Du bist ein so großer Kerl und kannst den Baum nicht einmal tragen."

Sie gingen zusammen weiter, und als sie an einem Kirschbaum vorbeikamen, fasste der Riese die Krone des Baumes, wo die zeitigsten Früchte hingen, bog sie herab, gab sie dem Schneider in die Hand und hieß[4] ihn essen. Das Schneiderlein aber war viel zu schwach, um den Baum zu halten, und als der Riese losließ, fuhr der Baum in die Höhe, und der Schneider ward mit in die Luft geschnellt. Als er wieder ohne Schaden herabgefallen war, sprach der Riese: „Was ist das, hast du nicht Kraft, die schwache Gerte zu halten?" „An Kraft fehlt es nicht", antwortete das Schneiderlein, „meinst du, das wäre etwas für einen, der siebene mit einem Streich getroffen hat? Ich bin über den Baum gesprungen, weil die Jäger da unten in das Gebüsch schießen. Spring nach, wenn du's vermagst." Der Riese machte den Versuch, konnte aber nicht über den Baum kommen, sondern blieb in den Ästen hängen.

Der Riese sprach: „Wenn du so ein tapferer Kerl bist, so komm mit in unsere Höhle und übernachte bei uns." Als sie in der Höhle anlangten, saßen da noch andere Riesen beim Feuer, und jeder hatte ein gebratenes Schaf in der Hand und aß davon. Das Schneiderlein sah sich um und dachte: „Es ist doch hier viel weitläufiger als in meiner Werkstatt." Der Riese wies ihm ein Bett an und sagte, er sollte sich hineinlegen und ausschlafen. Dem Schneiderlein war aber das Bett zu groß; es legte sich nicht hinein, sondern kroch in eine Ecke. Als es Mitternacht war und der Riese meinte, das Schneiderlein läge in tiefem Schlafe, so stand er auf, nahm eine große Eisenstange und schlug das Bett mit einem Schlag durch und meinte, er hätte dem Grashüpfer den Garaus gemacht. Mit dem frühsten Morgen gingen die Riesen in den Wald und hatten das Schneiderlein ganz vergessen; da kam es auf einmal ganz lustig und verwegen dahergeschritten. Die Riesen erschraken, fürchteten, es schlüge sie alle tot, und liefen in Hast fort. Das Schneiderlein aber zog weiter, immer seiner spitzen Nase nach.

[4] *jdn. etw. heißen:* veraltet für *jdn. zu etwas auffordern*

Brüder Grimm
Jorinde und Joringel

Es war einmal ein altes Schloss mitten in einem großen dicken Wald, darinnen wohnte eine alte Frau ganz allein, das war eine Erzzauberin[1]. Am Tage machte sie sich zur Katze oder zur Nachteule, des
5 Abends aber wurde sie wieder ordentlich wie ein Mensch gestaltet. Sie konnte das Wild und die Vögel herbeilocken, und dann schlachtete sie, kochte und briet es. Wenn jemand auf hundert Schritte dem Schloss nahe kam, so musste er stille stehen und konnte sich nicht von der Stelle bewegen, bis sie ihn lossprach; wenn aber eine keu-
10 sche[2] Jungfrau in diesen Kreis kam, so verwandelte sie dieselbe in einen Vogel und sperrte sie dann in einen Korb ein und trug den Korb in eine Kammer des Schlosses. Sie hatte wohl siebentausend solcher Körbe mit so raren Vögeln im Schlosse.

Nun war einmal eine Jungfrau, die hieß Jorinde; sie war schöner als alle ande-
15 ren Mädchen. Die und dann ein gar schöner Jüngling, namens Joringel, hatten sich zusammen versprochen. Sie waren in den Brauttagen[3], und sie hatten ihr größtes Vergnügen eins am andern.

Damit sie nun einmal vertraut zusammen reden könnten, gingen sie in den Wald spazieren. „Hüte dich", sagte Joringel, „dass du nicht so nahe ans Schloss
20 kommst." Es war ein schöner Abend, die Sonne schien zwischen den Stämmen der Bäume hell ins dunkle Grün des Waldes, und die Turteltaube sang kläglich auf den alten Maibuchen.

Jorinde weinte zuweilen, setzte sich hin im Sonnenschein und klagte;
25 Joringel klagte auch. Sie waren so bestürzt, als wenn sie hätten sterben sollen; sie sahen sich um, waren irre und wussten nicht, wohin sie nach Hause gehen sollten. Noch halb stand
30 die Sonne über dem Berg und halb war sie unter. Joringel sah durchs Gebüsch und sah die alte Mauer des Schlosses nah bei sich; er erschrak und wurde todbang[4].

35 Jorinde sang:

„Mein Vöglein mit dem
Ringlein rot
Singt Leide, Leide, Leide:
Es singt dem Täubelein
40 seinen Tod,
singt Leide, Lei – zicküth,
zicküth, zicküth."

---

[1] *die Erzzauberin:* eine echte Zauberin

[2] *keusch:* unberührt

[3] *in den Brauttagen sein:* die Zeit zwischen Verlobung und Hochzeit

[4] *todbang werden:* veraltet für *Todesangst bekommen*

Joringel sah nach Jorinde. Jorinde war in eine Nachtigall verwandelt, die sang: „Zicküth, Zicküth." Eine Nachteule mit glühenden Augen flog dreimal um sie herum und schrie dreimal „Schu, hu, hu, hu." Joringel konnte sich nicht regen: Er stand da wie ein Stein, konnte nicht weinen, nicht reden, nicht Hand noch Fuß regen. Nun war die Sonne unter; die Eule flog in einen Strauch, und gleich darauf kam eine alte krumme Frau aus diesem hervor, gelb und mager: große rote Augen, krumme Nase, die mit der Spitze ans Kinn reichte. Sie murmelte, fing die Nachtigall und trug sie auf der Hand fort. Joringel konnte nichts sagen, nicht von der Stelle kommen; die Nachtigall war fort. Endlich kam das Weib wieder und sagte mit dumpfer Stimme: „Grüß dich, Zachiel, wenn's Möndel ins Körbel[5] scheint, bind los, Zachiel, zu guter Stund." Da wurde Joringel los. Er fiel vor dem Weib auf die Knie und bat, sie möchte ihm seine Jorinde wiedergeben, aber sie sagte, er sollte sie nie wiederhaben, und ging fort.

Er rief, er weinte, er jammerte, aber alles umsonst. „Uu, was soll mir geschehen?" Joringel ging fort und kam endlich in ein fremdes Dorf; da hütete er die Schafe lange Zeit. Oft ging er rund um das Schloss herum, aber nicht zu nahe dabei.

Endlich träumte er einmal des Nachts, er fände eine blutrote Blume, in deren Mitte eine schöne große Perle war. Die Blume brach er ab, ging damit zum Schlosse. Alles, was er mit der Blume berührte, ward von der Zauberei frei. Auch träumte er, er hätte seine Jorinde dadurch wiederbekommen.

Des Morgens, als er erwachte, fing er an, durch Berg und Tal zu suchen, ob er eine solche Blume fände; er suchte bis an den neunten Tag, da fand er die blutrote Blume am Morgen früh. In der Mitte war ein großer Tautropfe, so groß wie die schönste Perle. Diese Blume trug er Tag und Nacht bis zum Schloss. Wie er auf hundert Schritt nahe bis zum Schloss kam, da ward er nicht fest, sondern ging fort bis ans Tor. Joringel freute sich hoch[6], berührte die Pforte mit der Blume, und sie sprang auf. Er ging hinein, durch den Hof, horchte, wo er die vielen Vögel vernähme; endlich hörte er's. Er ging und fand den Saal, darauf war die Zauberin und fütterte die Vögel in den siebentausend Körben. Wie sie den Joringel sah, ward sie bös, sehr bös, schalt[7], spie Gift und Galle[8] gegen ihn aus, aber sie konnte sich ihm nicht nähern und er ging und besah die Körbe mit den Vögeln; da waren aber viele hundert Nachtigallen, wie sollte er nun seine Jorinde wiederfinden?

Indem er so zusah, merkte er, dass die Alte heimlich ein Körbchen mit einem Vogel wegnahm und damit nach der Türe ging. Flugs[9] sprang er hinzu, berührte das Körbchen mit der Blume und auch das alte Weib; nun konnte sie nichts mehr zaubern, und Jorinde stand da, hatte ihn um den Hals gefasst, so schön, wie sie ehemals war. Da machte er auch alle die andern Vögel wieder zu Jungfrauen, und da ging er mit seiner Jorinde nach Hause, und sie lebten lange vergnügt zusammen.

---

[5] *Möndel ins Körbel:* Mond ins Körbchen

[6] *sich hoch freuen:* veraltet für *sich sehr freuen*

[7] *schelten:* schimpfen

[8] *Gift und Galle speien:* sehr wütend werden

[9] *flugs:* schnell

Brüder Grimm

Die drei Raben

Es war einmal eine Mutter, die hatte drei Söhnlein, die spielten eines Sonntags während der Kirche Karten. Und als die Predigt vorbei war, schalt die Mutter ihre Gottlosigkeit und fluchte ihnen[1]. Da wurden die drei schwarze Raben und flogen weg.

Ihr Schwesterchen war betrübt und wollte sie suchen. Es hatte sich ein Stühlchen mitgenommen, worauf es in dem weiten Weg ruhte, und aß nichts als Äpfel und Birnen die ganze Zeit. Es konnte aber die drei Raben immer noch nicht finden, doch war einmal einer über seinen Kopf weggeflogen und hatte einen Ring fallen lassen, welchen das Schwesterchen einstmals dem jüngsten Bruder geschenkt hatte.

Endlich kam es an der Welt Ende und ging zur Sonne, die war aber gar heiß und fraß die Kinder. Darauf reiste es in den Mond, der war auch bös und sprach: „Ich rieche Menschenfleisch." Da machte es sich geschwind fort und kam zu den Sternen, die waren ihm gut und saßen alle jeder auf Stühlchen und der Morgenstern stand auf und gab ihm ein Hinkelbeinchen[2], ohne das könnte es nicht in die Glasburg kommen, wo seine Brüder wären. Da nahm das Schwesterchen das Hinkelbeinchen, wickelte es wohl in ein Tüchelchen und ging so lange fort, bis es an die Glasburg kam, das Tor war aber verschlossen. Und wie es das Hinkelbeinchen hervorholen wollte, da hatte es dasselbe unterwegs verloren. Da wusste es nicht, wie es sich helfen sollte, und schnitt sich zuletzt das kleine Fingerchen ab und schloss das Tor auf. Da kam ein Zwerg entgegen und sprach: „Die Herren Raben sind nicht zu Haus." Der Zwerg brachte drei Tellerchen und drei Becherchen, und die Schwester aß aus jedem ein bisschen und trank aus jedem ein wenig und ließ das Ringlein daneben liegen. Da hörte es in der Luft fliegen, und das Zwerglein sprach wieder: „Die Herren Raben kommen heimgeflogen." Die Raben fragten jeder: „Wer hat von meinem Tellerchen gegessen? Wer hat aus meinem Becherchen getrunken?" Endlich erkannten sie aber das Schwesterchen an dem Ring, und da waren sie wieder erlöst und gingen heim.

3

Aufgaben: Seite 98

[1] *fluchte ihnen:* veraltet für *verfluchte sie*

[2] *das Hinkelbeinchen:* das Hühnerbeinchen

Arabisches Volksmärchen

Der Prinz sucht einen Freund

Es war einmal ein kleiner Prinz, der war viel zu viel allein. Wen er bislang getroffen hatte, der war immer nur neugierig darauf gewesen, eines Königs Sohn kennenzulernen, nichts weiter. Da sagte seine Mutter eines Tages: „Wenn wieder einer kommt und du magst ihn und er übernachtet bei dir, werde ich euch zum Frühstück drei Eier bringen. Dann werden wir sehen, wer wirklich dein Freund ist."

Das war nun seltsam, denn noch nie hat man wohl gehört, dass sich Freunde mit Eiern finden lassen. Aber hören wir weiter.

Bald darauf blieb der Sohn des Richters über Nacht. Als sich die beiden morgens an den Tisch setzten, kam die Königin und brachte ein Körbchen mit drei Eiern. Der Sohn des Richters plauderte freundlich mit dem Prinzen und aß dabei eines nach dem anderen auf. „Den also", sagte die Mutter später, „nimm dir nicht zum Freund. Er denkt nur an sich."

Einige Zeit darauf saß der Sohn eines wohlhabenden Kaufherrn bei Tisch. Der tippte jedes Ei nur an, aß keines und meinte beiläufig, bei ihm zu Hause gebe es größere. „Den also", sagte die Mutter später, „nimm dir auch nicht, denn er ist verwöhnt."

Dann lernte der kleine Prinz den Sohn des Holzfällers kennen und spielte Tag um Tag im Wald mit ihm. Der Mutter war's nicht lieb, denn einmal kam der Prinz mit zerrissenen Hosen ins Schloss zurück, ein andermal mit einem Dorn im Zeh und immer äußerst schmutzig. Aber weil er ihn so lieb hatte, durfte schließlich auch der Holzfällersohn über Nacht im Schlosse bleiben. Wieder

brachte die Mutter drei Eier zum Frühstück, und ohne lang zu fragen oder sich zu zieren, griff er eins, tat ein andres in den Eierbecher des Prinzen und das dritte schnitt er mittendurch: „Du ein halbes, ich ein halbes!" Das gab ein rechtes Geschmier.

„Du sollst ihn dir zum Freund nehmen", sagte die Mutter und seufzte ein wenig. „Sauber und manierlich essen lernt sich am Ende leichter als gerechtes Teilen."

Es freute den kleinen Prinzen, dass seine Mutter so sprach. Denn vielleicht braucht es manchmal Eier, um herauszufinden, wer kein Freund ist. Wer aber ein wahrer Freund ist, das merkt man meist auch so.

Wolf Biermann

Das Märchen vom kleinen Herrn Moritz, der eine Glatze kriegte

Es war einmal ein kleiner älterer Herr, der hieß Herr Moritz und hatte sehr große Schuhe und einen schwarzen Mantel dazu und einen langen schwarzen Regenschirmstock, und damit ging er oft spazieren.

Als nun der lange Winter kam, der längste Winter auf der Welt in Berlin, da wurden die Menschen allmählich böse.

Die Autofahrer schimpften, weil die Straßen so glatt waren, dass die Autos ausrutschten. Die Verkehrspolizisten schimpften, weil sie immer auf der kalten Straße rumstehen mussten. Die Verkäuferinnen schimpften, weil ihre Verkaufsläden so kalt waren. Die Männer von der Müllabfuhr schimpften, weil der Schnee gar nicht alle wurde. Der Milchmann schimpfte, weil ihm die Milch in den Milchkannen zu Eis gefror. Die Kinder schimpften, weil ihnen die Ohren ganz rot gefroren waren, und die Hunde bellten vor Wut über die Kälte schon gar nicht mehr, sondern zitterten nur noch und klapperten mit den Zähnen vor Kälte, und das sah auch sehr böse aus.

An einem solchen kalten Schneetag ging Herr Moritz mit seinem blauen Hut spazieren, und er dachte: „Wie böse die Menschen alle sind, es wird höchste Zeit, dass wieder Sommer wird und Blumen wachsen."

Und als er so durch die schimpfenden Leute in der Markthalle ging, wuchsen ganz schnell und ganz viel Krokusse, Tulpen und Maiglöckchen und Rosen und Nelken, auch Löwenzahn und Margeriten. Er merkte es aber erst gar nicht, und dabei war schon längst sein Hut vom Kopf hochgegangen, weil die Blumen immer mehr wurden und auch immer länger.

Da blieb vor ihm eine Frau stehn und sagte: „Oh, Ihnen wachsen aber schöne Blumen auf dem Kopf!"

„Mir Blumen auf dem Kopf!", sagte Herr Moritz, „so was gibt es gar nicht!"

„Doch! Schauen Sie hier in das Schaufenster, Sie können sich darin spiegeln. Darf ich eine Blume abpflücken?"

Und Herr Moritz sah im Schaufensterspiegelbild, dass wirklich Blumen auf seinem Kopf wuchsen, bunte und große, vielerlei Art, und er sagte: „Aber bitte, wenn Sie eine wollen …"

„Ich möchte gerne eine kleine Rose", sagte die Frau und pflückte sich eine. „Und ich eine Nelke für meinen Bruder", sagte ein kleines Mädchen, und Herr Moritz bückte sich, damit das Mädchen ihm auf den Kopf langen konnte. Er brauchte sich aber nicht so sehr tief zu bücken, denn er war etwas kleiner als andere Männer. Und viele Leute kamen und brachen sich Blumen vom Kopf des kleinen Herrn Moritz, und es tat ihm nicht weh, und die Blumen wuchsen immer gleich nach, und es kribbelte so schön am Kopf, als ob ihn jemand freundlich streichelte, und Herr Moritz war froh, dass er den Leuten

mitten im kalten Winter Blumen geben konnte. Immer mehr Menschen kamen zusammen und lachten und wunderten sich und brachen sich Blumen vom Kopf des kleinen Herrn Moritz, und keiner, der eine Blume erwischt hatte, sagte an diesem Tag noch ein böses Wort.

Aber da kam auf einmal auch der Polizist Max Kunkel. Max Kunkel war schon seit zehn Jahren in der Markthalle als Markthallenpolizist tätig, aber so was hatte er noch nicht gesehn! Mann mit Blumen auf dem Kopf! Er drängelte sich durch die vielen lauten Menschen, und als er vor dem kleinen Herrn Moritz stand, schrie er: „Wo gibt's denn so was! Blumen auf dem Kopf, mein Herr! Zeigen Sie doch mal bitte sofort Ihren Personalausweis!"

Und der kleine Herr Moritz suchte und suchte und sagte verzweifelt: „Ich habe ihn doch immer bei mir gehabt, ich hab ihn doch in der Tasche gehabt!" Und je mehr er suchte, um so mehr verschwanden die Blumen auf seinem Kopf.

„Aha", sagte der Polizist Max Kunkel, „Blumen auf dem Kopf haben Sie, aber keinen Ausweis in der Tasche!"

Und Herr Moritz suchte immer ängstlicher seinen Ausweis und war ganz rot vor Verlegenheit, und je mehr er suchte – auch im Jackenfutter –, um so mehr schrumpften die Blumen zusammen, und der Hut ging allmählich wieder runter auf den Kopf! In seiner Verzweiflung nahm Herr Moritz seinen Hut ab, und siehe da, unter dem Hut lag in der abgegriffenen Gummihülle der Personalausweis. Aber was noch!? Die Haare waren alle weg! Kein Haar mehr auf dem Kopf hatte der kleine Herr Moritz. Er strich sich verlegen über den kahlen Kopf und setzte dann schnell den Hut drauf.

„Na, da ist ja der Ausweis", sagte der Polizist Max Kunkel freundlich, „und Blumen haben Sie ja wohl auch nicht mehr auf dem Kopf, wie?!"

„Nein ...", sagte Herr Moritz und steckte schnell seinen Ausweis ein und lief, so schnell man auf den glatten Straßen laufen konnte, nach Hause. Dort stand er lange vor dem Spiegel und sagte zu sich: „Jetzt hast du eine Glatze, Herr Moritz!"

Christine Nöstlinger
Der Zwerg im Kopf

Den Zwerg im Kopf hatte Anna schon lange. Ein paar Tage nach ihrem sechsten Geburtstag, am Abend, war es passiert: Anna stand gähnend vor ihrem Bett und
5 wollte die geblümte Steppdecke zurückschlagen. Da entdeckte sie den Zwerg. Auf einer rosaroten Rose saß er. Ein winziger Zwerg war das. Samt violetter Zipfelmütze nicht größer als Annas kleiner Fingernagel. Und eine ganz leise Stimme hatte er. So leise, dass Anna ihn erst verstehen konnte, als sie ihn – zwischen Daumen und Zeigefinger – ans Ohr hielt. Da hörte sie ihn dann jam-
10 mern: „Gib doch Acht, verdammt noch mal, du zerquetschst mich ja total!"
So setzte Anna den Zwerg in der Ohrmuschel ab, doch das war ihm auch nicht recht. Jetzt greinte er: „Spinnst du? Ich bin nicht schwindelfrei!"
Vor lauter Angst, aus der Ohrmuschel zu fallen und sich zu Tode zu stürzen, krallte der Zwerg seine Fingerchen in Annas Ohr hinein. Das tat so weh, dass
15 Anna loskreischte und wie wild den Kopf schüttelte, um den Zwerg vom Ohr zu beuteln. Leider beutelte sie ihn nicht vom Ohr herunter, sondern ins Ohr hinein. Ganz tief hinein! Dabei verlor der Zwerg die violette Zipfelmütze. Die zog Anna schließlich, immer kreischend, aus dem Ohr heraus. Den Zwerg bekam sie nicht mehr zu fassen.
20 Zwei Wochen später, als Anna in ihrem Zimmer am Schreibtisch saß und aus großen, bunten Holzperlen eine lange Kette auffädelte, gähnte es in ihrem Kopf. Laut und deutlich. Und dreimal hintereinander. Und dann sagte der Zwerg: „Jetzt bin ich anscheinend wieder einmal ordentlich ausgeschlafen!"
Der Zwerg gehörte nämlich zu einer Zwergenrasse, die sehr viel Schlaf
25 braucht. Er schlief immer ein, zwei, drei Wochen, manchmal sogar ein, zwei, drei Monate lang, dann war er ein bisschen wach. Fünf Minuten, ein halbes Stündchen, aber freiwillig nie länger als eine Stunde. Wenn es unbedingt sein musste, schaffte er es natürlich auch, einen ganzen Tag lang wach zu sein. Doch das ging ihm dann enorm gegen seine Natur.
30 Am liebsten hätte Anna wieder laut losgekreischt und wie wild den Kopf geschüttelt. Aber dass Kreischen und Kopfschütteln gegen Zwerg-im-Kopf nichts hilft, das wusste sie nun ja schon. So sehr sich Anna zuerst vor dem
35 Zwerg erschreckt hatte, so zufrieden war sie nun, ihn zu haben. Sie dachte: Zwerg-im-Kopf ist doch echt super! Hat nicht jeder und bringt Spannung ins Kinderleben!

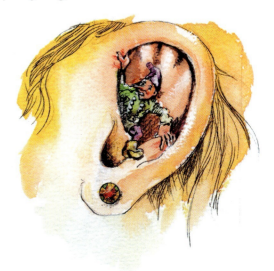

Hans Joachim Gelberg, **Was ist an Märchen so faszinierend?** *(Seite 87)*

1. Diskutiert die Aussage von Hans Joachim Gelberg in der Klasse.

 Brüder Grimm, **Das tapfere Schneiderlein** *(Seite 88)*

1. Stelle dar, wodurch sich die letzte „Probe" in der Höhle (ab Z. 92) von den vorherigen unterscheidet.
2. Arbeite anhand des Textes möglichst viele Eigenschaften des Schneiders und des Riesen heraus und erkläre, warum das Schneiderlein am Ende als Sieger hervorgeht.
3. Auf seinen Gürtel stickt das Schneiderlein den Spruch „Siebene auf einen Streich". Erkläre, welche Absicht es mit dieser Aufschrift verfolgt.
4. Das Märchen hat den Titel „Das tapfere Schneiderlein". Ist der Schneider wirklich tapfer? Begründe deine Meinung.

✗ *Brüder Grimm,* **Jorinde und Joringel** *(Seite 91)*

1. Arbeite heraus, was du über die Zauberin erfährst, und erkläre, warum sie die Mädchen verzaubert.
2. Zeige auf, wie es Joringel gelingt, Jorinde zu befreien.
3. Sammle in einem Cluster (S. 54), was du mit folgenden Symbolen verbindest: Turteltaube • blutrote Blume • Perle • Tautropfen
4. Welche der folgenden Aussagen trifft zu? Begründe deine Meinung und beziehe dich dabei auf den Text.
☐ Liebe macht Angst und verspricht zugleich Glück.
☐ Joringel hat Jorinde absichtlich in den Wald gelockt.
☐ Jorinde und die Zauberin sind Gegenspielerinnen.
☐ Die Hexe will Jorinde nur vor dem Zugriff Joringels schützen.
☐ In dem Text werden Mädchen aufgefordert, aktiver zu sein.
5. Märchen haben besondere Merkmale (S. 102): Belege mit drei Beispielen, dass es sich bei diesem Text um ein Märchen handelt.

Brüder Grimm, **Die drei Raben** *(Seite 93)*

1. Erkläre, warum die Brüder in Raben verwandelt werden.
2. Stelle mit eigenen Worten dar, welche Hindernisse das Mädchen auf dem Weg zu ihren Brüdern überwinden muss.
3. Arbeite aus dem Text heraus, was Voraussetzung für die Erlösung der Raben ist.
4. Dieser Text enthält Elemente aus anderen Märchen. Welche Motive und Figuren erkennst du wieder?

4 *Arabisches Volksmärchen,* **Der Prinz sucht einen Freund** *(Seite 94)*

1. Erkläre, warum die Mutter des Prinzen drei Eier für den Test vorschlägt.
2. Zeige, woran die ersten beiden Versuche scheitern und wieso die Freundschaft beim dritten Mal zustande kommt.
3. Das Märchen endet mit den Sätzen: „Denn vielleicht braucht es manchmal Eier, um herauszufinden, wer kein Freund ist. Wer aber ein wahrer Freund ist, das merkt man meist auch so." Zeige am Text und mit selbst gewählten Beispielen, was mit diesen Sätzen gemeint ist.
4. Liste die Elemente auf, an denen du auch ohne den Hinweis „Arabisches Volksmärchen" erkannt hättest, dass es sich bei diesem Text um ein Märchen handelt.
5. Vergleiche dieses Märchen mit denen der Brüder Grimm (S. 88–93) und arbeite Gemeinsamkeiten und Unterschiede heraus.

5 *Wolf Biermann,* **Das Märchen vom kleinen Herrn Moritz, der eine Glatze kriegte** *(Seite 95)*

1. Beschreibe die Ausgangssituation des Geschehens im Text.
2. Finde im Text Gründe, warum gerade auf dem Kopf von Herrn Moritz Blumen wachsen.
3. Stelle dar, wie die Leute in der Markthalle, wie Herr Moritz selbst und wie der Polizist Max Kunkel auf das Blumenwunder reagieren.
4. Erkläre, warum die Blumen verschwinden, als Herr Moritz den Ausweis sucht.
5. Handelt es sich bei dem Text um ein Märchen? Begründe deine Antwort.

6 *Christine Nöstlinger,* **Der Zwerg im Kopf** *(Seite 97)*

1. Was erfährt man in diesem Auszug über Anna und den Zwerg? Erzähle in deinen Worten den Inhalt des Textes nach.
2. Wie könnte die Geschichte mit Anna und dem Kopf-Zwerg weitergehen? Denkt euch lustige, spannende und interessante Fortsetzungen aus.

Märchen als literarische Gattung kennenlernen

Wetter

Es war einmal ein König, der wollte sich ein großes, schönes Schloss bauen lassen, aber er hatte kein Geld. Als er eines Abends auf den Hügel stieg, den er sich für das feste Haus ausgesucht hatte, schlüpfte ein Zwerg aus einem Felsspalt und fragte ihn, warum er so ein sorgenvolles Gesicht mache.
„Ach", sagte der König, „ich möchte gern hier auf dem Hügel ein schönes, großes Schloss haben mit Mauern und Türmen und Söllern[1] und Zinnen."
„Das kann ich dir bauen", sagte der Zwerg.
„Was!", rief der König aus, „ein großes, schönes Schloss?"
„Ja", erwiderte der Zwerg, „in drei Tagen."
„Das würde mir passen", sagte der König und lachte, denn er glaubte, der Zwerg wolle seinen Spaß mit ihm treiben, „und was willst du dafür haben? Geld und Gold besitz' ich nicht."
„Dein Geld und Gold verlang' ich nicht", antwortete der Zwerg, „du sollst nur meinen Namen erraten. Kannst du das aber nicht, so bekomme ich deinen einzigen Sohn!"
„Einverstanden", sagte der König und lachte wieder beim Heimgehen. In der Nacht hörte er auf dem Berg ein gewaltiges Rumpeln und Pumpeln, und als er in der Morgendämmerung hinaufstieg, sah er, wie sich Erde und Steine bewegten und wie der Zwerg zwischen den Brocken wie ein Ungewitter hin und her fuhr. In der folgenden Nacht wurde das Grollen noch stärker, und als der König nachschaute, sah er im Licht des Mondes Hunderte und Aberhunderte von Zwergen karren und stemmen und Stein auf Stein legen.
Und so ging es drei Tage lang.
Bei Sonnenlicht ließ der Zwerg die Erde beben, und bei Mondlicht kam das Zwergenheer und ließ die Mauern und Türme und die Brücken und die Söller und die Zinnen wachsen.
An jedem Abend fragte der Zwerg den König: „Nun, wie heiße ich?", und der König sagte: „Heißt du Stemmdenberg?"
„Nein", antwortete der Zwerg, „so heiß ich nicht."
„Heißt du Baudiemauer?"
„Nein, so heiß ich nicht."
„Heißt du Schlagdiebruck?"
„Nein, so heiß ich nicht."
„Dann weiß ich nicht, wie du heißt", sagte der König mit schwerem Herzen, und der Zwerg rief: „Weißt du es nicht, so hol' ich deinen einzigen Sohn!"
Am dritten Tag sah der König, dass sein großes, schönes Schloss bis Sonnenuntergang vollendet sein würde, und er wusste nicht, was er machen sollte. Tief

[1] *der Söller:* offener Wehrgang

in Gedanken versunken wanderte er in die Bergschlucht hinein. Plötzlich hörte er ein Kind weinen und eine Frauenstimme singen.

40 Neugierig trat der König an den Rand des Felsenpfades und spähte hinunter auf eine Lichtung vor einer Felsenkluft. Da saß eine Zwergenfrau vorm Feuer und wiegte ihr Kind und sang dabei:

„Still, mein Söhnchen, weine nicht! Wetter hält, was er verspricht! Bringt dir einen Königssohn, das ist sein gerechter Lohn!"

45 Der König wartete reglos, bis die Zwergenfrau mit dem Kind wieder im Felsen verschwunden war. Dann lief er so schnell, wie er konnte, zu seinem Schloss zurück. Es war fast fertig, und der Zwerg saß oben am Turm und richtete die Wetterfahne. Als er den König sah, schrie er hinab:

„Nun, wie heiße ich?"

50 „Heißt du Fahnenrichter?"

„Nein, so heiß ich nicht."

„Heißt du etwa Wetter?"

Da schrie der Zwerg vor Zorn auf, dass die Berge bebten, und sprang mit solcher Macht vom Turm, dass der Fels zersprang und den Zwerg verschlang. Er ward nie
55 wieder gesehen, das Haus aber blieb gut und fest auf dem Hügel, und wenn der König und seine Familie nicht gestorben sind, so leben sie da noch heute.

1. Sicher erinnert dich die Handlung dieses Märchens an ein anderes, sehr berühmtes Kindermärchen der Brüder Grimm. Erzähle es.

2. Beurteile das Verhalten der Zwerge und ihres Anführers. Würdest du sie als gute oder böse Wesen einschätzen?

3. Woran kann man erkennen, dass es sich bei „Wetter" um ein Märchen handelt? Fülle zur Beantwortung der Frage die folgende „Märchen-Kennkarte" aus.
Trage sie zuvor in dein Heft ein.

Bereiche	Merkmale	Beispiele aus dem Text
1. Ausgangssituation	• Mensch in Not/Problem	• „Es war einmal ..." (Z. 1)
2. Raum und Zeit	• keine genauen Angaben	
3. Figuren	• Gute und Böse	
4. Fähigkeiten	• ...	
5. Aufgaben		
6. Prüfungen		
7. Gegenstände		
8. magische Zahlen		
9. Sprüche und Verse		
10. Schluss		

Märchen gibt es schon seit langer Zeit. Viele stammen aus dem Orient. Aber auch in allen anderen Ländern dieser Erde wurden und werden Märchen erzählt, um die Langeweile zu vertreiben, um die Menschen zu unterhalten, aber auch um Wünsche und Sehnsüchte auszudrücken.

Die bekanntesten deutschen Märchen wurden von den Brüdern Grimm nach mündlicher Überlieferung gesammelt und herausgegeben.

Märchen sind erzählerische Texte, in denen Dinge geschehen und Gestalten auftreten, die in der realen Welt wunderbar erscheinen. Bestimmte Merkmale sind für Märchen typisch:

- Es treten gute und böse Gestalten als Gegenspieler auf.
- Es gibt eine Heldenfigur, die Abenteuer und Prüfungen zu bestehen hat.
- Meist spielen besondere Dinge und Kräfte dabei eine Rolle.
- Oft spielen magische Zahlen eine wichtige Rolle (z. B. die Zahlen 3 und 7).
- Auch Sprüche und Verse kommen vielfach vor.
- Raum und Zeit bleiben unbestimmt (*Es war einmal ...*).
- Die meisten Märchen gehen gut aus, d. h., dem Helden gelingt es, die Aufgaben und Prüfungen zu bestehen, das Böse wird besiegt.

PROJEKT

Märchenwerkstatt

- Was spricht für das Vorlesen von Märchen, was für das Anschauen eines Märchenfilms? Diskutiert darüber in der Klasse.
- Versuche selbst einmal, ein Märchen zu schreiben. Bestimme zuerst Märchenheld, Ort im Märchenreich und Art der Prüfung.
- Erzähle ein bekanntes Märchen aus einer anderen Sicht: z. B. „Schneewittchen" aus Sicht eines der sieben Zwerge oder aus Sicht der bösen Stiefmutter.
- Wage dich an einen Märchenmix: „Jorinde und der Froschkönig", „Aschenputtel und das tapfere Schneiderlein", „Die Hexe und die sieben Geißlein".
- Vergleiche „Die drei Raben" (S. 93) mit den unterschiedlichen Fassungen des Märchens „Die sieben Raben".
- Bereite einen Märchentext deiner Wahl zum Vorlesen vor.

Das Vorlesen einüben

1. Finde heraus, aus welchen Wörtern sich das Adjektiv im Titel des Buches „Der satanarchäolügenialkohöllische Wunschpunsch" (S. 104) zusammensetzt, und versuche, es fließend auszusprechen.

2. Lies auf der nächsten Seite den Abschnitt aus dem Buch von Michael Ende durch und beschreibe, warum sich diese Stelle besonders gut zum Vorlesen eignet.

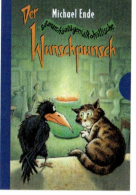

3. Bereite den Anfang von Michael Endes „Wunschpunsch" zum lauten Vorlesen vor. Kopiere dazu den Text aus dem Buch auf ein DinA4-Blatt und bearbeite ihn anschließend. Berücksichtige dabei die folgenden Ratschläge.

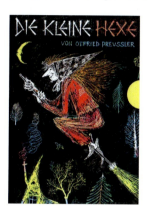

4. Besonders unterhaltsam ist es natürlich, einen Dialog fürs Lesen vorzubereiten. Erarbeitet in Kleingruppen den Text „Die kleine Hexe" von Otfried Preußler (S. 105) für den Vortrag in der Klasse.

Ratschläge für das Vorlesen

Vorbereitung:
- Lies den Text still durch, um den Sinn zu erfassen.
- Gib dir mit Stellen, mit denen du bereits beim stillen Lesen Verständnisschwierigkeiten hattest, besonders viel Mühe.
- Markiere schwierige und wichtige Stellen so, dass Sinnzusammenhänge deutlich werden: Unterstreiche die Silben, die du besonders betonen willst.
- Kennzeichne Lesepausen mit senkrechten Strichen.

Lautes Üben:
- Variiere Sprechtempo und Lautstärke: Lies langsamer und leiser, wenn es spannend wird.
- Hebe Textpassagen mit wörtlicher Rede deutlich von erzählenden Abschnitten ab. Wähle dabei nach Möglichkeit für jeden Sprecher eine andere Stimmlage.
- Löse den Blick gelegentlich vom Text, um dann beim Vorlesen immer wieder Blickkontakt zu den Zuhörern herstellen zu können.

Michael Ende
Der satanarchäolügenialkolhöllische Wunschpunsch

Unter einer Hexe stellen sich die meisten Leute ein runzeliges, dürres, altes Weiblein vor, das einen großen Buckel auf dem Rücken schleppt, viele borstige Warzen im Gesicht und nur einen einzigen langen Zahn im Mund hat. Aber heutzutage sehen Hexen meistens ganz anders aus. Tyrannja Vamperl war jedenfalls das genaue Gegenteil von all dem. Zwar war sie verhältnismäßig klein, jedenfalls im Vergleich zu Irrwitzers langer Gestalt, aber dafür war sie unglaublich fett. Sie war buchstäblich so hoch wie breit. [...]

„Hallooohoho!", rief sie und versuchte, ihrer schrillen Stimme einen süßen Klang zu geben, während sie nach allen Seiten spähte. „Ist denn niemand daaaha? Huhu? Bubilein!"

Keine Antwort. [...]

Unverzüglich begann sie, unter den Papieren auf dem Tisch herumzuschnüffeln, doch sie kam nicht weit, denn schon hörte sie Schritte nahen. Es war Irrwitzer, der endlich zurückkam. Mit ausgebreiteten Armen eilte sie ihrem Neffen entgegen. „Beelzebub!", zwitscherte sie. „Beelzebübchen! Lass dich ansehen! Bist du's oder bist du's nicht?"

„Ich bin es, Tante Tyti, ich bin es", erwiderte er und legte sein Gesicht in säuerliche Freudenfalten.

Tyrannja versuchte, ihn zu umarmen, was aber wegen ihrer Körperfülle nur mit Mühe gelang.

„Du bist es, mein sehr teurer Neffe", krähte sie. „Ich dachte mir übrigens gleich, dass du es bist. Wer hättest du denn auch sonst sein sollen, nicht wahr?" Sie schüttelte sich vor Kichern, dass alle Geldstücke klimperten.

Irrwitzer versuchte, sich ihrer Umklammerung zu entziehen, und brummte: „Ich habe mir auch gleich gedacht, dass du es bist, Tantchen."

Sie stellte sich auf die Zehenspitzen, um ihn in die Backe zu kneifen.

„Ich hoffe, du bist angenehm überrascht. Oder hast du vielleicht mit dem Besuch einer anderen niedlichen kleinen Hexe gerechnet?"

„Aber nicht doch, Tyti", wehrte Irrwitzer grämlich ab, „du kennst mich doch. Für so etwas lässt mir meine Arbeit keine Zeit."

„Allerdings kenne ich dich, Bubilein", versetzte sie schelmisch, „und besser als jede andere, nicht wahr? Schließlich habe ich dich doch aufgezogen und deine Ausbildung finanziert. Und soweit ich sehe, lebst du auch heute nicht schlecht – auf meine Kosten."

Irrwitzer schien nicht gern daran erinnert zu werden. Er antwortete griesgrämig: „Du auf meine aber auch nicht, wenn ich dich so ansehe."

Tyrannja ließ von ihm ab, trat einen Schritt zurück und fragte drohend: „Was willst du damit sagen?"

„Oh, nichts", antwortete er ausweichend, „du hast dich überhaupt nicht verändert in diesem halben Jahrhundert, seit wir uns das letzte Mal begegnet sind, liebste Tante."

Otfried Preußler
Die kleine Hexe (Bühnenfassung)

Auf der Vorbühne (bei geschlossenem Vorhang)

Der Darsteller des Raben Abraxas tritt auf. Er ist unkostümiert und hält in der Armbeuge die Handpuppe eines Raben, die, während sie den Schnabel auf- und zuklappt, heftig nach allen Seiten krächzt.

PUPPE: Krah-krah-krah!

RABE: *die Puppe beschwichtigend* Still doch, mein Lieber, still doch! Warum so aufgeregt? Du hast doch nicht etwa Angst vor den Kindern? Schön ruhig, die tun dir nichts! Die wollen ja nur das Stück
5 von der kleinen Hexe sehen.
Ins Publikum Stimmt doch – oder?
Zur Puppe Nun wollen wir denen erst mal guten Tag sagen.
Ins Publikum Guten Tag, Kinder – schön willkommen bei uns im Theater!

PUPPE: 10 *krächzt* Guten Tag, guten Tag, guten Tag!

RABE: Also: Wir spielen das Stück von der kleinen Hexe. Er da – *zeigt auf die Puppe* – er sollte den Raben Abraxas spielen.

PUPPE: *krächzt* Abraxas, Abraxas, Abraxas!

RABE: Ihr wisst ja, der Rabe Abraxas ist kein gewöhnlicher Rabe. Er kann
15 nicht nur „Guten Morgen" und „Guten Abend" krächzen wie jeder Rabe, der sprechen gelernt hat, sondern auch alles andere.

PUPPE: *krächzt* Alles andere auch, alles andere auch, alles andere auch!

RABE: Außerdem ist er seit langer Zeit mit der kleinen Hexe befreundet.

PUPPE: *krächzt* Befreundet, befreundet, befreundet!

RABE: 20 *zur Puppe* Trotzdem – du wirst den Raben Abraxas nicht spielen.

PUPPE: *krächzt* Wer denn dann, wer denn dann, wer denn dann?

RABE: Den Raben Abraxas, entschuldige, werde ich spielen.

PUPPE: *krächzt* Warum du, warum du, warum du?

RABE: Weil es zu aufregend für dich wäre. Außerdem bin ich ein bisschen
25 größer als du: Die Kinder können mich besser sehen. Ich werde mich also in einen Raben verwandeln.

PUPPE: *krächzt* Kannst du das, kannst du das, kannst du das?

RABE: *gibt dem Requisiteur[1] ein Zeichen* Als Schauspieler kann man beinahe alles. *Der Requisiteur kommt herein und bringt ihm das Rabenkostüm.*
30 *Schnabel, Rabenflügel und Brille ... Zum Requisiteur* Kannst du mir einen Gefallen tun? Dann nimm bitte meinen kleinen Raben mit – und gib ihm ein Pfund Rosinen, mit Mandeln und Haselnüssen.

PUPPE: *krächzt* Und Kandiszucker und Kandiszucker und Kandiszucker!

RABE: Und Kandiszucker, so viel er mag!

---

[1] *der Requisiteur: der Bühnenbildgestalter*

REQUISITEUR:		*übernimmt die Puppe.* Wird erledigt. *Mit der Puppe ab.*
PUPPE:		*krächzt, während sie weggetragen wird* Dankeschön, dankeschön, dankeschön!
RABE:		*verwandelt sich in den Raben Abraxas* Schnabel … Brille … Rabenflügel … Darf ich mich vorstellen? *Krächzt* Abraxas, Abraxas, Abraxas! Und jetzt zu der kleinen Hexe! Ihr Hexenhaus steht einsam im tiefen Wald. Seit früh um fünf sitzt sie über dem Hexenbuch und studiert darin. Leise, leise – damit wir sie nicht bei der Arbeit stören…

Erstes Bild

Im Hexenwald vor dem Hexenhaus. Das Bühnenbild ist so anzulegen, dass es die erforderlichen „szenischen Rückblenden" ermöglicht. Die kleine Hexe sitzt auf der Bank vor dem Backofen und studiert im Hexenbuch. Plötzlich – ein Donnerschlag. Abraxas und die kleine Hexe erschrecken fürchterlich.

HEXE: Tut mir leid, ich hab mich versprochen. Ich wollte eigentlich einen Regen hexen. *Sie hext.*
Hokus-pokus, Krötenei –
Weiße Wolke, rasch herbei!
Zieh herauf,
Reiße auf …
Äh … *überlegt und fährt unsicher fort*
Klimmerus, Klammerus,
Nimm den Lauf!
Es regnet Wäscheklammern.

RABE: Wäscheklammern! Wenn's wenigstens Kuchenkrümel oder Rosinen wären! Wo hast du bloß deine Gedanken!

HEXE: *eigensinnig* Ich will einen Regen hexen! *Sie hext.*
Hokus-pokus, Krötenei –
Weiße Wolke, rasch herbei!
Zieh heraus,
Reiße auf…
Äh … *überlegt und fährt hastig fort*
Mirulus, Murulus,
Nimm den Lauf!
Es regnet weiße Mäuse.

RABE: Weiße Mäuse! Warum nicht gleich Buttermilch? – Du solltest mal eine Pause machen. *Ins Publikum* Alles, was man als Hexe lernen kann, hat sie längst gelernt. *Zur Hexe* Warum sagst du nichts, wenn ich mit dir rede?

HEXE:	*klappt langsam das Buch zu* Die Oberhexe hat mich bestimmt vergessen. Du weißt ja, Abraxas, was sie mir letztes Jahr auf dem Blocksberg versprochen hat – in der Walpurgisnacht…
RABE:	Du hast es mir schon so oft erzählt, dass ich's auswendig kann. *Imitiert die Oberhexe* „Du wagst es, in dieser Nacht auf den Blocksberg zu reiten, obwohl das für Hexen in deinem Alter verboten ist? Wie kommst du auf diesen verrückten Gedanken? Mit einhundertsiebenundzwanzig Jahren bist du zu jung für den Hexentanz – viel zu jung!"
HEXE:	Genau wie die Oberhexe!
RABE:	*die Oberhexe imitierend* „Ich mache dir einen Vorschlag. Vor der nächsten Walpurgisnacht werde ich den Hexenrat einberufen. Dann wollen wir prüfen, ob du trotz deiner Jugend bereits eine gute Hexe geworden bist. Leicht wird die Prüfung nicht sein. Falls du sie aber bestehen solltest, darfst du in Zukunft am großen Hexentanz auf dem Blocksberg teilnehmen." – *Ins Publikum* Wenn ihr mich fragt, ich finde das außerordentlich anständig von der Frau Oberhexe.
HEXE:	Trotzdem! Das Jahr ist zu Ende, heut Nacht ist Walpurgisnacht – und der Hexenrat, der mich prüfen soll, hat nicht stattgefunden. Die Oberhexe hat mich vergessen, zum Donnerwetter! *Es donnert.*
RABE:	Ein Gewitter! Rasch ins Haus, kleine Hexe, ich mag nicht nass werden – rasch ins Haus! *Während er die kleine Hexe ins Haus drängt, verfinstert sich die Bühne; es blitzt und donnert.*
RUMPUMPEL:	*reitet auf ihrem Besen herein* Hüraxdax-huraxdax, hörst du mich, kleine Hexe? Ich bin's, die Wetterhexe Rumpumpel! Hüraxdax-huraxdax, öffne das Fenster, ich hab dir was auszurichten – im Auftrag der Oberhexe!
HEXE:	*öffnet ein Fenster* Ach – du bist das, Muhme[1] Rumpumpel?
RABE:	*zu den Kindern, während Rumpumpel mühsam vom Besen steigt.* Die hat einen Hexenschuss!
RUMPUMPEL:	Hör mich an, kleine Kröte! Ich lade dich hiermit in aller Form vor den Hexenrat. Heute Abend, sobald die Sonne sinkt, sollst du zur Hexenprüfung am Kreuzweg hinter dem Roten Stein in der Heide sein.
HEXE:	Großartig, darauf habe ich lange gewartet!
RABE:	*tritt mit der kleinen Hexe ins Freie.* […] Du bist eine gute Hexe, vergiss das nicht! Alles, was du im Lauf des Jahres getan hast, kannst du verantworten.
HEXE:	Auch vor der Oberhexe?
RABE:	Auch vor dem ganzen Hexenrat.

[1] die Muhme: veraltet für *die Tante*

Hexe:	Findest du?
Rabe:	110 Bei meiner Rabenseele! Lass uns doch einfach mal Rückschau halten auf dieses Jahr!
Hexe:	Das wäre vielleicht nicht schlecht …
Rabe:	Beginnen wir bei der letzten Walpurgisnacht! Zur Strafe für deinen Vorwitz hatten die großen Hexen dich ohne Besen nach Hause 115 geschickt.
Hexe:	Zu Fuß bin ich heimgelaufen. Drei Tage und Nächte lang war ich unterwegs.
Rabe:	*zu den Kindern* Dann hat sie sich erst mal ausgeschlafen.
Hexe:	Und dann sind wir miteinander ins nächste Dorf gegangen.
Rabe:	120 Weil sie ja unbedingt einen neuen Besen gebraucht hat.
Hexe:	Wir gingen zum Laden des Krämers Balduin Pfefferkorn …

1. Rückblende

Laden des Krämers Balduin Pfefferkorn. Herr Pfefferkorn döst hinter seinem Ladentisch und wird von der Ladenglocke aufgeschreckt.

Hexe:	Guten Tag, Herr Pfefferkorn.
Krämer:	Guten Tag, bitte sehr, guten Tag. Die Herrschaften wünschen, bitte sehr?
Hexe:	125 Ein Viertelpfund Kandiszucker.
Krämer:	Ein Viertelpfund Kandiszucker? – Bitte sehr, bitte gleich, ein Viertelpfund Kandiszucker, bitte sehr …
Hexe:	Da, Abraxas. Bedien dich!
Rabe:	Nett von dir, danke sehr.
Krämer:	Bitte sehr … Donnerwetter, das ist aber ein gelehriger Vogel, bitte sehr. Und so höflich und wohlerzogen.
Hexe:	Führen Sie Besen, Herr Pfefferkorn?
Krämer:	Was für ein höflicher, wohlerzogener Vogel, bitte sehr.
Rabe:	Danke sehr.
Hexe:	135 Führen Sie Besen, Herr Pfefferkorn?
Krämer:	Besen?
Rabe:	Besen!
Krämer:	In jeder Preislage, bitte sehr. Handbesen, Tischbesen, Stallbesen, Schneebesen, Küchenbesen und Reisigbesen. Auch Schrubber 140 natürlich. Und wenn Sie vielleicht einen Staubwedel brauchen, bitte sehr …
Hexe:	Danke, ich will einen ganz gewöhnlichen Reisigbesen.
Krämer:	Bitte sehr – einen Reisigbesen. Darf es dieser sein, bitte sehr?
Hexe:	Der mit dem kurzen Stiel da?

KRÄMER:	145	Besen mit längeren Stielen habe ich leider im Augenblick nicht auf Lager, bitte sehr.
HEXE:		Macht nichts, ich bringe ihn auf die richtige Länge. *Sie schnalzt mit den Fingern, der Besenstiel wird übermäßig lang.*
RABE:		Bisschen zu viel des Guten, findest du nicht?
HEXE:	150	*schnalzt zweimal, der Besenstiel verkürzt sich auf normale Länge.* Ich glaube, jetzt ist er gerade richtig für mich. Nicht zu lang, nicht zu kurz. – Was bekommen Sie?
KRÄMER:		Bi-bi-bitte sehr?
RABE:		Was bekommen Sie, Mann!
HEXE:	155	Für den Besen.
RABE:		Und für den Kandiszucker.
KRÄMER:		S-sieben M-mark f-fünfunds-siebzig.
RABE:		Warum der auf einmal stottert?
HEXE:		Sieben Mark … fünfzig … siebzig … und fünf dazu …
KRÄMER:		Bitte sehr, danke sehr. Soll ich den Besen ein wenig zusammenschnüren, bitte sehr? Damit lässt er sich besser tragen, bitte sehr.
HEXE:		Nicht nötig – ich reite darauf nach Hause, Herr Pfefferkorn. *Sie besteigt den Besen und huscht aus dem Bild.*
KRÄMER:		Bi-bi-bi-bitte sehr?
RABE:	165	*schneidet ihm das Wort ab.* Danke sehr! *Pfefferkorn erstarrt vor Überraschung, das Bild erlischt.*
RABE:		Herr Balduin Pfefferkorn hat ein dummes Gesicht gemacht.
HEXE:		Aber das kann mir die Oberhexe nicht übel nehmen, denke ich.
RABE:		*zu den Kindern* Jedenfalls hat sie an diesem Tag den Beschluss 170 gefasst, eine gute Hexe zu werden.
HEXE:		Ich habe von nun an nicht sechs, sondern sieben Stunden täglich im Hexenbuch studiert – und zwar Seite für Seite.
RABE:		*zu den Kindern* Außerdem hat sie bei jeder Gelegenheit immerzu Gutes gehext.
HEXE:	175	Wie ein gewisser Rabe Abraxas mir das geraten hat.
RABE:		Weil man als gute Hexe natürlich dazu verpflichtet ist, das ist sonnenklar.

Nach Edouard Feitler und Nicolas Gredt
Die Sage von der Erbauung des Schlosses Lützelburg

Vor vielen hundert Jahren lebte Graf Siegfried in Koerich auf seinem Schloss. Eines Tages verirrte er sich auf der Jagd und gelangte dabei in das Tal der Alzette an die Stelle, wo heute die Vorstädte Grund, Clausen und Pfaffenthal sich im Bogen um den Bockfelsen herumziehen. Damals sah es in diesem Felsental noch sehr wild aus und nur selten verirrte sich ein Wanderer dorthin. Siegfried sah oben auf dem Bock die Ruinen einer Römerburg emporragen und der Ort erschien ihm sehr geeignet zur Erbauung eines Schlosses. Im Jahre 963 erwarb er den kahlen Felsen und den umliegenden Wald vom Abt von St. Maximin bei Trier im Tausch gegen seine schöne Herrschaft[1] in Feulen bei Ettelbrück …

[1] *die Herrschaft:* hier: Besitz eines Grafen

Aufgaben: Seite 120

… Bald schon sollte er seinen Handel bereuen. Er besaß nun ein zerfallenes Gemäuer, das abgetragen werden musste. Die Schuttmassen mussten beseitigt und ein neues Schloss errichtet und möbliert werden. Dafür aber fehlte Siegfried das nötige Geld. Während fünf Jahren verlor Siegfried seine Zeit mit Überlegen und Beraten. Pläne wurden ausgearbeitet, Kostenanschläge aufgestellt und wieder verworfen. Schließlich sollte mit dem Bau begonnen werden, doch noch immer fehlte das Geld.

In seiner Ratlosigkeit wünschte Siegfried alles zum Teufel. Dieser erschien auch sogleich und sprach: „Hier bin ich. Was willst du von mir?" „Ich", entgegnete Siegfried erschrocken, „ich erinnere mich nicht, dich gerufen zu haben. Nun, da du aber hier bist, kannst du mir einen Dienst leisten." „Das hängt von den Bedingungen ab", erwiderte der Teufel. „Machen wir die Sache kurz: Gib mir deine Seele und du kannst von mir alles haben."

„Ich habe fünf Wünsche", sprach hierauf Siegfried. „Mein Geldschrank soll sich mit Gold füllen. Die Ruinen und die Schuttmassen der alten Burg auf dem Bockfelsen sollen so gründlich entfernt werden, dass nichts mehr davon zu sehen ist. An der Stelle der abgetragenen Burg soll sich ein Schloss nach den vorliegenden Plänen erheben. Das Schloss ist mit demselben Geschmack und dem Luxus auszustatten wie der Palast des Königs Lothar². Eine schöne und gute Straße soll unverzüglich von meinem Schloss in Koerich bis zum Bockfelsen in Luxemburg angelegt und gepflastert werden. Unter diesen Bedingungen überlasse ich dir meine Seele, über die du heute in 30 Jahren verfügen kannst." Es war am Vorabend von Mariä Himmelfahrt, im Jahre 968.

„Einverstanden", sagte der Teufel. „Ich will aber nicht, dass unsere Vereinbarung zu Streitigkeiten Anlass gibt. Deshalb bestimme ich, dass deine Seele mir gleich gehöre, dich selbst hole ich nach Ablauf der 30 Jahre."

„So sei es", entgegnete Siegfried. „Auf Wiedersehen also! Doch vergiss den 14. August 998 nicht", verabschiedete sich der Teufel.

Am nächsten Morgen brach Siegfried in aller Frühe in Begleitung seines zahlreichen Gefolges auf. Die Reise von Koerich nach Luxemburg auf der neuen, schön gepflasterten Straße verlief ohne Zwischenfall. Auf dem Bockfelsen erhob sich ein herrlicher Palast, der aufs Beste möbliert war. Auch die Truhe mit Gold stand bereit.

² *Lothar:* König des westfränkischen Reiches (954–986)

Graf Siegfried: Glasfenster der Kathedrale von Luxemburg

Siegfried verlebte mit seiner Gemahlin Hedwig glückliche Tage. Doch der Bund mit dem Teufel begann den Grafen bald sehr zu ängstigen. Um sich aus der Gewalt des Teufels zu befreien, verbrachte Siegfried sein Leben als guter Christ. Er errichtete in Echternach eine herrliche Basilika und ein Hospital, schenkte der Abtei St. Maximin in Trier sein bei Mersch gelegenes Haus und erbaute neben seinem Schloss eine schöne Muttergotteskapelle.

Doch die Zeit stand nicht still, und der dreißigste Vorabend von Mariä Himmelfahrt, der 14. August 998, brach an. Siegfried dachte immer noch an den Teufel und sagte bei sich: „Vielleicht hat der Schwarze mich ja vergessen." Um aber ganz sicher zu sein, lud er zur festgesetzten Stunde seine tapfersten Ritter zum Festmahl in sein Schloss ein, ohne ihnen jedoch etwas von seiner misslichen Lage zu verraten. Die Wachposten am Tore wurden verstärkt und erhielten strengen Befehl, keinen Fremden in die Burg einzulassen.

Pünktlich zur selben Stunde, zu welcher der Böse dem Grafen dreißig Jahre zuvor erschienen war, stand der Teufel bei der Zugbrücke und begehrte Einlass. Doch das Tor blieb verschlossen. Hierauf gebärdete[3] sich der Teufel wie wild, wütete gegen seinen Sklaven Siegfried und schwor furchtbare Rache.

[3] *sich gebärden:* sich aufführen

Zur selben Zeit betrat ein groß gewachsener Ritter den Festsaal. Sein Helm war mit Edelsteinen besetzt. Unter seinem Purpurmantel blitzte ein mit Diamanten geschmückter Panzer. Eine kostbare Kette fiel auf seine Brust herab als Zeichen seiner Macht und Würde. Stolz erhob der Fremde den Blick und stellte den Gästen die Frage: „Meine Herren, wenn ein Ritter sein Wort gegeben hat, sagt, kann man auf ihn zählen?" „Natürlich, ohne Zweifel", gaben alle zur Antwort. Nur Siegfried blieb still.

„Und würdet ihr den nicht als Ehrlosen bezeichnen, der sein Versprechen nicht halten und sich seiner heiligsten Pflichten entziehen wollte?"

„Selbstverständlich", antworteten alle.

„Siegfried, du hast deine Ehre verletzt, du gehörst in die Hölle. Zudem hast du mir schon seit 30 Jahren deine Seele verschrieben."

Bei diesen Worten fielen die schönen Kleider von der unheimlichen Gestalt zu Boden. Das Ungeheuer der ewigen Finsternis zeigte sich in seiner ganzen Nacktheit. Mit seinen langen und kräftigen Krallen ergriff der Teufel den Grafen Siegfried und beide verschwanden in einem Abgrund, der sich vor ihnen geöffnet hatte. Eine mächtige Rauchwolke und ein nach Schwefel riechender Gestank stiegen auf. Furcht und Schrecken hatte alle Ritter ergriffen.

Ein Mönch, der eben ins Zimmer trat, behauptete gesehen zu haben, dass der Teufel des Grafen Seele nicht behalten habe, sondern nur dessen Leib, und dass die Seele von Engeln gegen Himmel getragen worden sei.

Nach Edouard Feitler und Nicolas Gredt

Die Sage von der schönen Melusina

Vor vielen hundert Jahren lebte auf dem Schloss zu Koerich ein edler Ritter, Graf Siegfried. Dieser verirrte sich einst auf der Jagd und gelangte gegen Abend in ein tiefes, enges, wild verwachsenes Tal. Es war das Tal der Alzette an der Stelle, wo heute Luxemburgs Vorstädte sich malerisch an den Felsen schmiegen. Der Graf sah vor sich den Bockfelsen emporragen und darauf eine alte, verfallene Römerburg. Plötzlich drangen die Töne eines wundervollen Gesanges an sein Ohr. Nachdem der Graf eine Zeitlang erstaunt und verzaubert dem Gesang gelauscht hatte, eilte er zu dem Ort, woher die Töne erklangen, und erblickte schon bald oben auf den Trümmern eine Jungfrau, von deren Schönheit er wie gefesselt war. Es war Melusina, die Nixe der Alzette. Reglos starrte Siegfried die überirdische Erscheinung an. Als die Jungfrau den Ritter sah, ließ sie ihren grünen Schleier über ihr Antlitz[1] fallen und verschwand mit den letzten Strahlen der Abendsonne.

Von Müdigkeit überwältigt legte sich Graf Siegfried unter einen Baum und schlief ein. Am nächsten Morgen weckte ihn der Gesang der Vögel aus einem seligen Traum. Er erhob sich, folgte dem Lauf des Flusses und gelangte bald in die Gegend von Weimerskirch, die ihm bekannt war und von wo aus er dem heimatlichen Schloss entgegeneilte.

Die Erscheinung der schönen Jungfrau und ihr wundervoller Gesang aber hatten das Herz des Grafen so sehr gerührt, dass es ihn immer wieder in diese Gegend zog, um sich von Neuem an der schönen Gestalt der Jungfrau und an ihrem Gesang zu erfreuen. Einmal traf er sie im Tal, denn der Besuch des Grafen war ihr angenehm und sie hatte den stattlichen Ritter liebgewonnen. Rasch trat dieser zu ihr hin, gestand ihr seine Liebe und bat sie, seine Frau zu werden. Sie willigte ein unter der Bedingung, dass sie den Felsen nicht verlassen müsse und er sie nie an den Samstagen, an denen sie allein zu sein wünsche, sehen wolle. Siegfried schwor es ihr.

Siegfried vereinbarte mit dem Abt von St. Maximin bei Trier einen Tausch, durch den er seine schöne Herrschaft[2] Feulen bei Ettelbrück gegen den kahlen Bockfelsen und die umliegenden Wälder abtrat. Da es ihm aber jahrelang an dem nötigen Geld fehlte, um auf dem Bockfelsen ein Schloss zu erbauen und Melusina als seine Frau heimzuführen, nahm er die Hilfe des Teufels gerne an, der sich erbot, ihm das Schloss zu erbauen und ihn mit Reichtum zu überhäufen, wenn er ihn nach dreißig Jahren holen dürfe.

Da prangte über Nacht auf dem Scheitel des Bockfelsen eine herrliche Burg, die stolz in das umliegende Tal hinabschaute. Siegfried vermählte sich mit der schönen Melusina und sie lebten lange glücklich und zufrieden in der Lützelburg. Melusina schenkte ihrem Mann sieben Kinder.

Aber immer samstags zog sich die Nixe in ihre Kammer zurück und schloss

---

[1] *das Antlitz:* das Gesicht

[2] *die Herrschaft:* hier: der Besitz eines Grafen

„Meluxina – ein Licht- und Wasserspektakel" im Rahmen von „Luxemburg – Europäische Kulturhauptstadt 2007"

sich ein. Lange Jahre ging das so, ohne dass ihr Gemahl wissen wollte, was sie an diesem Tag dort im Verborgenen machte. Schließlich aber weckten Freunde,
45 die von diesem geheimnisvollen Tun erfahren hatten, Siegfrieds Misstrauen gegen seine Frau. Eines Samstags war seine Neugierde so groß, dass er um jeden Preis herausfinden wollte, warum sich seine Frau an den Samstagen vor ihm zurückzog. Heimlich schlich er sich zu ihrer Kammer. Aus dem Innern des Zimmers drang ein Rauschen und Plätschern an sein Ohr. Siegfried spähte
50 durchs Schlüsselloch und erblickte Melusina, die mit einem goldenen Kamm ihr blondes Lockenhaar glättete. Ihr schöner Körper endete in einem ungeheuer scheußlichen Fischschwanz, mit dem sie die Wellen peitschte. Siegfried stieß einen Schrei des Entsetzens aus. Im selben Augenblick versank Melusina in den Tiefen des Bockfelsen. Sie war auf immer für Siegfried verloren.
55 Seither erscheint Melusina alle sieben Jahre in menschlicher Gestalt auf dem Bockfelsen, um die Vorübergehenden um Erlösung zu bitten. Wird dieser Wunsch ihr nicht gewährt, schwebt die weiße Gestalt über die Stadt mit dem Ruf „In sieben Jahren nicht mehr!" und versinkt wieder in den Felsen.
Aus diesem Grund war zu der Zeit, als Luxemburg noch eine Festung war, der
60 Wachposten am Bock so gefürchtet, dass sogar den mutigsten Soldaten bangte, wenn sie dort nachts Wache halten mussten.

Einst stand ein beherzter Soldat, der mit einem Kameraden den Dienst gewechselt hatte, zwischen zwölf und zwei Uhr nachts auf dem Bockfelsen Wache. Da erschien Melusina in Gestalt eines schönen Mädchens und bat ihn, sie zu erlösen. Es sei dies, sagte sie, ein schweres, doch kein unmögliches Unterfangen. Fürchte er sich aber, so sollte er lieber nichts unternehmen, da sie sonst dreimal tiefer in der Erde versinke. Während dieser Worte entstand ein so heftiges Brausen um den Bockfelsen, dass der Soldat meinte, dieser stürze zusammen. Er versprach, Melusinas Wunsch zu erfüllen, was es auch sein möge.
Er müsse, sagte sie, an neun aufeinanderfolgenden Tagen jeden Abend Schlag zwölf Uhr hinter dem Altar der Dominikanerkirche stehen, keine Minute zu früh und keine Minute zu spät. Habe er dies neunmal getan, dann werde sie ihm am zehnten Abend als feurige Schlange mit einem Schlüssel im Mund erscheinen. Diesen müsse er mit seinem Mund aus ihrem nehmen und ihn dann in die Alzette werfen. Dann sei ihre Erlösung vollbracht und die Römerburg stehe wieder auf dem Bockfelsen wie einst.
Acht Abende stand der Soldat Schlag zwölf Uhr hinter dem angegebenen Altar, am neunten aber verspätete er sich. Da hörte er auf seinem Rückweg ein solches Geheul und Gebrüll am Bockfelsen, dass er fast glaubte, alle wilden Tiere seien hier beieinander. Kein anderer Mensch jedoch hörte diesen Lärm.
So ist Melusina bis auf den heutigen Tag nicht erlöst. Wird sie nicht mit der Zeit erlöst, dann wehe der Stadt Luxemburg. Ist das Hemd einst fertig, an dem sie alle sieben Jahre bei ihrem Erscheinen auf dem Felsen einen Stich macht, dann ist sie erlöst; aber die Trümmer der Stadt werden der treuen Wächterin zum Grabmal dienen.

Sage aus Griechenland
Daidalos und Ikaros

Daidalos war Baumeister und Bildhauer zu Athen. Er vermochte, die menschliche Gestalt so ebenmäßig, schön und vollkommen in Stein oder Marmor zu bilden, dass man in ihr das Ebenbild der Götter erkannte. Seine Kunst war wahrlich groß. Leider aber war er auch sehr eitel und wollte keinen anderen neben sich gelten lassen. Er hatte einen Neffen, den er selbst unterrichtet hatte. Als jedoch der Ruhm des Jünglings anfing, den des Oheims zu verdunkeln, brachte Daidalos seinen Neffen um. Die Tat wurde entdeckt, Daidalos wurde des Mordes angeklagt und entfloh nach Kreta. Dort nahm König Minos ihn auf und gab ihm ehrenvolle Aufträge. Doch nach und nach wurde dem Daidalos die Verbannung aus der Heimat zur Last. Er sehnte sich sehr nach Griechenland zurück. Doch König Minos wollte den tüchtigen Künstler nicht ziehen lassen. Da beschloss Daidalos, sich Flügel zu machen und durch die Luft zu entfliehen. Er ordnete Vogelfedern von verschiedener Größe so an, dass er mit der kleinsten begann und zu

der kürzeren Feder stets eine längere fügte, sodass man glauben konnte, sie seien von selbst ansteigend gewachsen. Diese Federn verknüpfte er in der Mitte mit Leinfäden, unten mit Wachs. Dann passte er sich die Flügel an den Leib, setzte sich mit ihnen ins Gleichgewicht und schwebte leicht wie ein Vogel empor in
20 die Lüfte.

Nachdem er sich wieder zu Boden gesenkt, fertigte er für seinen jungen Sohn Ikaros ein kleineres Flügelpaar und lehrte ihn das Fliegen. Ehe sie von Kreta abflogen, sprach Daidalos zu seinem Sohn: „Flieg immer auf der Mittelstraße. Wenn du zu tief fliegst, werden die Flügel vom Meerwasser feucht und schwer
25 und ziehen dich hinab. Versteigst du dich aber zu hoch in die Lüfte, kommt dein Gefieder den Sonnenstrahlen zu nahe und fängt Feuer. Darum fliege auf der Mitte zwischen Wasser und Sonne dahin. Folge mir nur immer nach, so kann der Flug nicht fehlgehen."

Jetzt erhoben sich beide in die Lüfte. Der Vater flog voraus, sorgenvoll wie ein
30 Vogel, der seine Brut zum ersten Mal aus dem Nest in die Luft führt. Er schwang besonnen und kunstvoll das Gefieder, damit der Sohn es ihm nachtun lerne, und blickte von Zeit zu Zeit rückwärts, um zu sehen, wie es ihm gelänge. Der Knabe folgte ihm mit sicherem Flügelschlag. Weil aber alles so gut ging, wurde Ikaros schließlich übermütig und verließ die Bahn seines Vaters
35 und steuerte immer höher hinauf.

Endlich kam er der Sonne zu nahe. Die allzu kräftigen Strahlen erweichten das Wachs, das die Fittiche zusammenhielt, und ehe Ikaros es merkte,
40 waren die Flügel aufgelöst. Der Knabe stürzte in die Tiefe und die blaue Meeresflut verschlang ihn. Als Daidalos sich wieder umblickte, war von Ikaros nichts mehr zu sehen. Nur auf
45 dem Wasser schwammen ein paar Federn. Da wusste Daidalos, was geschehen war. Der Mord, den er an seinem Neffen begangen hatte, war an seinem Sohne gerächt worden.

50 Der Flug des Daidalos endete in Sizilien. Dort wurde der Künstler von dem herrschenden König ehrenvoll aufgenommen. Daidalos schmückte das Land mit herrlichen Tempeln,
55 Burgen und künstlichen Seen. Aber froh ist er nach dem Sturze seines Sohnes nicht mehr geworden.

Daidalos legt Ikaros die Flügel an.
Limeskastell Echzell in Hessen, 2. Jh. n. Chr.

Sage aus Österreich
Das Loferer Fräulein

Bei Lofer ist eine große Höhle in den Steinbergen, das Loferer Loch, in dem ein verzaubertes Fräulein wohnt, das große Schätze besitzt. Die Schöne darf ihre Behausung nicht verlassen und muss den Schatz bewachen, bis es einmal einem Menschen gelingt, zu ihr vorzudringen und sie von ihrer Verzauberung zu erlösen.

Manche haben es schon versucht, aber noch keinem ist es gelungen. Vor dem Eingang der Höhle dehnt sich nämlich ein weiter, tiefer Tümpel aus, der jeden verschlingen würde, der sich darüber wagt; denn nur sündenreine Menschen dürfen ohne Gefahr das Wagnis unternehmen. Aber einmal wäre die Erlösung fast doch geglückt. Und das kam so:

Im Dorf lebte ein armes Ehepaar, das Not und Sorge genug hatte und manchmal nicht wusste, wie es den Hunger seiner beiden Kinder stillen sollte. Oft blieb den armen Eltern nichts anderes übrig, um das Elend zu lindern, als ihre Kinder in Begleitung eines alten Bettlers von Haus zu Haus zu schicken, damit sie die Leute um milde Gaben anflehten.

Einmal nun führte der Bettler die Kinder zum Loferer Loch und sagte, sie möchten da hineingehen, sie würden drinnen gewiss eine große Gabe erhalten. „Ich selbst kann nicht mitgehen", meinte er, „denn mir ist der Eingang durch das Wasser verschlossen, ihr aber werdet ganz sicher hindurchkommen. Ich will euch hier draußen erwarten."

Die Kinder, die noch keine Sünde kannten, kamen auch richtig trockenen Fußes zur Höhle hinein und gelangten bald zu einer schönen grünen Wiese, auf der zwei prächtige Häuser standen. Nicht lange darauf zeigte sich eine liebliche Jungfrau, an die sich die Kinder mit der Bitte um eine kleine Gabe wandten.

Die Jungfrau hörte ihre Bitte lächelnd an und lud sie freundlich ein, ins Haus mitzukommen, wo sie die beiden Kinder in ein wunderschön gestaltetes Zimmer führte, wie es die Kleinen noch nie gesehen hatten.

Sie setzte ihnen zu essen und zu trinken vor, munterte sie auf, nur fest zuzugreifen, und sagte: „Für heute kann ich euch nichts mehr geben; aber bleibt die Nacht über bei mir, dann sollt ihr morgen so viel bekommen, als ihr nur tragen könnt, und euren lieben Eltern wird damit geholfen sein."

Seisenbergklamm (Schlucht in Weißenbach bei Lofer in den Steinbergen)

Hierauf nahm sie die Mehlsäcklein der Kinder, füllte sie mit Goldstücken an und befahl ihnen, heimzugehen und das Geld ihren Eltern zu geben. „Und sagt euren Eltern", fuhr sie fort, „sie sollen auch allen wahrhaft bedürftigen und würdigen Armen in ihrer Not mit dem Geld beistehen. Nur dem alten Bettler, der euch hierhergeführt hat, dürfen sie nichts geben; denn er ist ein böser, schlechter Mensch. Ihr dürft auch nicht dort hinausgehen, wo ihr hereingekommen seid; denn der böse Bettler wartet auf euch. Er würde euch das Geld wegnehmen. Nun merkt euch meine Worte und richtet euch genau danach! In dreimal sieben Tagen aber kommt wieder hierher, dann wollen wir weiter darüber reden, wie ihr mich erlösen könnt."

Die Kinder versprachen, alles getreulich auszurichten, und machten sich auf den Heimweg. Die Jungfrau begleitete sie über die Wiese hinweg und zeigte ihnen einen verborgenen Gang ins Freie, wo sie, ungesehen vom Bettler, die Höhle verlassen konnten.

Nun liefen die Kinder mit freudig klopfenden Herzen nach Hause, stellten mit glänzenden Augen ihre Goldsäcklein auf den Tisch und erzählten abwechselnd, was sie erlebt und was das schöne Fräulein ihnen aufgetragen hatte.

Mit frohen Gesichtern hörten die armen Leute die Erzählung ihrer Kinder und gedachten dankbar der gütigen Spenderin, als sie ihren Reichtum sahen. Nun hatte alle Not ein Ende, und ein nie gesehener Überfluss herrschte in Küche und Keller.

Auch die Armen erhielten reichlich ihren Anteil, nur der böse Bettler ging leer aus. Der aber wusste jammervoll zu weinen, tat so, als ob er der rechtschaffenste Mensch wäre, und sprach anklagend vom Undank der Leute, die durch ihn reich geworden seien, dass die Kinder und ihre Eltern schließlich ganz gerührt wurden und meinten, es geschähe dem armen Mann bitteres Unrecht. Und so schenkten sie ihm aus Dankbarkeit eine schöne Summe Geld.

Als dreimal sieben Tage um waren, gingen die Kinder, wie die Jungfrau gesagt hatte, wieder zur Höhle. Aber diesmal stand der Eingang tief unter Wasser, und sie vermochten nicht durchzukommen.

Auf der anderen Seite des Tümpels stand die Jungfrau und rang schmerzlich die Hände. Der Bettler aber, der den Kindern nachgeschlichen war, stand hinter den Kindern und stieß ein boshaftes Gelächter aus. „Nun ist's mit der Erlösung zu Ende", schrie er, sich die Hände reibend, „denn schon euer Ungehorsam gegen das Verbot des Fräuleins, mir Geld zu geben, ist Sünde, und sündige Menschen können nie die Höhle betreten." Schadenfroh kichernd ging der Alte davon.

Seit dieser Zeit ist es noch niemand gelungen, die „Höhle bei Lofer" zu betreten. Das schöne Fräulein wartet immer noch auf das reine, unberührte Menschenkind, das es von seinen Qualen erlösen wird.

AUFGABEN

1 Die Sage von der Erbauung des Schlosses Lützelburg *(Seite 111)*

1. Nach anfänglicher Begeisterung merkt Graf Siegfried schnell, dass sein Tausch mit dem Abt ein Fehler war. Erkläre, warum.
2. Der Teufel bietet Siegfried einen Pakt an. Erläutere, was er Siegfried geben will und was er dafür haben möchte.
3. Nachdem er sich im Schloss eingelebt hat, bereut Siegfried seine Abmachung mit dem Teufel. Beschreibe, wie er sich vor der Erfüllung des Schicksals zu schützen versucht.
4. Der Teufel verweist auf die Pflichten des Ritters. Stelle dar, worin diese Pflichten bestehen und ob Siegfried sie erfüllt hat.

2 Die Sage von der schönen Melusina *(Seite 114)*

1. Schildere, wie Siegfried und Melusina sich kennenlernen.
2. Melusina stellt zwei Bedingungen, um Siegfrieds Frau zu werden. Gib an, welche es sind.
3. Siegfried bricht sein Versprechen. Benenne die Gründe und die Folgen.
4. Die Sage von Melusina spart die Geschichte vom Bau der Lützelburg aus. Ergänze die Geschichte mithilfe der Informationen aus der Lützelburg-Sage (☞ S. 111 ff.). Schreibe dazu einen neuen Mittelteil für die Sage und füge ihn sinnvoll in den Text ein.
5. Beurteile in den beiden Sagen Siegfrieds Verhalten gegenüber Melusina bzw. dem Teufel.

3 Daidalos und Ikaros *(Seite 116)*

1. Stelle dar, woran zu erkennen ist, dass sich Ikaros wie ein typischer Jugendlicher verhält.
2. Erkläre, warum Daidalos ein widersprüchlicher Charakter ist.
3. Daidalos sieht im Tod seines Sohnes eine Strafe der Götter. Gib an, womit er sich ihren Zorn zugezogen hat.

4 Das Loferer Fräulein *(Seite 118)*

1. Informiere dich im Internet über den Ort Lofer (*www.lofer.net*). Erstelle mithilfe der gefundenen Informationen einen Steckbrief des Ortes.
2. Erläutere die Rolle des Bettlers in der Sage.
3. Vergleiche das Schicksal des Loferer Fräuleins mit jenem Melusinas und stelle dar, wie die beiden Frauen von dem Zauber, der auf ihnen lastet, befreit werden können.

Sagen als literarische Gattung kennenlernen

Was man von den Sagen so sagt …

Mit den Sagen ist das so eine Sache. Jeder kennt sie, hat manche gehört, andere gelesen. Doch wenn man dann erklären soll, was genau unter dem Begriff *Sage* zu verstehen ist, fällt das schwer. […] Dabei ist ja der Begriff gar nicht so alt, erst
5 die Brüder Grimm haben ihn vor rund zweihundert Jahren verwendet und damit bekannt gemacht. […]
Die Sage will erzählen, von seltsamen Vorfällen, von Gespenstern, Zauberern, Riesen, Hexen, Rittern und Heiligen, von Zwergen, Tod und Teufel. Nun erzählen davon ja viele
10 Geschichten, Märchen, Balladen, Lieder und sogar ganze Romane. Die Sage macht es aber kurz und knapp, oft sind es nur wenige Sätze, selten kommt es vor, dass eine gedruckte Sage gleich mehrere Seiten umfasst.
Viele Sagen wollen auch berichten: von wichtigen Ereignis-
15 sen, von Schlachten, von Menschenschicksalen, Naturkatastrophen oder von seltsamen Begegnungen. […]

Jacob (1785–1863) und Wilhelm (1786–1859) Grimm

Schließlich gibt es Sagen, die etwas erklären wollen, was man sich unter normalen Umständen gar nicht so richtig erklären kann, etwa seltsame Naturgebilde, Felsen, geheimnisvolle Höhlen, unheimliche Seen und Moore, aber auch
20 von Menschen geschaffene Denkmäler. Erzählen, berichten, erklären – das sind wohl die wichtigsten Aufgaben der Sagen. Wenn ich aber etwas erklären oder berichten will, so darf ich auch erwarten, dass ich ernst genommen werde. Genau darauf legt die Sage großen Wert. […]
Fast alle Sagen lassen sich genau lokalisieren. Sie bilden zusammen ein dichtes
25 Netz. […] Sagen und Landschaften oder Städte gehören eng zusammen.
Bei der Fülle der überlieferten und heute bekannten Sagen ist es natürlich notwendig, aber gar nicht so leicht, eine gewisse Ordnung herzustellen. Dabei unterscheiden wir zuerst einmal zwei Hauptgruppen, die sogenannten Götter- und Heldensagen und die Volkssagen. […] Die Heldensagen bilden die Grund-
30 lage für die Heldendichtungen des Mittelalters wie das Nibelungen- oder das Gudrunlied. […]
Die Volkssagen bilden zwei große Gruppen. Da sind einmal die Geschichten von Geistern, Dämonen, Wassermännern, Riesen, Zwergen oder Hexen, in denen es stets um etwas Geheimnisvolles oder Dämonisches geht. […]
35 In einer zweiten Gruppe lassen sich alle Sagen zusammenfassen, die im weitesten Sinne mit der Geschichte zu tun haben, also Sagen von Fürsten, Rittern und Geistlichen, von Bürgern und Bauern, Burgen und Städten, von Räubern und Schelmen. […]

Gedanken in einer Mind-Map ordnen

Um ein Wortfeld oder ein Themengebiet in eine gedankliche Ordnung zu bringen, bietet es sich an, eine Mind-Map zu erstellen. Dabei werden die einzelnen Begriffe bzw. Aspekte unter einem Oberbegriff zusammengefasst.

Der Vorteil einer Mind-Map besteht darin, dass der logische Zusammenhang zwischen Oberbegriff, Unterbegriffen und Detailinformationen deutlich wird. Die Verästelungsstruktur ermöglicht es, jedes Detail im Gesamtzusammenhang zu erkennen und zuzuordnen.

So gehst du vor:
- Im Zentrum der Mind-Map steht ein Hauptbegriff (= Oberbegriff).
- Von diesem Begriff gehen mehrere Hauptzweige aus, die für die wichtigsten Aspekte (= Unterbegriffe) stehen.
- Von jedem dieser Unterbegriffe können weitere Verästelungen abzweigen, die zusätzliche Informationen zum jeweiligen Unterbegriff liefern.
- Jeder dieser Zweige, egal ob Hauptzweig oder Nebenzweig, wird beschriftet, um die Verbindung zwischen den einzelnen Begriffen zu verdeutlichen.

TIPPS: Verwende dein Blatt immer im Querformat, damit du deine Mind-Map sauber und übersichtlich gestalten kannst.
Benutze für jeden Hauptbegriff eine andere Farbe, um die Zusammenhänge auch optisch zu verdeutlichen.

1. Lies den Text „Was man von Sagen so sagt ..." und vervollständige mithilfe der darin enthaltenen Informationen die folgende Mind-Map. Übertrage sie dafür in dein Heft.

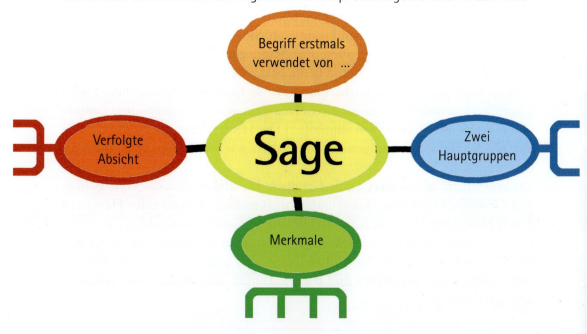

2. Sagen sind Geschichten aus der Vergangenheit, die ein Ereignis zum Gegenstand haben, das die Menschen so faszinierte, dass sie daraus eine Geschichte formten, die Übernatürliches oder Geheimnisvolles und Wirkliches miteinander verknüpft.

a) Informiere dich über die historischen Fakten zur Entstehung der Stadt Luxemburg. Erläutere, welchen wahren Kern die Sage von der Entstehung des Schlosses Lützelburg enthält.

b) Arbeite heraus, wie sich die vier Sagen aus dem Lesebuchteil durch die Vermischung von Wirklichem und Geheimnisvollem oder Übernatürlichem von geschichtlichen Berichten unterscheiden. Übertrage dazu die folgende Tabelle in dein Heft und ergänze sie.

Sage	Ort	Zeit	Wirkliches	Übernatürliches oder Geheimnisvolles
Lützelburg				
Melusina				
Daidalos				
Loferer Fräulein				

3. Die Sage unterscheidet sich in wesentlichen Punkten vom Märchen (S. 102). Verfasse mithilfe des folgenden Wortspeichers einen kurzen zusammenhängenden Text, der die Unterschiede und Gemeinsamkeiten zwischen Märchen und Sage verdeutlicht.

> enthalten einen wahren Kern • Sagen • spielen oft zu einer bestimmten Zeit • spielen oft an einem bestimmten Ort • anders als Märchen • enthalten meist Übernatürliches oder Geheimnisvolles • sowohl Sagen als auch Märchen

4. Arbeite aus den Texten „Der wachsende Zwerg" (S. 125) und „Die Wilde Frau von Lasauvage" (S. 127) Elemente heraus, die zeigen, dass diese Sagen zuerst mündlich erzählt wurden.

Zunächst wurden Sagen mündlich erzählt und immer wieder verändert weitergegeben. Erst später erfolgte ihre Niederschrift.

5. Ergänze anhand der Informationen zur Sage aus den Aufgaben 2 bis 4 deine Mind-Map aus Aufgabe 1 zu dieser literarischen Textsorte.

Sagen sind Geschichten aus der Vergangenheit, die ein Ereignis zum Gegenstand haben, das die Menschen so faszinierte, dass sie daraus eine Geschichte formten, die Fantastisches und Wirkliches miteinander verknüpft.

Sagen enthalten einen wahren Kern und spielen, im Unterschied etwa zu Märchen, oft zu einer bestimmten Zeit und an einem bestimmten Ort. Meist enthalten sie Übernatürliches oder Geheimnisvolles.

Es lassen sich unterschiedliche Typen von Sagen unterscheiden, z. B.

- Götter- und Heldensagen (z. B. Daidalos und Ikaros), die die Taten von Helden mit besonderen körperlichen und geistigen Fähigkeiten schildern. Meist sind solche Heldensagen in größeren Sammlungen überliefert.
- Volkssagen (z. B. Melusina, Das Loferer Fräulein), die oft Naturerscheinungen oder Namen, deren eigentliche Herkunft in Vergessenheit geraten ist, erklären.

Zunächst wurden Sagen mündlich erzählt und immer wieder verändert weitergegeben. Erst später erfolgte dann eine Niederschrift.

Projektorientierte Aufgabe

Redensarten

Redensarten und Redewendungen sind kurze Sätze bzw. feststehende Wortgruppen, die als Einheit eine bestimmte Bedeutung haben. Die Redewendung *ein Kinderspiel sein* bedeutet, dass etwas sehr leicht ist. Die Redensart *jemandem Beine machen* verweist darauf, dass man jemanden antreibt, endlich die Dinge zu erledigen, die er tun soll.

Viele Redensarten gehen auf alte Sagen zurück. Ermittle die Bedeutung und die Herkunft der folgenden Redensarten:

- *die Büchse der Pandora öffnen*
- *etwas mit Argusaugen betrachten*
- *eine Herkulesarbeit verrichten*
- *eine Sisyphusarbeit verrichten*
- *unter einem Damoklesschwert leben*
- *ein Kassandraruf*
- *ein Trojanisches Pferd*
- *ein Zankapfel sein*
- *die Achillesferse sein*
- *den wilden Mann spielen*

Stelle fest, welche der Redensarten hier bildlich dargestellt wird.

Rechtschreibung

Groß- und Kleinschreibung: Nomen (Substantive)

nach Nicolas Gredt
der wachsende zwerg

verschiedene zauberer, die meistens unter der erde leben, haben ihre freude daran, die menschen zu necken, vor allem, wenn diese sie in ihrer tätigkeit stören. zur nachtzeit kommen sie aus der erde hervor und wollen nicht beobachtet oder gestört werden. so wurde ein zwerg, der sich in die ecke eines
5 wohnhauses gekauert hatte, dadurch gestört, dass die bewohnerin des hauses das fenster öffnete und dem zwerg zurief: „wer ist da? was ist da?" der kleine zwerg wuchs zusehends. seine glühenden augen schauten drohend auf die arme frau. schon erreichte der kopf die fensterbrüstung des zweiten stockes, wo sich die frau befand. diese stieß einen entsetzlichen schrei aus und fiel in ohnmacht. die
10 anderen hausbewohner kamen eilig herbei. nachdem sie die frau wieder zur besinnung gebracht hatten und diese ihnen von dem vorfall berichtet hatte, sahen sie überall nach, konnten aber keine spur von dem zauberer entdecken.

1. In der Sage „der wachsende zwerg" sind alle Anfangsbuchstaben kleingeschrieben. Unterstreiche im Text die Wörter, die deiner Meinung nach großgeschrieben werden müssen.

Für die Groß- und Kleinschreibung gibt es einige einfache Grundregeln, die du schon aus der Grundschule kennst.
- Das Wort am **Satzanfang** schreibt man immer groß.
- **Nomen (Substantive)** werden großgeschrieben.
  Nomen erkennt man an unterschiedlichen Signalen im Satz:
  • Signal 1 – **der Artikel**: bestimmter Artikel *(der, die, das)*; unbestimmter Artikel *(ein, eine, ein)*; Präposition mit verstecktem Artikel *(beim = bei dem, zur = zu der, ans = an das …) (**die** Frau, **ein** Zwerg, **zum** Fenster)*
  • Signal 2 – **das Pronomen**: *mein, dein, sein, unser, euer, ihr, dieser, jener (**seine** Augen, **dieser** Mann)*
  • Signal 3 – **typische Endungen der Nomen**: z. B. -heit, -keit, -tum, -nis, -ung und -schaft *(Tätig**keit**, Besinn**ung**, Freund**schaft**)*
- Lässt sich einem Wort ein Artikel voranstellen, handelt es sich bei dem Wort um ein Nomen.
- **Eigennamen** werden großgeschrieben: *Paris, Klaus, Meyer, England*

2. Überprüfe die Entscheidungen, die du in Aufgabe 1 getroffen hast, mithilfe der Regeln aus dem Merkkasten. Lege dir dazu in deinem Heft eine Tabelle nach dem unten stehenden Muster an und ordne die Nomen in die passende Spalte ein.

Satzanfang	Signal 1 Artikel	Signal 2 Pronomen	Signal 3 typische Endung	Eigenname
• Verschiedene (Z. 1)	• (unter) der (Erde) (Z. 1)	• ihre Freude (Z. 1)		

3. Übertrage nun die Sage „der wachsende zwerg" in korrekter Form in dein Heft.

4. Schreibe die folgende Sage in dein Heft. Berücksichtige dabei die Hauptregeln zur Großschreibung von Nomen.

nach Nicolas Gredt
DER ERSTAUNTE GEIST

ZU DER ZEIT, ALS DIE LANDLEUTE NOCH VON DEN SCHLOSSHERREN PACHTHÖFE[1] BEKAMEN, LEBTE AUF EINEM HOFE BEI BURSCHEID EIN MANN, DER JÄHRLICH EINE KLEINE WANNE AUF DAS SCHLOSS LIEFERN MUSSTE. ER GING JEDES JAHR AUF DEN LORENZMARKT IN DIEKIRCH, WO ER DIE WANNE KAUFTE, UM SIE DANN AUFS SCHLOSS ZU TRAGEN. EINMAL KAM DER MANN EIN BISSCHEN ANGEHEITERT[2] VOM MARKT UND LEGTE SICH IM WALD UNTER EINEN BAUM, UM ZU SCHLAFEN. DA REGNERISCHES WETTER WAR, STÜLPTE[3] ER SICH DIE WANNE ÜBER DEN KOPF. UM MITTERNACHT WURDE ER DURCH EIN DUMPFES ROLLEN GEWECKT, ÄHNLICH DEM, WELCHES EIN SCHWERES FASS IM FORTWÄLZEN VERURSACHT. AUF EINMAL STAND EIN MANN VOR IHM, DER MIT EINER KETTE RASSELTE UND AUSRIEF: „DA GEHE ICH NUN SCHON SO LANGE HIER UM UND HABE SCHON SO MANCHES GESEHEN, ABER NOCH NIE HABE ICH EINE WANNE MIT BEINEN GESEHEN."

[1] *der Pachthof:* Hof, den ein Bauer von einem Schlossherrn für eine bestimmte Zeit zur Bewirtschaftung zugesprochen bekam. Als Gegenleistung musste der Bauer dem Schlossherrn Abgaben zahlen.

[2] *angeheitert:* leicht betrunken

[3] *über den Kopf stülpen:* wie eine Haube über den Kopf ziehen

Groß- und Kleinschreibung: Verben und Adjektive

nach Nicolas Gredt
die wilde frau von lasauvage

vor errichtung des hüttenwerkes in lasauvage, zu ende des ersten viertels des 17. jahrhunderts, war dieses romantische tal unbewohnt und führte den namen „Val de la Femme Sauvage". diesen namen hatte es erhalten von einer wilden frau, die ihre wohnung in einer der höhlen des felsens „La Cronnière" hatte.

5 nach der überlieferung nährte sich die wilde frau von rohem fleisch. ein dichtes haupthaar, das sie umhüllte und ihr bis zu den füßen hinabhing, diente ihr statt aller kleidung. ihre rot umränderten augen schienen glühende kohlen zu sein. aus ihrem über
10 die maßen breiten mund ragten doppelte zahnreihen hervor. ihre stimme tönte wie unheimliches eulengeschrei und ihre finger waren mit langen krallen bewaffnet, mit denen sie das erjagte wild oder die auf dem felsen erbeuteten schafe zerriss.

15 als die wilde frau zum sterben kam, soll sie in der hölle keine aufnahme gefunden haben, da man sie für das weibchen eines wilden tieres hielt. so war sie gezwungen, wieder zur erde hinaufzusteigen, zum entsetzen der ganzen umgebung, die sie als nächtliches gespenst durchstreifte, bis endlich ein frommer ein-
20 siedler ihren geist jenseits des meeres bannte. er tat es unter anrufung des heiligen donatus und unserer lieben frau zu luxemburg[1], deren heilige bilder zum andenken an die wunderbare befreiung im felsen „La Cronnière" aufgestellt wurden.

[1] *Unsere Liebe Frau zu Luxemburg:* Bezeichnung für die Muttergottes, die als Schutzpatronin der Stadt und des Landes Luxemburg gilt.

1. Erkläre die Bedeutung folgender Sätze:
- *Ein dichtes Haupthaar diente ihr statt aller Kleidung.* (vgl. Z. 6 – 8)
- *Die Frau kam zum Sterben.* (vgl. Z. 15)
- *Ein frommer Einsiedler bannte ihren Geist jenseits des Meeres.* (vgl. Z. 19 f.)

2. In der Sage „die wilde frau von lasauvage" sind alle Anfangsbuchstaben kleingeschrieben. Korrigiere den Text, indem du die Hauptregeln zur Großschreibung von Nomen anwendest. Unterstreiche dazu im Text alle Wörter, die großgeschrieben werden müssen.

3. Nicht alle Wörter, die du unterstrichen hast, gehören zur Wortart *Nomen*. Markiere mit gelber Farbe die Wörter, die ursprünglich keine Nomen sind, obwohl sie im Text großgeschrieben werden müssen. Schreibe die Wörter in dein Heft und bestimme die Wortart.

(👉 **Wortarten** S. 185–195) Wörter, die eigentlich keine Nomen (Substantive) sind, werden großgeschrieben, wenn sie im Satz als Nomen verwendet werden. In diesem Fall spricht man von der **Nominalisierung (Substantivierung)** des jeweiligen Wortes.

Vor allem Verben und Adjektive, aber auch Pronomen oder Zahlwörter können zu Nomen werden, wenn sie einen entsprechenden Begleiter haben:

- Einen Artikel *(das Kommen und Gehen, die Schöne, die Seinen, eine Vier)*
- Präpositionen mit verstecktem Artikel *(zum Lachen)*, Präpositionen ohne Artikel *(mit Lachen)*
- Ein Possessiv- oder Demonstrativpronomen *(sein Kommen, meine Gute, dieses Kommen und Gehen)*
- Unbestimmte Zahlwörter und Indefinitpronomen: *alles, viel, wenig, manches, etwas, nichts* ... *(alles Klagen, etwas Deftiges)*

ACHTUNG: Manchmal wird das unbestimmte Zahlwort/Pronomen ausgespart. Das Adjektiv wird trotzdem großgeschrieben, wenn sich ein unbestimmtes Zahlwort einfügen lässt. *(Er wusste [viel/nichts] Interessantes zu berichten.)*

▶ **Herkunftsbezeichnungen** (= Orts- und Länderbezeichnungen), die auf *–er* enden, werden großgeschrieben (der **Schweizer** Käse, die Kleine **Luxemburger** Schweiz). Adjektive, die mit der Silbe *–isch* enden, werden nur dann großgeschrieben, wenn sie Eigennamen bilden *(das **Trojanische** Pferd, der **Atlantische** Ozean, der **Bayrische** Wald.* ABER: *das bayrische Dorf)*

▶ In **festen Verbindungen von Adjektiven** bzw. **Zahlwörtern und Nomen** werden die Adjektive/Zahlwörter großgeschrieben, wenn sie fester Bestandteil von Eigennamen sind *(der **Stille** Ozean, das **Rote** Meer, der **Schiefe** Turm von Pisa, die **Kleine** Luxemburger Schweiz, der **Erste** Weltkrieg, **Zweiter** Weltkrieg).*

ACHTUNG: Diese festen Verbindungen treten nur ohne Artikel oder mit einem bestimmten Artikel als Begleiter auf.

▶ Die Adjektive *angst, bang(e), bankrott, gram, pleite, recht, schuld* werden in Verbindung mit den Verben *sein, bleiben, werden* kleingeschrieben. *(Du bist schuld. Mir wird angst und bange. Ich bin pleite. Es war ihm recht.)* Die Substantive *Angst, Bankrott, Pleite, Schuld* schreibt man dagegen groß. *(Das ist deine Schuld. Ich habe Angst. Die Firma macht Pleite.)*

4. Überprüfe die Entscheidungen, die du in Aufgabe 3 getroffen hast, mithilfe der Regeln aus dem Merkkasten. Welche Regel musst du wo anwenden?

5. Übertrage nun die Sage in korrekter Form in dein Heft.

6. Teste dein erworbenes Wissen, indem du den Text auf der folgenden Seite korrekt in dein Heft schreibst.

der trierer domstein

vor anderthalb jahrtausenden beschlossen die trierer, gott zu ehren einen dom zu errichten. nur die besten sollten an dem geplanten werk mitarbeiten. […]
eines tages meldete sich beim leiter des baues ein mann, der seine mütze auf dem kopf behielt. er hinkte auch ein wenig, und wenn man ihm nah kam, schien er etwas schwefelig zu stinken. der bauleiter ahnte nichts gutes. der bewerber erkundigte sich, was das denn werden solle, was man da zu bauen plane. an fähigen arbeitskräften war dem meister viel gelegen. weil er den neuen für sehr fähig hielt, wollte er ihn nicht verprellen[1]. er erzählte dem hinkenden also, die stadt trier wolle ein großes festhaus errichten, darin das essen, trinken und singen an erster stelle stehen sollte.
mit dieser antwort war der teufel – denn um den handelte es sich bei dem fähigen handwerker – sehr zufrieden. er versprach, alles erdenkliche zu tun, um den bau voranzutreiben. […]
so wuchs der neue dom rasch und prächtig. auf der baustelle herrschte ein reges hin und her. der dom überragte mit seiner größe bald alles bisher erbaute. binnen kürze sollte das schaffen beendet sein. insgeheim hatte der meister des baus den bischof über den tatkräftigen helfer unterrichtet. man vereinbarte das anwenden einer list. ohne dass der teufel etwas davon erfuhr, bereitete man die einweihung des domes vor. zuvor schickte man den hinkenden nach einem besonders schweren stein, der von weit her zu holen war.
der teufel machte sich auf den weg. doch als er, gebeugt unter der last des schweren steines, zurückkehrte, war schon das läuten der glocken zur einweihung des trierer domes zu hören. der höllengeselle ahnte böses. zu spät erkannte er, wie man ihn genarrt hatte. da brach ein wüten und heulen aus seiner brust. in seinem zorn schleuderte er den schweren stein gegen das gotteshaus, um es zu zerstören. doch der wurf verfehlte sein ziel. der stein fiel vor dem eingang des domes zur erde. dort liegt der domstein noch heute.

[1] verprellen: verärgern

Der Domstein in Trier

Dehnung und Schärfung

Der geheimnisvolle Unbekannte

Am Pfingstmontag des Jahres 1828 tauchte in Nürnberg ein etwa 16-jähriger Junge auf, der aufgrund seines unsicheren und unbeholfenen Ganges auffiel. Ein Schuster, der gerade ein Paar Schuhe auslieferte, sprach ihn an, doch anscheinend konnte der Junge ihn nicht verstehen. Er sprach nur wenige, völlig zusammenhanglose Wörter, die er ständig wiederholte, obwohl sie keinen Sinn gaben. Nur einen vollständigen Satz vermochte der Unbekannte von sich zu geben: „Ä sechtene Reutä möchte i wähn wie mei Vottä wähn is."

Verfilmung, Deutschland 1992

1. Versucht gemeinsam, den letzten Satz ins Hochdeutsche zu übersetzen.

2. Entscheide bei den unterstrichenen Wörtern, ob der Vokal kurz oder lang gesprochen wird, und trage die Wörter dann dementsprechend in eine Tabelle ein.

3. Erinnert euch anhand dieser Beispiele an die Regel, wie man schon am Schriftbild erkennen kann, ob der Vokal kurz (= Schärfung) oder lang (= Dehnung) gesprochen wird. Schreibt sie auf und vergleicht eure Ergebnisse.

4. Suche zu jedem Vokal fünf Wörter mit kurz gesprochenem und zehn Wörter mit lang gesprochenem Vokal. Vermeide dabei aber Reimpaare.

s, ss oder ß?

Verfilmung, Deutschland, 1992

Wer kennt Kaspar Hauser?

Der Schu■ter brachte den Unbekannten auf die näch■te Polizeiwache, wo er verhört werden ■ollte. Da■ war jedoch schwierig, denn auch Schimpfen und Schlagen nützte nicht■: Er lallte nur immer die■elben un■innigen Wörter. Als einer der ■oldaten eine Kerze anzünden wollte, pa■ierte etwas ■onderbare■: Der Knabe sprang auf und fa■te mit beiden Händen in die Flamme, um sie kurz darauf wieder schreiend und wimmernd herau■zuziehen. Schlie■lich erhielt man aber doch noch einen

Hinwei⬛ auf die Herkunft des Jungen, da sich in seiner Jackentasche ein Brief
fand. Der unbekannte Verfa⬛er erklärte darin, da⬛ er den Buben seit seiner
Geburt im Jahr 1812 nicht au⬛er Hau⬛es gela⬛en habe. Jetzt aber mü⬛e
er ihn lo⬛ werden. Wenn ihn der Adre⬛at – genannt war ein Rittmeister der
in Nürnberg stationierten Dragoner[1] – nicht haben wolle, so ⬛olle er ihn eben
im Kamin aufhängen. Als der diensthabende Polizist die⬛e neue Erkenntni⬛
in die Akten eintragen wollte, ri⬛ ihm der Unbekannte den Stift aus der Hand
und malte mit kindisch-gro⬛en Buchstaben lang⬛am den Namen „Kaspar
Hauser" aufs Papier, da⬛ vor dem Polizisten auf dem Tisch lag.

[1] *der Dragoner:* der Angehörige einer Reitertruppe

1. Übertrage den Text in dein Heft und setze jeweils den passenden s-Laut ein.

---

1. Dehnung und Schärfung

Folgende Schreibweisen kennzeichnen lang gesprochene Vokale (= Dehnung):
- Dehnungs-h *(Wahl, zahm)*
- Doppelvokal *(Moor, Saal)*
- ie *(ziehen, Fliege)*
- ß *(Spaß, groß)*

Folgen auf einen Vokal zwei oder mehr Konsonanten, wird der Vokal kurz gesprochen (= Schärfung): *Kind, Felder, Ranzen*

Häufig wird nach einem kurz gesprochenen Vokal auch derselbe Konsonant verdoppelt: *schaffen, Bagger, Zucker* (ck = kk)

2. Schreibung des s-Lautes

Nach einem langen Vokal steht entweder *–s* (stimmhafter s-Laut: *Rose, Hase*) oder *–ß* (stimmloser s-Laut: *Fuß*).

Nach einem kurzen Vokal steht *–ss (Wasser, müssen, Schloss, Schluss)*.

Nach einem Doppelvokal (Diphthong: *ai, ei, ie, au, eu, äu*) steht entweder *–s* oder *–ß*, niemals *–ss (Kaiser, Reise, heiß, Haus, außen, Schleuse, Läuse)*.

Wenn im Wortstamm noch ein weiterer Konsonant folgt, steht *–s* (*meistens* → Wortstamm: *meist-*).

ACHTUNG: Das Schweizer Deutsch kennt kein *–ß*. Die Schweizer schreiben durchgehend *–ss*. Das kann manchmal zu Verwirrungen führen. *(Schokolade in Massen [Schweizer Deutsch: Massen] genossen, macht dick. Schokolade in Maßen [Schweizer Deutsch: Massen] genossen, macht glücklich.)*

3. *das* oder *dass*?

Die Konjunktion (= Bindewort) *dass* schreibt sich mit *–ss*. *(Es freut mich, dass du anrufst.)*

Der Artikel *das* und das Relativpronomen *das* haben ein einfaches *–s (das Mädchen/Das Haus, das gestern abgebrannt ist, …)*.

Der Schuster erzählt einem Freund von seinem „Fund"

Verfilmung, Deutschland, 1992

Zuerst glaubte ich, da▮ der Junge vielleicht ein Ausländer ist, weil er mich nicht verstehen konnte. Da▮ war aber offensichtlich nicht der Fall, denn er selbst konnte nicht sprechen, auch keine fremde Sprache. Da▮ Geplapper, da▮ er von sich gab, konnte man ja nicht als menschliche Sprache bezeichnen! Ich erkannte also, da▮ mit dem Jungen etwas nicht stimmen konnte. Da▮ man ihn nicht allein lassen konnte, war mir sofort klar! Da▮ Beste war es meiner Meinung nach, ihn zur Polizei zu bringen. Da▮ habe ich dann auch gemacht. Da▮ Paar Schuhe, da▮ ich eigentlich austragen wollte, habe ich übrigens in der Aufregung völlig vergessen. Da▮ wird einen Aufstand geben! Da▮ so etwas ausgerechnet mir passieren muss!

2. *das* oder *dass*? Fülle die Lücken im oben stehenden Text korrekt aus.

3. Stellt Vermutungen darüber an, warum dieser Junge in diesem Alter wohl nicht richtig sprechen kann. Diskutiert eure Einschätzungen in der Klasse.

Ähnlich klingende Laute

Eine Nürnberger Zeitung will über den unbekannten Jungen berichten. Allerdings steht der Berichterstatter mit der Rechtschreibung auf Kriegsfuß.

Seine Majestät, Kaspar Hauser?

Neue Spekulationen über die Herkunft des Unbekannten

Nürnberg – Der gästern in der Innenstadt aufgegriffene junge Mann, der sich Kaspar Hauser nennt, wurde in den Gefengnisturm an der Burg gebracht. Seine Herkunft ist nach wie vor ungeklert. Aufgrund seiner beuerischen Kleitung vermutet die Polizei jedoch, dass er nicht aus der Stadt stammt.
Dem widerspricht jedoch der Wechter des Turms ganz endschieden. „Die feinen Hendchen und die deutlich hervortretenden blauen Adern passen eher zu einem Adligen als zu einem Bauern", meinte Hans K. „Niemals hat dieser Mann auf einem Felt gearbeitet oder ein Pferd gestriegelt." Verbirgt sich also hinter dem unbeholvenen Kerl ein Fürstensohn, der vertauscht wurde?

1. Bringe den Artikel auf den aktuellen Stand der deutschen Rechtschreibung.

2. Suche bei der Verbesserung der Fehler auch eine Begründung für die richtige Schreibweise (z.B. *fangen* → *Gefängnis*).

3. Ermittelt gemeinsam noch mehr über Kaspar Hausers Geschichte. War er wirklich der Sohn eines Fürsten oder ist ein Großteil der Geschichte nicht eher im Reich der Sage (☞ S. 124) anzusiedeln? (☞ Projekt S. 133)

> **Ähnlich klingende Laute**
> - **ä** oder **e**, **äu** oder **eu**? Häufig findet man Wörter des gleichen Wortstammes ohne Umlaut, durch die die korrekte Schreibung deutlich wird *(Frau → Fräulein)*.
> - **b** oder **p**, **d** oder **t**, **g** oder **k**, **-ig** oder **-lich**? Hilfreich kann es sein, eine verlängerte Form des Wortes zu suchen *(Feld → Felder)*.

Hier ruht Kaspar Hauser

„Ein Rätsel seiner Zeit, unbekannt die Herkunft, mysteriös der Tod" steht auf dem Grabstein des unbekannten Findlings auf dem Ansbacher Stadtfriedhof. Was macht diese historische Persönlichkeit so interessant, dass ihr zahlreiche Bücher, Filme, ein Ballett und sogar Dichtungen weltbekannter Autoren gewidmet sind?

5 Das Geheimnis um das Findelkind Kaspar Hauser ist in den letzten Jahren wieder in das Blickfeld der Öffentlichkeit gerückt. Verantwortlich dafür sind unter anderem ein erfolgreicher Film, der 1992 in die Kinos kam, und eine Zeitungsreportage im November 1996. Eine Genanalyse[1] sollte die Herkunft endgültig klären. Die Ergebnisse der Untersuchung brachten aber sowohl mehr Klarheit
10 als auch neue Verwirrung über die Person „Kaspar Hauser".
So wird das Rätsel wohl nie endgültig geklärt werden.

[1] *die Genanalyse: eine Untersuchung des Erbguts*

4. Diktiert euch den Text gegenseitig, wechselt nach der Hälfte die Aufgabenverteilung.

PROJEKT

Das Rätsel Kaspar Hauser erforschen

Wohl kaum eine Gestalt hat die Menschen über die Jahrhunderte hinweg so sehr fasziniert wie Kaspar Hauser. Die Figur Kaspar Hauser bietet eine gute Gelegenheit, ein Rätsel der Geschichtsschreibung zu erforschen:

- Hier könnt ihr mehr über ihn und sein Schicksal erfahren und zugleich eure neu erworbenen Rechtschreibkenntnisse noch einmal testen, denn der Text der Biografie ist noch nicht auf dem aktuellen Stand der deutschen Rechtschreibung:
  http://www.kaspar-hauser-ansbach.de/biographie.html.

- Hier könnt ihr Ansbach kennenlernen, die Stadt, in der Kaspar Hauser ermordet wurde. Startet doch einfach mal zu einem virtuellen Rundgang auf den Spuren dieser rätselhaften Gestalt:
  http://www.kaspar-hauser-ansbach.de.

- Hier findet ihr die Texte zu zwei Liedern über Kaspar Hauser:
  http://www.kerber-net.de/literatur/deutsch/lyrik/expression/kaspar_hauser_dschingis_khan.htm,
  http://www.kerber-net.de/literatur/deutsch/lyrik/expression/kaspar_hauser_mey.htm.

Fabel

Wolfdietrich Schnurre
Die Macht der Winzigkeit

„Mach, dass du wegkommst!", schnaubte der Stier die Mücke an, die ihm im Ohr saß. „Du vergisst, dass ich kein Stier bin", sagte die und stach ihn gemächlich.

Gottlieb Konrad Pfeffel
Die Stufenleiter

Ein schlauer Sperling haschte sich
ein blaues Mückchen. „Weh, mir Armem!",
rief es. „Ach Herr, verschone mich,
lass meiner Jugend dich erbarmen!"
5 „Nein", sprach der Mörder, „du bist mein;
denn ich bin groß, und du bist klein."

Ein Sperber fand ihn bei dem Schmaus;
so leicht wird kaum ein Floh gefangen
als Junker[1] Spatz. „Gib", rief er aus,
10 „mich frei! Was hab' ich denn begangen?"
„Nein", sprach der Mörder, „du bist mein;
denn ich bin groß, und du bist klein."

Ein Adler sah den Gauch[2] und schoss
auf ihn herab und riss den Rücken
15 ihm auf. „Herr König, lass mich los",
rief er, „du hackst mich ja in Stücken."
„Nein", sprach der Mörder, „du bist mein;
denn ich bin groß, und du bist klein."

Schnell kam ein Pfeil vom nahen Bühl[3]
20 dem Adler in die Brust geflogen.
„Warum", rief er, indem er fiel,
zum Jäger, „tötet mich der Bogen?"
„Ei", sprach der Mörder, „du bist mein;
denn ich bin groß, und du bist klein."

[1] *der Junker:* junger Adliger; hier: der Herr
[2] *der Gauch:* hier: der Narr
[3] *der Bühl:* der Hügel

Koreanische Fabel

Der Affe als Schiedsrichter

Ein Hund und ein Fuchs erblickten eines Tages gleichzeitig eine dicke, große Wurst, die jemand verloren hatte, und nach-
5 dem sie eine Weile unentschieden darum gekämpft hatten, kamen sie überein, mit der Beute zum klugen Affen zu gehen. Dessen Schiedsspruch sollte gültig sein.

Der Affe hörte die beiden Streitenden aufmerksam an. Dann fällte er mit gerunzelter Stirn das Urteil: „Die Sachlage ist klar: Jedem von euch gehört
10 genau die halbe Wurst!" Damit zerbrach der Affe die Wurst und legte die beiden Teile auf eine Waage. Das eine Stück war schwerer. Also biss er hier einen guten Happen ab. Nun wog er die Stücke von Neuem. Da senkte sich die andere Schale; happ-schnapp, kürzte er auch diesen Teil. Wiederum prüfte er sie auf Gleichgewicht und nun musste wieder die erste Hälfte ihr Opfer bringen.
15 So mühte der Affe sich weiterhin, jedem sein Recht zu schaffen. Die Enden wurden immer kleiner und die Augen von Hund und Fuchs immer größer. Schließlich, rutsch-futsch!, war der Rest hier und dort verschlungen.
Mit eingeklemmten Ruten[1] schlichen Hund und Fuchs in verbissener Wut davon. In gehöriger Entfernung fielen sie übereinander her und zerzausten sich.
20 Hüte das Deine, lass jedem das Seine!

[1] *die Rute:* der Schwanz (Bezeichnung aus der Jägersprache)

Franz Hohler

Die blaue Amsel

Amseln sind schwarz. Normalerweise.
Eines Tages saß auf einer Fernsehantenne eine blaue Amsel. Sie kam von weit her, aus einer Gegend, in der die Amseln blau waren. Ein
5 schwarzer Amselmann verliebte sich in sie und bat sie, seine Frau zu werden. Zusammen bauten sie ein Nest und die blaue Amsel begann, ihre Eier auszubrüten, während ihr der Amselmann abwechselnd zu fressen brachte oder für sie die schönsten Lieder sang.
10 Einmal, als der Mann auf Würmersuche war, kamen ein paar andere Amseln, vertrieben die blaue Amsel aus dem Nest und warfen ihre Eier auf den Boden, dass sie zerplatzten.
15 „Wieso habt ihr das getan?", fragte der Amselmann verzweifelt, als er zurückkam. „Weil wir Amseln schwarz sind", sagten die anderen nur, blickten zur blauen Amsel und wetzten ihre gelben Schnäbel.

Rafik Schami
Das letzte Wort der Wanderratte

Ob auf den Feldern oder in den Kellern der Häuser, überall fand ich Freunde! Welch eine Bereicherung war das für mich, mit euch zu leben! Reich ist unsere Gemeinschaft an Erfahrung durch die vielen Rattenvölker, die sie bilden. Die Sparsamkeit der Wüstenratten paart sich mit der Großzügigkeit der Weidenbewohner. Wir genießen gerne und hungern nie. Die Erfahrung der Brüder aus dem Norden, mit der sie jede Kälte überleben können, vermischt sich mit den Erfahrungen der Brüder aus dem Süden, wo die Hitze manchmal tödlich wird. Wir sind jedem Wetter gewachsen. Das ist unsere Stärke. So nah beieinander und doch so verschieden.

Seht euch unsere Brüder und Schwestern, die Laborratten, an. Seitdem sie in die Hände der Menschen gefallen sind, macht sie der Mensch blass wie der Schnee und pfercht sie in Käfige. Seitdem reden sie nicht mehr miteinander. Sie haben einander nichts mehr zu sagen, weil sie nur noch Spiegelbilder ihrer selbst sind. Sie leben nicht. Sie warten auf den Tod. Sie schlafen nach Uhren, essen und trinken nach Uhren und bekommen Spritzen nach Uhren.

Einst schlich ich vom Garten durch ein offenes Fenster ins Labor. An die hundert Schwestern und Brüder piepsten erbärmlich[1] in einem eisernen Käfig. Ich kochte vor Wut und vergaß meinen Hunger. Stundenlang dauerte mein Kampf mit dem Riegel, bis ich die Tür aufmachen konnte. Verschwitzt rief ich ihnen zu, sie sollten sich beeilen. Denkt ihr, sie hätten sich gefreut wie eine der Unsrigen, der aus der Falle geholfen wurde und die die Schmerzen eines blutenden Beines im freudigen Jubel unserer Gemeinschaft vergisst? Sie schauten mich nur mit stumpfen, roten Augen an. Und was nun? Rennt doch weg! Die schöne Nacht im Wald wartet auf euch. Die hellen Sterne erleuchten euch den Weg. Und wer wird uns das Frühstück bringen?, fragten die einen. Habt ihr Uhren?, wollten andere wissen. Ich erklärte ihnen, dass die Freiheit besser schmeckt als alle Uhren der Welt. Aber der Mensch hat ihren Geist vergiftet und in ihre Herzen unsichtbare Riegel gepflanzt, die keine Ratte der Welt mehr zertrümmern kann.

Sie verstanden meine Worte nicht und lachten über die Freiheit. Ja, einige fingen sogar an, sich lustig über mein verdrecktes Fell zu machen, und sagten mir, lieber blieben sie im Käfig und behielten dafür ihr samtweiches Fell, das ihnen der Mensch geschenkt habe. Was für ein Wahnsinn! Keine Ratte dächte im Traum daran, hochnäsig[2] zu werden, nur weil sie ein rötliches oder braunes Fell hat.

[1] *erbärmlich:* jämmerlich, elend

[2] *hochnäsig:* eingebildet, arrogant

James Thurber
Die ziemlich intelligente Fliege

Eine große Spinne hatte in einem alten Haus ein schönes Netz gewoben, um
₅ Fliegen zu fangen. Jedes Mal, wenn eine Fliege sich auf dem Netz niederließ und darin hängen blieb, verzehrte die Spinne sie schleunigst, damit andere Fliegen, die vorbeikamen, denken
₁₀ sollten, das Netz sei ein sicherer und gemütlicher Platz. Eines Tages schwirrte eine ziemlich intelligente Fliege so lange um das Netz herum, ohne es zu berühren, dass die Spinne schließlich hervorkroch und
₁₅ sagte: „Komm, ruh dich ein bisschen bei mir aus." Aber die Fliege ließ sich nicht übertölpeln[1].
„Ich setze mich nur an Stellen, wo ich andere Fliegen sehe", antwortete sie,
₂₀ „und ich sehe keine anderen Fliegen bei dir." Damit flog sie weiter, bis sie an eine Stelle kam, wo sehr viele Fliegen saßen. Sie wollte sich gerade zu ihnen gesellen, als eine Biene auf-
₂₅ kreuzte und ihr zurief: „Halt, du Idiot, hier ist Fliegenleim. Alle diese Fliegen sitzen rettungslos fest."
„Red keinen Unsinn", sagte die Fliege, „sie tanzen doch."
₃₀ Damit ließ sie sich nieder und blieb auf dem Fliegenleim kleben wie alle die anderen Fliegen.
Moral: Der Augenschein kann ebenso trügerisch sein wie die Sicherheit, in
₃₅ der man sich wiegt.

[1] *übertölpeln:* auf einfache Weise betrügen

Aufgaben: Seite 141

Wilhelm Busch
Fink und Frosch

Im Apfelbaume pfeift der Fink
Sein: pinkepink!
Ein Laubfrosch klettert mühsam nach
Bis auf des Baumes Blätterdach
5 Und bläht sich auf und quackt: „Ja ja!
Herr Nachbar, ick bin och noch da!"

Und wie der Vogel frisch und süß
Sein Frühlingslied erklingen ließ,
Gleich muss der Frosch in rauen Tönen
10 Den Schusterbass dazwischen dröhnen.

„Juchheija heija!", spricht der Fink.
„Fort flieg ich flink!"
Und schwingt sich in die Lüfte hoch.

„Wat!", ruft der Frosch, „Dat kann ick och!"
15 Macht einen ungeschickten Satz,
Fällt auf den harten Gartenplatz,
Ist platt, wie man die Kuchen backt,
Und hat für ewig ausgequackt.

Wenn einer, der mit Mühe kaum
20 Geklettert ist auf einen Baum,
Schon meint, dass er ein Vogel wär,
So irrt sich der.

1 *Gottlieb Konrad Pfeffel,* **Die Stufenleiter** *(Seite 136)*

1. Drücke den dargestellten Sachverhalt mithilfe einer gezeichneten Stufenleiter aus.
2. Diskutiert, ob die Wahl des Wortes *Mörder* dem jeweiligen Verhalten gerecht wird.
3. Erläutere, inwiefern sich der Umgang der Tiere auf das menschliche Verhalten übertragen lässt.
4. Vergleiche die Aussage dieses Textes mit der von Wolfdietrich Schnurres „Die Macht der Winzigkeit" (S. 135).

2 *Koreanische Fabel,* **Der Affe als Schiedsrichter** *(Seite 137)*

1. Beschreibe mit eigenen Worten, wie der Affe versucht Gerechtigkeit herzustellen.
2. Diskutiert das Verhalten des Affen. Entscheidet, ob es sich dabei um Hinterlist oder ehrliches Bemühen um Gerechtigkeit handelt.
3. Notiere die Gedanken, die dem Fuchs und dem Hund durch den Kopf gehen, während sie zusehen, wie der Affe die Wurst teilt.

3 *Franz Hohler,* **Die blaue Amsel** *(Seite 137)*

1. Notiere die Empfindungen und Ängste der blauen Amselfrau, die sie hat, während die schwarzen Amseln sie vertreiben und ihr Nest zerstören.
2. Übertragt die Aussage des Textes auf menschliche Verhaltensweisen und sprecht darüber, wie man damit umgehen sollte, wenn Menschen sich in solchen Situationen befinden.

4 *Rafik Schami,* **Das letzte Wort der Wanderratte** *(Seite 138)*

1. Beschreibe, was die Gemeinschaft der Wanderratten auszeichnet.
2. Stelle dar, wie die Laborratten auf die unverhoffte Freiheit reagieren, und erkläre dieses Verhalten.
3. Erläutere, wie die letzte Aussage der Wanderratte zu verstehen ist und wie diese Aussage sich auf menschliches Verhalten übertragen lässt.

5 *James Thurber,* **Die ziemlich intelligente Fliege** *(Seite 139)*

1. Erkläre den Titel der Geschichte, indem du das Verhalten der Fliege untersuchst.

6 *Wilhelm Busch,* **Fink und Frosch** *(Seite 140)*

1. Angeberei oder Provokation? Beurteile das Verhalten des Finken.
2. Formuliere in eigenen Worten die Lehre, die aus dieser Geschichte zu ziehen ist.
3. Erzähle eine Geschichte aus dem Alltag, die zu dieser Lehre passt.

Fabeln als literarische Gattung kennenlernen
Typische Eigenschaften und Verhaltensweisen erkennen

Aesop
Des Löwen Anteil

Löwe, Esel und Fuchs schlossen einen Bund und gingen zusammen auf die Jagd. Als sie nun reichlich Beute gemacht hatten, befahl der Löwe dem Esel, diese unter sie zu verteilen. Der machte drei gleiche Teile und forderte den Löwen auf, sich selbst einen davon zu wählen.
Da aber wurde der Löwe wild, zerriss den Esel und befahl nun dem Fuchs zu teilen. Der nun schob fast die ganze Beute auf einen großen Haufen zusammen und ließ für sich selbst nur ein paar kleine Stücke übrig.
Da schmunzelte der Löwe: „Ei, mein Bester, wer hat dich so richtig teilen gelehrt?"

Aesop
Der Löwe und das Mäuschen

Ein Mäuschen lief über einen schlafenden Löwen. Der Löwe erwachte und ergriff es mit seinen gewaltigen Tatzen.
„Verzeihe mir", flehte das Mäuschen, „meine Unvorsichtigkeit und schenke mir mein Leben, ich will dir ewig dafür dankbar sein. Ich habe dich nicht stören wollen."
Großmütig schenkte er ihm die Freiheit und sagte lächelnd zu sich: Wie will wohl ein Mäuschen einem Löwen dankbar sein? Kurze Zeit darauf hörte das Mäuschen in seinem Loche das fürchterliche Gebrüll eines Löwen, lief neugierig dahin, von wo der Schall kam, und fand seinen Wohltäter in einem Netze gefangen. Sogleich eilte es herzu und zernagte einige Knoten des Netzes, so dass der Löwe mit seinen Tatzen das übrige zerreißen konnte. So vergalt das Mäuschen die ihm erwiesene Großmut[1].

[1] *der Großmut:* die Toleranz und Großherzigkeit

Aesop
Der alte Löwe und der Fuchs

Ein Löwe lag alt und schwach in seiner Höhle und war nicht mehr fähig, selbst auf die Jagd zu gehen. Er wäre elend zugrunde gegangen. Doch in seiner Not ließ er in seinem Reich die Botschaft von seinem nahen Tode verbreiten und allen Untertanen befehlen, an den königlichen Hof zu kommen. Er wolle von
5 jedem persönlich Abschied nehmen.

Nacheinander trudelten die Tiere vor der Höhle des Löwen ein, und der König der Tiere rief jeden zu sich. Mit kleinen Geschenken gingen sie einzeln zu ihm hinein, denn sie erhofften sich alle großen Vorteil davon.

Ein gerissener Fuchs hatte eine Zeitlang in der Nähe der Höhle verbracht und
10 das Kommen beobachtet. „Seltsam", dachte er, „alle Tiere gehen in die Höhle hinein, aber niemand kehrt daraus zurück. Die Burg des Königs ist zwar geräumig. So groß ist sie nun auch nicht, dass sie alle Untertanen aufnehmen kann. Eigentlich müsste sie schon lange überfüllt sein."

Vorsichtig trat der Fuchs vor den Eingang und rief höflich: „Herr König, ich
15 wünsche Euch ewige Gesundheit und einen guten Abend."

„Ha, Rotpelz, du kommst sehr spät", ächzte der Löwe, als läge er wirklich schon in den letzten Zügen, „hättest du noch einen Tag länger gezögert, so wärest du nur noch einem toten König begegnet. Sei mir trotzdem herzlich willkommen und erleichtere mir meine letzten Stunden mit deinen heiteren
20 Geschichten."

„Seid Ihr denn allein?", erkundigte sich der Fuchs mit gespieltem Erstaunen. Der Löwe antwortete grimmig: „Bisher kamen schon einige meiner Untertanen, aber sie haben mich alle gelangweilt, darum habe ich sie wieder fortgeschickt. Jedoch du, Rotpelz, bist lustig und immer voll pfiffiger Einfälle. Tritt
25 näher, ich befehle es dir."

„Edler König", sprach der Fuchs demütig, „Ihr gebt mir ein schweres Rätsel auf. Unzählige Spuren im Sand führen in Eure Burg hinein, aber keine einzige wieder heraus, und Eure Festung hat nur einen Eingang. Mein Gebieter, Ihr seid mir zu klug. Ich will Euch nicht mit meiner Dummheit beleidigen und
30 lieber wieder fortgehen. Eines aber will ich für Euch tun, ich werde dieses Rätsel für mich behalten."

Der Fuchs verabschiedete sich und ließ den
35 Löwen allein.

1. Untersuche die jeweilige Rolle des Löwen in den drei Fabeln.

2. Vergleiche Eigenschaften und Verhalten des Löwen in den Fabeln mit denen, die dem Tier in der Wirklichkeit zu eigen sind. Übertrage dazu die unten stehende Tabelle in dein Heft und ergänze sie.

3. Arbeite die Rolle der anderen Tiere in den drei Fabeln heraus, vergleiche auch hier mit der Wirklichkeit und ergänze die Tabelle.

4. Du kennst sicher noch weitere Tiere aus Fabeln. Füge auch sie in die Tabelle ein.

5. Diskutiert, für welche Art von Menschen (hochmütiger Mensch, naiver Mensch ...) diese Tiere jeweils stehen. Einigt euch auf eine Antwort und tragt sie in die letzte Spalte der Tabelle ein.

Tier	Eigenschaften in der Wirklichkeit	Eigenschaften in der Fabel	Menschen, für die dieses Tier steht
Fuchs			
Maus			
Löwe			
Esel			
...			

Den Aufbau von Fabeln untersuchen

nach Martin Luther
Untreue

Wo einer etwas über den anderen vermag, da steckt er ihn in den Sack.
Da sie aber aufs Wasser kamen, tauchte der Frosch unter und wollte die Maus ertränken.
Eine Maus wäre gern über ein Wasser geschwommen, konnte aber nicht und bat einen Frosch um Rat und Hilfe.
Die Welt ist voller Falsch[1] und Untreue.
Während aber die Maus sich wehrt und abmüht, fliegt ein Bussard daher, ergreift die Maus, zieht auch den Frosch mit heraus und frisst sie beide.
Der Frosch war ein Schalk[2] und sprach zur Maus: „Binde deinen Fuß an meinen Fuß, so will ich schwimmen und dich hinüberziehen."
Doch schlägt Untreue allzeit ihren eigenen Herrn, wie dem Frosch hier geschah.
Siehe dich vor, mit wem du umgehst.

1. Die oben stehende Fabel ist ganz schön durcheinander geraten. Bringe die Sätze in die richtige Reihenfolge und begründe deine Entscheidung.

2. Schreibe den Fabeltext in der richtigen Reihenfolge in dein Heft. Ordne dabei die einzelnen Sätze dem Aufbaumodell einer Fabel zu:
- Ausgangssituation
- erster Handlungsschritt – zweiter Handlungsschritt ...
- Moral/Lehre

[1] *das Falsch:* poetische Form für *Falschheit*

[2] *der Schalk:* lustiger, spitzbübischer Mensch

Die **Fabel** gehört zu den Kurzformen des Erzählens. In ihr wird eine Geschichte so straff wie möglich erzählt. Meist wird die Fabelhandlung von sprechenden Tieren getragen, die typische menschliche Verhaltensweisen und Eigenschaften verkörpern. Diese Eigenschaften sind fest mit bestimmten Tieren verbunden, z. B. *der Fuchs – schlau*; *der Esel – dumm*; *der Löwe – mächtig* usw.
Die meisten Fabeln folgen einem bestimmten **Aufbau**. Nach der Beschreibung der **Ausgangssituation** folgen einzelne Handlungsschritte (Reaktion – Gegenreaktion). In der Fabel führen starke und schwache Figuren als Spieler und Gegenspieler in der Regel ein **Streitgespräch**, das oft zu einer überraschenden Lösung führt. Nicht immer behält der Stärkere die Oberhand. Den Abschluss der Fabel bildet meist eine **Lehre**, eine **Moral**, die vor menschlichem Fehlverhalten warnen soll.

Fabeln miteinander vergleichen

Aesop
Der Wolf und das Lamm

Zum gleichen Bach kamen ein Wolf und ein Lamm, um dort zu trinken. Der Wolf stand oben am Wasser, das Lamm ein Stück abwärts.
Der gierige Räuber suchte Streit: „Warum trübst du mir das Wasser, das ich trinken will?" Das Lamm entgegnete zitternd: „Wie kann das sein? Das Wasser fließt doch von dir zu mir herab."
Der Wolf gab sich nicht zufrieden: „Vor einem halben Jahr hast du übel von mir geredet."
„Da war ich noch gar nicht geboren", versetzte das Lamm. „Dann ist es eben dein Vater gewesen!", schrie der Wolf, und ohne weiter nach Gründen zu suchen, packte er das Lamm und fraß es.

Gotthold Ephraim Lessing
Der Wolf und das Schaf

[1] *höhnisch:* mit bösem Spott
[2] *die Spötterei:* wenn man sich über jemanden lustig macht
[3] *knirschen:* ein hartes, reibendes Geräusch von sich geben

Der Durst trieb ein Schaf an den Fluss; eine gleiche Ursache führte auf der andern Seite einen Wolf herzu. Durch die Trennung des Wassers gesichert und durch die Sicherheit höhnisch[1] gemacht, rief das Schaf dem Räuber hinüber: „Ich mache dir doch das Wasser nicht trübe, Herr Wolf? Sieh mich recht an; habe ich dir nicht etwa vor sechs Wochen nachgeschimpft? Wenigstens wird es mein Vater gewesen sein." Der Wolf verstand die Spötterei[2]; er betrachtete die Breite des Flusses und knirschte[3] mit den Zähnen. „Es ist dein Glück", antwortet er, „dass wir Wölfe gewohnt sind, mit euch Schafen Geduld zu haben", und ging mit stolzen Schritten weiter.

Helmut Arntzen
Der Wolf, der zum Bach kam

[1] *da entsprang das Lamm:* das Lamm sprang davon

Der Wolf kam zum Bach. Da entsprang[1] das Lamm. Bleib nur, du störst mich nicht, rief der Wolf. Danke, rief das Lamm zurück, ich habe im Aesop gelesen.

1. Untersuche und vergleiche die drei Fabeln im Hinblick auf Inhalt, Verhalten der Tiere, Aufbau und Lehre.

2. Erkläre, warum die Fabel von Helmut Arntzen so kurz ausfallen kann.

Vom Ursprung der Fabeln

Phaedrus
Warum Fabeln?

Jetzt sei, weshalb die Fabel man erfand,
Noch kurz berichtet. Der bedrängte Sklave[1],
Der, was er mochte, nicht zu sagen wagte,
Barg seines Herzens Meinung in die Fabel
5 Und wich dem Vorwurf aus in komischer Maske.

[1] *meint hier:* Aesop

1. Formuliere in eigenen Worten, was Aesop zum Fabelschreiben veranlasst hat.
2. Sammelt weitere Gründe, die für das Schreiben von Fabeln sprechen.
3. Diskutiert, ob Fabeln auch in unsere Zeit und Gesellschaft passen.

Wolfdietrich Schnurre
Politik

Eine Gans war über Nacht auf dem Eis festgefroren. Das sah der Fuchs und er schlich, sich die Schnauze leckend, hinüber. Dicht vor ihr jedoch brach er ein und es blieb ihm
5 nichts weiter übrig, als sich schwimmend über Wasser zu halten. „Weißt du was", schnaufte er schließlich „begraben wir unsere Feindschaft, vertragen wir uns."
Die Gans zuckte die Schulter: „Kommt da-
10 rauf an."
„Ja, aber worauf denn?", keuchte der Fuchs.
„Ob's taut oder friert", sagte die Gans.

Wilhelm Busch
Eule und Star

Guten Tag, Frau Eule!
Habt Ihr Langeweile?
Ja, eben jetzt,
Solang Ihr schwätzt.

Franz Kafka
Kleine Fabel

„Ach", sagte die Maus, „die Welt wird enger mit jedem Tag. Zuerst war sie so breit, dass ich Angst hatte, ich lief weiter und war glücklich,
5 dass ich endlich rechts und links in der Ferne Mauern sah, aber diese langen Mauern eilen so schnell aufeinander zu, dass ich schon im letzten Zimmer bin, und dort im Win-
10 kel steht die Falle, in die ich laufe." – „Du musst nur die Laufrichtung ändern", sagte die Katze und fraß sie.

4. Eine dieser drei neueren Fabeln wurde erst in den letzten fünfzig Jahren geschrieben. Stelle fest, welche das ist, indem du dir die Rolle der Schwachen genau ansiehst. Arbeite Unterschiede zu den übrigen hier wiedergegebenen Fabeln heraus.

Die Fabel ist eine sehr alte literarische Form, die bis in die Gegenwart weiter gepflegt wird.

Der bekannteste Fabeldichter war der griechische Sklave Aesop, der im 6. Jahrhundert v. Chr. lebte. Viele seiner Fabeln wurden von Phaedrus in lateinischer Sprache überliefert. Dieser Phaedrus war wie Aesop ebenfalls ein Grieche, der als Sklave nach Rom kam und später von Kaiser Augustus freigelassen wurde.

PROJEKT

Fabelwerkstatt: Eine Fabel schreiben und überarbeiten

Ihr könnt natürlich auch selbst Fabeln schreiben und so die Tradition der Fabeldichter fortsetzen. Am besten arbeitet ihr zu zweit und geht schrittweise vor:

1. Planungsphase:
- Denkt darüber nach, welches Verhalten von Menschen aus eurer Umgebung euch stört. Haltet schriftlich fest, welche Moral oder welche Lehre eure Fabel vermitteln soll.
- Sucht euch passende Tiere aus, die dieses Verhalten in einer kleinen Szene aufzeigen sollen. Welche Eigenschaften sollen diese Tiere haben? Haltet auch diese Eigenschaften stichwortartig fest.
- Wie soll die Handlung verlaufen? Notiert eure Ideen zur Ausgangssituation: Wo und wie treffen die beiden Tiere aufeinander? Was ist der Anlass für das Streitgespräch? Haltet in Stichworten fest, welche Handlungsschritte folgen und was die Tiere sagen.
- Probiert aus, wie ihr die Lehre oder Moral zum Schluss formulieren könnt, und wählt eine passende Überschrift aus.

2. Schreibphase:
Schreibt zusammen die Fabel. Versucht dabei schon, durch lautes Lesen der entstandenen Textteile die sprachliche Richtigkeit zu überprüfen.

3. Überarbeitungsphase:
Tauscht eure Texte untereinander aus und überarbeitet sie.
Greift dabei auf die Empfehlung im Methodenkästchen „Texte überarbeiten" auf der nächsten Seite zurück.

Einen Text überarbeiten

Die folgenden Beispiele stammen aus einer Fabel, die Schüler zur Lehre „Wenn zwei sich streiten, freut sich der Dritte" geschrieben haben (Text siehe unten).
Mit diesen **Proben** könnt ihr eigene Texte überarbeiten:
- **Die Klangprobe** prüft über lautes Lesen, wie sich die Formulierung anhört: Welche Variante ist besser?
  Ein Fuchs und ein Dachs gingen eines Tages im dunklen Laubwald spazieren.
  → *Eines Tages gingen ein Fuchs und ein Dachs im dunklen Laubwald spazieren.*
- **Die Ersatzprobe** führt zu einem treffenderen Ausdruck.
  Da sahen sie plötzlich eine Höhle. → *Da entdeckten sie plötzlich eine Höhle.*
- **Die Abstrichprobe** vermeidet überlange Sätze, die das Verstehen erschweren.
  Da entdeckten sie plötzlich eine Höhle, in die aber auch nur ein Tier hineinpasste.
  → *Da entdeckten sie plötzlich eine Höhle, in die nur ein Tier passte.*
- **Die Erweiterungsprobe** hilft dir, dich genauer auszudrücken.
  Ein Fuchs und ein Dachs gingen eines Tages spazieren. → *Ein Fuchs und ein Dachs gingen eines Tages in einem dichten Wald spazieren.*
- **Die Umschreibung (Paraphrase)** ermöglicht es, etwas mit anderen Worten besser/genauer wiederzugeben.
  Dann sahen sie die Höhle und beide wollten auch gleich rein. → *Als sie die Höhle erblickten, stritten sich der Fuchs und der Dachs darum, wer als Erster hineinkriechen durfte.*

Natürlich solltet ihr euren Text auch auf **Rechtschreibung**, **Grammatik** und **Zeichensetzung** hin überprüfen.
Bevor ihr euren eigenen Text überarbeitet, solltet ihr den folgenden Schülertext verbessern.

Wenn zwei sich streiten, freut sich der Dritte

Ein Fuchs und ein Dachs gingen eines Tages im dunklen Laubwald spazieren. Da entdeckten sie plötzlich eine Höhle, in die aber nur ein Tier passte. Also stritten die Beiden Tiere sich und rannten auf die Höhle zu. „Du lieber Fuchs, lass mich doch bitte in diese Höhle, du bist doch kleiner und kannst
5 dir viel leichter eine andere Höhle aussuchen!" bittete der Dachs den Fuchs, der aber widersprach: „Du gemeiner Dachs, ich habe die Höhle aber zuerst gesehen, also gehört sie mir!" sagte der Fuchs. Der Dachs aber schrie: „Ich bin viel mehr müde vom vielen spazieren, lass mich doch bitte in die Höhle!" – Als die Beiden plötzlich so laut schrien, weckten sie ein Wild-
10 schwein auf, das kein Platz zum schlafen hat. Dieses schlich sich herbei, drängte sich in die Höhle und sagte: Wenn zwei sich streiten, freut sich der dritte.

Zeichensetzung trainieren

Eine gelungene Erzählung kommt nicht ohne direkte Rede aus. Jede wörtliche Äußerung im Text macht aber eine ganze Reihe von Satzzeichen erforderlich.

> Wörtliche Rede wird mit **Anführungszeichen** gekennzeichnet, die im Deutschen **am Anfang unten** und **am Ende oben** stehen. Sie ist in der Regel mit einer **Redeformel** (*er sagte, rief sie* usw.) verknüpft, die vor oder nach der Rede stehen kann oder eingeschoben ist. Damit ergeben sich grundsätzlich drei Satzbaumuster:
> - **vorangestellte Redeformel** (mit Doppelpunkt)
>
> Beispiel: *Er sagte:* „Ich muss noch die Zeichensetzungsregeln lernen."
> - **nachgestellte Redeformel** (durch Komma abgetrennt)
>
> Beispiele: „Das wird auswendig gelernt!", *ordnete der Lehrer an.*   (Befehlssatz)
>   „Bis wann sollen wir das lernen?", *fragten die Schüler.*   (Fragesatz)
>   „Ich habe ihm nichts weggenommen", *behauptete Klaus.* (Aussagesatz)
>
> Achtung: Nur beim Aussagesatz wird das Satzzeichen (Punkt) in der wörtlichen Rede weggelassen.
> - **eingeschobene Redeformel** (durch Kommas abgetrennt)
>
> Beispiel: „Warum", *fragte ich mich,* „jammert ihr so?"

1. In der folgenden Geschichte sind mit Ausnahme der Punkte alle Satzzeichen vergessen worden. Setze sie richtig. Bedenke auch, dass hier viel wörtliche Rede vorkommt.

Gotthold Ephraim Lessing
Der Rabe und der Fuchs

Ein Rabe trug ein Stück vergiftetes Fleisch das der erzürnte Gärtner für die Katzen seines Nachbarn hingeworfen hatte in seinen Klauen fort. Und eben wollte er es auf einer alten Eiche verzehren als sich ein Fuchs herbeischlich und ihm zurief Sei gegrüßt lieber Freund. Für wen siehst du mich an fragte der Rabe. Für wen ich dich ansehe erwiderte der Fuchs. Bist du nicht der rüstige Adler durch den Zeus die Armen speist Warum verstellst du dich Hast du nicht seine Gabe für mich schon in deiner Klaue

Der Rabe staunte und freute sich innig für einen Adler gehalten zu werden. Ich muss dachte er den Fuchs aus diesem Irrtum nicht bringen. Großmütig dumm ließ er also seinen Raub herabfallen und flog stolz davon. Der Fuchs fing das Fleisch lachend auf und fraß es mit boshafter Freude. Doch bald verkehrte sich die Freude in ein schmerzhaftes Gefühl. Das Gift fing an zu wirken und er verreckte.

> Kommas spielen eine wichtige Rolle bei Aufzählungen und Satzreihen bzw. Satzgefügen.
> - Zwischen den gleichrangigen Wörtern oder Wortgruppen einer **Aufzählung** steht ein Komma, wenn sie nicht mit *und* bzw. *oder* verbunden sind.
>   Test: Gleichrangig sind Glieder einer Aufzählung, wenn man sie mit *und* bzw. *oder* verbinden könnte.
>   Beispiel: *Er hatte große, tiefblaue Augen.*
> - **Hauptsätze und Nebensätze** (= Satzgefüge) werden durch Komma voneinander getrennt. Hauptsätze erkennt man daran, dass das konjugierte Verb an zweiter Satzgliedstelle steht. In Nebensätzen steht das Verb mit der Personalendung hingegen am Satzende. Nebensätze werden durch Konjunktionen wie *weil, dass, sodass, da, obwohl, nachdem, sobald …* oder durch Relativpronomen *der, die, das, was, wer, …* eingeleitet.
>   Beispiel: *Einmal, als der Amselmann auf Würmersuche war, kamen ein paar andere Amseln.*
> - **Hauptsätze** werden durch Punkt oder Komma getrennt. Wenn sie ein gemeinsames Subjekt haben, wird dieses in der Regel nur einmal verwendet.
>   Beispiel: *Einmal kamen ein paar andere Amseln, [sie] vertrieben die blaue Amsel und [sie] warfen ihre Eier auf den Boden.*

2. Setze im folgenden Text die Kommas.

Das Wort *Fabel* stammt vom lateinischen *fabula* was so viel bedeutet wie Rede Erzählung. Die Fabel ist ein lehrhaftes Gleichnis in Form einer Geschichte oder eines Gedichtes. Bedeutende Fabeldichter waren der Grieche Äsop der Römer Phädrus die Deutschen Martin Luther Gotthold Ephraim Lessing und Christian Fürchtegott Gellert sowie der Franzose Jean de la Fontaine. In Luxemburg hat Edmond de la Fontaine der im Volksmund „Dicks" genannt wird eine ganze Reihe von Fabeln geschrieben. Die Hauptpersonen in Fabeln sind oft Tiere die wie Menschen reden und handeln und auch typische menschliche Eigenschaften und Schwächen zeigen.

Tiere die in Fabeln eine Hauptrolle spielen sind jedoch keine Fabeltiere. Dieser Begriff bezeichnet Fantasiegeschöpfe wie Drachen Einhörner und Greife die in Mythen Märchen und Sagen eine wichtige Rolle spielen. In Fabeln kommen solche Tiere die eine reine Erfindung des Menschen sind nicht vor. Deshalb muss man aufpassen dass man die Begriffe *Tiere in Fabeln* und *Fabeltiere* nicht durcheinander bringt und falsch verwendet.

Der allwissende Turban

Ein Mann, der des Lesens unkundig ist, bekommt einen Brief und bittet den Hodscha[1], ihn ihm zu übersetzen. Der Hodscha tut sein Bestes, kann das Geschriebene aber nicht entziffern. Es ist wohl Arabisch oder Persisch.

5 „Ich kann es nicht lesen", erklärt er schließlich, „frag lieber einen anderen."

„Und du willst ein Gelehrter sein", sagt der Mann ärgerlich, „du solltest dich deines Turbans schämen, den du trägst!"

Da nimmt der Hodscha seinen Turban ab, setzt ihn dem Mann auf
10 und sagt: „Wenn du meinst, der Turban sei allwissend, dann lies du doch den Brief!"

[1] der *Hodscha:* geistlicher islamischer Lehrer

Till Eulenspiegel
nach einer Ausgabe aus dem Jahre 1515

Till Eulenspiegel soll vor mehr als 600 Jahren in Norddeutschland gelebt haben. Eulenspiegel kam viel herum und hielt überall seine Mitmenschen zum Narren. Zunächst wurden seine Streiche mündlich weitererzählt, im 16. Jahrhundert hat sie der Braunschweiger Stadtschreiber Hermann Bote in „96 Historien" aufgeschrieben. Um euch einen Eindruck von der deutschen Sprache jener Zeit zu geben, ist der Text der 3. Historie nicht unserer heutigen Sprache und Rechtschreibung angepasst. Seither haben die Geschichten von Till Eulenspiegel viele Leser gefunden, andere Autoren haben sie neu erzählt und auch weitere Streiche dazu erfunden.

Die 1. Historie sagt, wie Till Eulenspiegel geboren, dreimal an einem Tage getauft wurde und wer seine Taufpaten waren.

Bei dem Wald, Elm genannt, im Dorf Kneitlingen im Sachsenland, wurde Eulenspiegel geboren. Sein Vater hieß Claus Eulenspiegel, seine Mutter Ann Wibcken. Als sie des Kindes genas[1], schickten sie es in das Dorf Ampleben zur Taufe und ließen es nennen Till Eulenspiegel. Till von Uetzen, der Burgherr von Ampleben, war sein Taufpate. Ampleben ist das Schloss, das die Magdeburger vor etwa 50 Jahren mit Hilfe anderer Städte als ein böses Raubschloss zerstörten. Die Kirche und das Dorf dabei ist nunmehr im Besitze des würdigen Abtes von Sankt Ägidien, Arnolf Pfaffenmeier.

Als nun Eulenspiegel getauft war und sie das Kind wieder nach Kneidingen tragen wollten, da wollte die Taufpatin, die das Kind trug, eilig über einen Steg gehen, der zwischen Kneidingen und Ampleben über einen Bach führt. Und sie hatten nach der Kindtaufe zu viel Bier getrunken (denn dort herrscht die Gewohnheit, dass man die Kinder nach der Taufe in das Bierhaus trägt, sie vertrinkt und fröhlich ist; das mag dann der Vater des Kindes bezahlen). Also fiel die Patin des Kindes von dem Steg in die Lache[2] und besudelte sich und das Kind so jämmerlich, dass das Kind fast erstickt wäre. Da halfen die anderen Frauen der Badmuhme[3] mit dem Kind wieder heraus, gingen heim in ihr Dorf, wuschen das Kind in einem Kessel und machten es wieder sauber und schön. So wurde Eulenspiegel an einem Tage dreimal getauft: einmal in der Taufe, einmal in der schmutzigen Lache und einmal im Kessel mit warmem Wasser.

Die 3. Historie sagt, wie Till auf dem Seil lernt gehn

Bald darauf starb der alte Claus Eulenspiegel, da blieb die Mutter bei dem Sohn in dem Dorf und aßen und tranken, was sie hatten. Also ward die Mutter arm, und Eulenspiegel wollt kein Handwerk lernen und war darbei sechzehn Jahr alt und tummelt sich und lernt mancherlei Schalkheit.

Eulenspiegels Mutter wohnt in einem Haus, und der Hof ging an das Wasser, die Saal genannt, und Eulenspiegel begann, auf dem Seil zu gehn, und das trieb

---

[1] *als sie des Kindes genas* (veraltet): nachdem sie sich von der Geburt des Kindes erholt hatte

[2] *die Lache:* die Wasserpfütze

[3] *die Muhme* (veraltet): die ältere Verwandte, die Tante

er auf der Bühn des Hauses, weil er das vor der Mutter nit mocht zuwege bringen. Denn sie wollt die Torheit nit von ihm leiden, dass er sich tummelt also auf dem Seil, und drohet, ihn darum zu schlahen.

Und einsmals erwischt sie ihn auf dem Seil und nahm einen großen Knittel und wollt ihn von dem Seil schlahen; da entrann er ihr zu einem Fenster aus und lief, oben auf das Dach zu sitzen, dass sie ihn nit erreichen kunnt.

Das währt so lang mit ihm, bis dass er ein wenig älter ward. Da fing er wieder an, sich zu tummeln auf dem Seil, und zog das Seil oben von seiner Mutter Hinterhaus über die Saal in ein ander Haus dargegenüber. Viele junge und alte Leut, die wurden innen des Seils, dass Eulenspiegel sich darauf tummeln wollt. Die kamen darher und wollten ihn darauf sehen gehn, und sie wunderten sich sehr, was er doch für ein seltsam Spiel wollt han oder was wunderlichen Spiels er doch treiben wollt. Und als nun Eulenspiegel auf dem Seil saß und sein Tummeln am besten war, ward es seine Mutter innen und kunnt ihm nit viel daran tun; doch so schlich sie heimlich hinten in das Haus auf die Bühn, da das Seil gebunden war, und schnitt das Seil entzwei. Da fiel Eulenspiegel, ihr Sohn, in das Wasser mit großem Spott und badet redlich in der Saal. Da wurden die Bauren gar sehr lachen, und die Jungen ruften ihm fest nach: „He, he, bad nur wohl aus! Du hast lang nach dem Bad gerungen!" Das verdross Eulenspiegeln sehr, und er achtet des Bades nit, sondern des Spottens und Rufens von den jungen Buben, und gedacht doch, wie er ihnen das wieder vergelten und sie bezahlen wollt. Und also badet er aus, so gut er mocht.

Till Eulenspiegel geht noch einmal aufs Seil

nacherzählt von Barbara Bartos-Höppner

Tills Mutter hatte keinem erzählt, dass sie das Seil durchgeschnitten hatte, und vor ihr durfte auch niemand über den Sohn spotten.

„Kümmert euch um eure eigenen Kinder", sagte sie. „Durch meinen Sohn seid ihr nicht zu Schaden gekommen."

Till Eulenspiegel ließ ein paar Wochen verstreichen, dann streute er in seine Gespräche, am Brunnen oder im Wirtshaus, geheimnisvolle Bemerkungen ein. Er hätte sich ein neues Kunststück ausgedacht, sagte er, eine echte Zauberei, und sie sollten am nächsten Sonntag, nachmittags, zur Saale hinunterkommen, dort würde er es zum Besten geben. Die jungen Männer sagten es ihren Mädchen, die Mädchen ihren Freundinnen, die Kinder erfuhren es und natürlich auch die Alten.

Aufgaben: Seite 162

Als die Leute am Sonntagnachmittag zum Ufer der Saale kamen, hatte Eulenspiegel bereits wieder ein Seil über den Fluss gespannt, diesmal jedoch nicht vom Dachboden des Hauses seiner Mutter. Eulenspiegel zog die jungen Leute in ein Gespräch und sagte: „Ich habe euch ein Kunststück versprochen, eine Zauberei. Aber wenn es wirklich gelingen soll, dann müssen mir ein paar von euch ihre linken Schuhe geben. Mit meinem Schuh allein ist die Wirkung längst nicht so groß."

„Warum nicht", sagte der eine und einer, der neben ihm stand, sagte: „Eben." Und sie zogen sich ihre linken Schuhe aus.

Nun dauerte es nicht lange und um Eulenspiegel herum standen lauter linke Schuhe, große und kleine, hohe und niedrige, lederne und leinene, von Männern und Frauen, Kindern und Erwachsenen. Es mochten mehr als hundert sein. Eulenspiegel nahm sie und fädelte sie, einen nach dem anderen, auf eine Schnur, hängte sich die Kette aus linken Schuhen um den Hals und stieg damit auf das Seil hinauf.

Alle Augen waren jetzt auf ihn gerichtet. Eulenspiegel stand eine Weile da, zog ein nachdenkliches Gesicht, gerade so, als müsste er überlegen, wie er das Kunststück am besten anfangen wollte. „Wird auch jeder von euch seinen Schuh wiedererkennen?", rief er.

„Ja – ja – ja –", kam es von unten.

„Also gut", rief Eulenspiegel, ließ die Schnur mit den Schuhen über seinem Kopf kreisen, zog plötzlich eine Schere hervor und schnitt die Schnur mitten durch. Die Schuhe fielen auf die Erde hinunter. Die Leute stürzten sich darauf, stolperten übereinander, fielen hin und schrien: „Meiner ist das!" – „Das ist meiner!" – „Gib her, das ist meiner!" Nicht lange und die Ersten schlugen aufeinander, zogen sich an den Haaren, schubsten sich zur Seite und zankten sich, dass die Fetzen flogen.

Eulenspiegel turnte währenddessen oben auf dem Seil herum. „He, he", rief er, „dass mir auch jeder unter den linken Schuhen den rechten findet."

„Er macht sich auch noch lustig", rief einer, „der Galgenstrick!"

„Wie ihr euch über mich lustig gemacht habt", bekam er zur Antwort, „als ich in die Saale gefallen bin."

„Lass du dich nur auf dem Marktplatz blicken, dann geht's dir schlecht!", rief wieder einer.

Aber das hatte Eulenspiegel von Anfang an nicht vorgehabt. Er lief über das Seil ans andere Saale-Ufer hinüber, kletterte hinunter und verschwand für ein paar Wochen. Irgendwo in Helmstedt oder Magdeburg fand er Unterschlupf bei einem Schuster, dem er Schuhe flicken half. Eines Abends aber kam er zu seiner Mutter nach Hause. Er packte zu, wo er konnte, sah ihr jeden Wunsch von den Augen ab und sie dachte: Es wird schon noch gut mit ihm werden.

Freiherr von Münchhausen

Der Freiherr von Münchhausen erzählte seine unglaublichen Abenteuergeschichten – die Münchhausiaden – im Kreis seiner Freunde zu deren Unterhaltung. Seine Erzählungen wurden von verschiedenen Autoren aufgeschrieben, verändert und ergänzt, u.a. von Gottfried August Bürger (1747–1794), einem Zeitgenossen des Barons, und von Erich Kästner (1899–1974), der euch sicher als Jugendbuchautor bekannt ist.

Der Ritt auf der Kanonenkugel

nacherzählt von Erich Kästner

Im gleichen Feldzug belagerten wir eine Stadt – ich habe vor lauter Belagerungen vergessen, welche Stadt es war, – und Marschall Münnich hätte gern gewusst, wie es in der Festung stünde. Aber es war unmöglich, durch all die Vorposten, Gräben und spanischen Reiter[1] hineinzugelangen. Vor lauter Mut und Diensteifer und eigentlich etwas voreilig stellte ich mich neben eine unserer größten Kanonen, die in die Stadt hineinschoss, und als sie wieder abgefeuert wurde, sprang ich im Hui auf die aus dem Rohr herauszischende Kugel! Ich wollte mitsamt der Kugel in die Festung hineinfliegen! Während des sausenden Fluges wuchsen allerdings meine Bedenken. Hinein kommst du leicht, dachte ich, aber wie kommst du wieder heraus? Man wird dich an deiner Uniform als Feind erkennen und an den nächsten Galgen hängen! Diese Überlegungen machten mir sehr zu schaffen. Und als eine türkische Kanonenkugel, die auf unser Feldlager gemünzt war, an mir vorüberflog, schwang ich mich auf sie hinüber und kam, wenn auch unverrichteter Sache, so doch gesund und munter wieder bei meinen Husaren[2] an.

Aufgaben: Seite 162

[1] *spanischer Reiter:* ein Hindernis, mit dem man vorrückende feindliche Soldaten aufhalten wollte

[2] *der Husar:* Angehöriger der leichten Reiterei

Gottfried August Bürger
Münchhausens Mondbesteigung

Trotz aller meiner Tapferkeit und Klugheit, trotz meiner und meines Pferdes Gewandtheit und Stärke ging's mir in dem Türkenkriege doch nicht immer nach Wunsche. Ich hatte sogar das Unglück, durch die Menge übermannt und zum Kriegsgefangenen gemacht zu werden. Ja, was noch schlimmer war, aber doch immer unter den Türken gewöhnlich ist, ich wurde zum Sklaven verkauft. In diesem Stande der Demütigung war mein Tagewerk nicht sowohl hart und sauer als vielmehr seltsam und verdrießlich. Ich musste nämlich des Sultans Bienen alle Morgen auf die Weide treiben, sie daselbst den ganzen Tag lang hüten und dann gegen Abend wieder zurück in ihre Stöcke treiben. Eines Abends vermisste ich eine Biene, wurde aber sogleich gewahr, dass zwei Bären sie angefallen hatten und ihres Honigs wegen zerreißen wollten. Da ich nun nichts anderes Waffenähnliches in Händen hatte als die silberne Axt, welche das Kennzeichen der Gärtner und Landarbeiter des Sultans ist, so warf ich diese nach den beiden Räubern, bloß in der Absicht, sie damit wegzuscheuchen. Die arme Biene setzte ich auch wirklich dadurch in Freiheit; allein durch einen unglücklichen, allzu starken Schwung meines Armes flog die Axt in die Höhe und hörte nicht auf zu steigen, bis sie im Monde niederfiel. Wie sollte ich sie nun wiederkriegen? Mit welcher Leiter auf Erden sie herunterholen? Da fiel mir ein, dass die türkischen Bohnen sehr geschwind und zu einer ganz erstaunlichen Höhe emporwüchsen. Augenblicklich pflanzte ich also eine solche Bohne, welche wirklich emporwuchs und sich an eines von des Mondes Hörnern von selbst anrankte. Nun kletterte ich getrost nach dem Monde empor, wo ich auch glücklich anlangte. Es war ein ziemlich mühseliges Stückchen Arbeit, meine silberne Axt an einem Orte wiederzufinden, wo alle anderen Dinge gleichfalls wie Silber glänzten. Endlich aber fand ich sie doch auf einem Haufen Spreu und Häckerling[1]. Nun wollte ich wieder zurückkehren, aber ach, die Sonnenhitze hatte indessen meine Bohne aufgetrocknet, so dass daran schlechterdings nicht wieder herabzusteigen war. Was war nun zu tun? – Ich flocht mir einen Strick von dem Häckerling, so lang ich ihn nur immer machen konnte. Diesen befestigte ich an eines von des Mondes Hörnern und ließ mich daran herunter. Mit der rechten Hand hielt ich mich fest, und in der linken führte ich meine Axt. Sowie ich nun eine Strecke hinuntergeglitten war, so hieb ich immer das überflüssige Stück über mir ab und knüpfte dasselbe unten wieder an, wodurch ich denn ziemlich weit heruntergelangte. Dieses wiederholte Abhauen und Anknüpfen machte nun freilich den Strick ebenso wenig besser, als es mich völlig herab auf des Sultans Landgut brachte. Ich mochte wohl noch ein paar Meilen weit droben in den Wolken sein, als mein Strick auf einmal zerriss und ich mit solcher Heftigkeit herab zu Gottes Erdboden fiel, dass ich ganz betäubt davon wurde. Durch die Schwere meines von einer solchen Höhe herabfallenden Körpers fiel ich in ein

[1] *der Häckerling:* das Häcksel, kleingeschnittenes Stroh

Loch, wenigstens neun Klafter² tief, in die Erde hinein. Ich erholte mich zwar endlich wieder, wusste aber nun nicht, wie ich wieder herauskommen sollte. Allein was tut nicht die Not? Ich grub mir mit meinen Nägeln, deren Wuchs damals vierzigjährig war, eine Art von Treppe und förderte mich dadurch glücklich zutage.

² *der Klafter*: altes Längenmaß, ungefähr die Länge, die ein Erwachsener mit ausgebreiteten Armen greifen kann

Die Schildbürger bauen ein Rathaus
nacherzählt von Erich Kästner

Die Schildbürger wohnen in dem erfundenen Ort Schilda. Sie stehen im Mittelpunkt einer ganzen Reihe von kurzen Geschichten, die in dem Volksbuch „Die Schiltbürger" (1598) nachzulesen sind. Sie sind berühmt für ihre törichten Streiche.

Aufgaben: Seite 162

Der Plan, das neue Rathaus nicht viereckig, sondern dreieckig zu bauen, stammte vom Schweinehirten. Er hatte, wie schon gesagt, den Schiefen Turm von Pisa erbaut, der mittlerweile eine Sehenswürdigkeit geworden war, und erklärte stolz: „Ein dreieckiges Rathaus ist noch viel sehenswerter als ein schiefer Turm. Deshalb wird Schilda noch viel berühmter werden als Pisa!" Die anderen hörten das mit großem Behagen. Denn auch die Dummen werden gerne berühmt. Das war im Mittelalter nicht anders als heute.

So gingen also die Schildbürger schon am nächsten Tag morgens um sieben an die Arbeit. Und sechs Wochen später hatten sie die drei Mauern aufgebaut. In der dem Marktplatz zugekehrten Breitseite war ein großes Tor ausgespart worden. Und es fehlte nur noch das Dach. Nun, auch das Dach kam bald zustande, und am Sonntag darauf fand die feierliche Einweihung des neuen Rathauses statt. Sämtliche Einwohner erschienen in ihren Sonntagskleidern und begaben sich, mit dem Schweinehirten an der Spitze, in das weißgekalkte, dreieckige Gebäude. Doch sie waren noch nicht an der Treppe, da purzelten sie auch schon durcheinander, stolperten über fremde Füße, traten irgendwem auf die Hand, stießen mit den Köpfen zusammen und schimpften wie die Rohrspatzen. Die drin waren, wollten wieder heraus. Die draußen standen, wollten unbedingt hinein. Es gab ein fürchterliches Gedränge! Endlich landeten sie alle, wenn auch zerschunden und mit Beulen und blauen Flecken, wieder im Freien, blickten einander ratlos an und fragten aufgeregt: „Was war denn

eigentlich los?" Da kratzte sich der Schuster hinter den Ohren und sagte: „In unserem Rathaus ist es finster!" – „Stimmt!", riefen die andern. Als aber der Bäcker fragte: „Und woran liegt das?", wussten sie lange keine Antwort. Bis der Schneider schüchtern sagte: „Ich glaube, ich habe es." – „Nun?" – „In unserem neuen Rathaus", fuhr der Schneider bedächtig fort, „ist kein Licht!" Da sperrten sie Mund und Nase auf und nickten zwanzigmal. Der Schneider hatte Recht. Im Rathaus war es finster, weil kein Licht drin war!

Am Abend trafen sie sich beim Ochsenwirt, tranken ein Bier und beratschlagten, wie man Licht ins Rathaus hineinschaffen könne. Es wurden eine ganze Reihe Vorschläge gemacht. Doch sie gefielen ihnen nicht besonders. Erst nach dem fünften Glas Braunbier fiel dem Hufschmied das Richtige ein. „Das Licht ist ein Element wie das Wasser", sagte er nachdenklich. „Und da man das Wasser in Eimern ins Haus tragen kann, sollten wir's mit dem Licht genauso machen!"

„Hurra!", riefen sie alle. „Das ist die Lösung!"

6 Die Folgen der Dummheit für Schilda und die übrige Welt

Aufgaben: Seite 162

nacherzählt von Erich Kästner

Dass man in Schilda keine Krebse kannte, wisst ihr schon. Dass man auch noch nie eine Katze gesehen hatte, ist wohl noch viel erstaunlicher. Umso besser wusste man mit Mäusen Bescheid. Sie waren in allen Kellern, Speichern und Küchen, in den Räucherkammern, beim Bäcker und nicht zuletzt beim Ochsenwirt. Bei diesem kehrte eines Tages ein Wanderer ein, der eine Katze bei sich hatte. Da die Schildaer Mäuse nicht wussten, was eine Katze ist, waren sie sehr zutraulich, und in einer halben Stunde hatte die fremde Katze zwei Dutzend Mäuse erlegt. Die Schildbürger wollten nun wissen, wie das Tier heiße und wie viel es koste. „Maushund heißt es", sagte der Wanderer, „und weil Maushunde sehr selten sind, kostet mein Prachtexemplar hundert Gulden."

Sie liefen zum Bürgermeister, erzählten ihm von dem Maushund und baten, er möge ihn für die Stadt anschaffen.

So geschah es. Als der Wanderer die hundert Gulden bekommen hatte, machte er sich aus dem Staube, falls die Schildbürger der Kauf reuen sollte. Kaum war er aus dem Stadttor hinaus, kam ihm auch schon jemand nachgelaufen und wollte wissen, womit man den Maushund füttern müsse. Der Wanderer rannte, was das Zeug hielt, und rief hastig: „Nur Speck frisst er nie!"

Da schlug der Schildbürger die Hände überm Kopfe zusammen und lief verzweifelt in die Stadt zurück. Er hatte nämlich in der Eile statt „Nur Speck frisst er nie!" verstanden „Nur Menschen und Vieh!". Das Entsetzen war groß. „Wenn wir keine Mäuse mehr haben werden, wird er unser Vieh und uns sel-

ber fressen!", riefen sie außer sich. „Wo hat er sich versteckt?" – „Im Rathaus auf dem Speicher!" So umzingelten sie das Rathaus und schickten ein paar beherzte Männer hinein. Doch die Katze ließ sich nicht greifen.

Sie kamen unverrichteter Sache zurück. „Dann müssen wir den Maushund ausräuchern", rief der Bürgermeister. „Denn um wen wär's mehr schade? Ums Rathaus oder um uns?" Da schrien alle: „Um uns!", und steckten das Rathaus in Brand.

Als es der Katze zu heiß wurde, kletterte sie aufs Rathausdach. Und als die Flammen die Dachbalken ergriffen, sprang sie mit einem Riesensatz aufs Nachbardach und putzte sich mit der Pfote den angesengten Schnurrbart.

„Schaut den Maushund an! Er droht uns!", rief der Schmied. Und der Bäcker murmelte zitternd: „Wir schmecken ihm schon." Da zündeten sie das Nachbarhaus an. Und weil die Katze von Dach zu Dach sprang und die Schildbürger in ihrer Todesangst Haus um Haus anzündeten, brannte um Mitternacht die ganze Stadt.

Am nächsten Morgen lag Schilda in Asche. Alles war verbrannt. Nur die Katze nicht. Sie war vor Schreck in die Wiesen gelaufen und verschwunden. Nun saßen die Schildbürger auf den Trümmern ihrer Stadt und ihrer Habe, waren froh, nicht gefressen worden zu sein, und beschlossen schweren Herzens, in alle Himmelsrichtungen auszuwandern.

Das taten sie auch sehr bald. Und so kommt es, dass es heutzutage die Stadt Schilda nicht mehr gibt und die Schildbürger auch nicht. Das heißt: Es gibt sie natürlich noch. Nur ihre Enkel und Urenkel und deren Enkel und Urenkel leben über die ganze Erde verstreut. Sie wissen gar nicht mehr, dass sie von den Schildbürgern abstammen. Von Leuten also, die sich, um glücklich zu werden, dumm stellten und dadurch ins Unglück gerieten, dass sie dumm wurden. Und sie können es auch gar nicht wissen. Denn heutzutage gelangen die Dummen zu Ruhm und Rang, zu Geld und Glück genauso wie die Gescheiten. Woran sollten also die Dummen auf unserer Erde merken, dass sie dumm sind?

Ein einziges Merkmal gibt es, woran man die Dummen erkennt: Mit dem, was sie erreicht haben, sind sie selten, aber mit sich selber sind sie stets zufrieden. Gebt also gut Obacht! Bei den anderen, und bei wem noch? Ganz recht, bei euch!

Der allwissende Turban *(Seite 153)*

1. Erkläre, was der Hodscha mit seiner Reaktion bezwecken will.

1/2 **Die 1. Historie sagt …** *(Seite 154)*
Die 3. Historie sagt … *(Seite 154)*
Till Eulenspiegel geht noch einmal aufs Seil *(Seite 155)*

1. Erkläre, wie es dazu kommt, dass Eulenspiegel dreimal getauft wird.
2. Erläutere, wie diese Episode Eulenspiegels weitere Entwicklung hin zum Schalk fördert, und arbeite heraus, welche Bedeutung Eulenspiegels Mutter dabei hat.
3. Die dritte Eulenspiegel-Geschichte steht in einem fast 500 Jahre alten Deutsch, das nur geringfügig modernisiert worden ist. Schreibe die Geschichte dem heutigen Sprachgebrauch entsprechend um.
4. Stelle dir vor, du seist einer von den Leuten gewesen, denen Till die Schuhe abgeschwatzt hat. Auf dem Heimweg triffst du einen Freund, der dich fragt, warum du nur einen Schuh trägst. Entscheide dich, ob du die Wahrheit sagst oder nicht. Erzähle deine Geschichte.

3/4 **Der Ritt auf der Kanonenkugel** *(Seite 157)*
Münchhausens Mondbesteigung *(Seite 158)*

1. Untersuche den Aufbau von Münchhausens Geschichten, indem du für die Ausgangssituation und für jede Lüge eine Überschrift formulierst.
2. Erläutere, wie Münchhausen sich selbst in seinen Geschichten darstellt.
3. Denkt euch in der Gruppe eine Lügenkette aus, mit der ihr den Lügenbaron übertrumpfen könnt, nachdem dieser seine Geschichte zum Besten gegeben hat.

5 **Die Schildbürger bauen ein Rathaus** *(Seite 159)*

1. Erkläre, warum die Schildbürger den Schweinehirten mit dem Bau eines Rathauses beauftragen.
2. Beschreibe mit eigenen Worten, was am Tag der Einweihung passiert.
3. Erzähle, wie die Schildbürger die Lösung in die Tat umsetzen.

6 **Die Folgen der Dummheit für Schilda und die übrige Welt** *(Seite 160)*

1. Stelle dar, wie es zur Zerstörung der Stadt Schilda kommt.
2. Suche einen anderen passenden Titel für diesen Text.
3. Erkläre, welche Absicht der Verfasser mit dem Schluss des Textes verfolgt.
4. Erläutere, inwiefern sich die Schildbürger von Eulenspiegel und Münchhausen unterscheiden.
5. Suche Beispiele, die zeigen, dass es auch heute noch „Schildbürger" gibt.

Lügengeschichten und Schwänke

Lügengeschichten und Schwänke lesen

Münchhausen: Der Baron geht zu Ceylon auf die Jagd, kommt in eine furchtbare Klemme und wird wunderbar gerettet

Es mochten ungefähr vierzehn Tage seit unserer Ankunft verstrichen sein, als mir der älteste Sohn des Gouverneurs den Vorschlag tat, mit ihm auf die Jagd zu gehen, den ich auch herzlich gern annahm. Mein Freund war ein großer, starker Mann und an die Hitze jenes Klimas gewöhnt; ich aber wurde in kurzer Zeit und bei ganz mäßiger Bewegung so matt, dass ich, als wir in den Wald gekommen waren, weit hinter ihm zurückblieb.

Ich wollte mich eben an dem Ufer eines reißenden Stromes, der schon einige Zeit meine Aufmerksamkeit beschäftigt hatte, niedersetzen, um mich etwas auszuruhen, als ich auf einmal auf dem Wege, den ich gekommen war, ein Geräusch hörte. Ich sah zurück und wurde fast versteinert, als ich einen ungeheuren Löwen erblickte, der gerade auf mich zukam und mich nicht undeutlich merken ließ, dass er gnädigst geruhe, meinen armen Leichnam zu seinem Frühstücke zu machen, ohne sich nur meine Einwilligung auszubitten. Meine Flinte war bloß mit Hasenschrot geladen. Langes Besinnen erlaubte mir weder die Zeit noch meine Verwirrung. Doch entschloss ich mich, auf die Bestie zu feuern, in der Hoffnung, sie zu schrecken, vielleicht auch zu verwunden. Allein da ich in der Angst nicht einmal wartete, bis mir der Löwe zum Schusse kam, so wurde er dadurch wütend gemacht und kam nun mit aller Heftigkeit auf mich los. Mehr aus Instinkt als aus vernünftiger Überlegung versuchte ich eine Unmöglichkeit – zu entfliehen. Ich kehrte mich um, und – mir läuft noch, sooft ich daran gedenke, ein kalter Schauder über den Leib – wenige Schritte vor mir steht ein scheußliches Krokodil, das schon fürchterlich seinen Rachen aufsperrte, um mich zu verschlingen.

Stellen Sie sich, meine Herren, das Schreckliche meiner Lage vor! Hinter mir der Löwe, vor mir das Krokodil, zu meiner Linken ein reißender Strom, zu meiner Rechten ein Abgrund, in dem, wie ich nachher hörte, die giftigsten Schlangen sich aufhielten.

Betäubt – und das war einem Herkules in dieser Lage nicht übelzunehmen – stürzte ich zu Boden. Jeder Gedanke, den meine Seele noch vermochte, war die schreckliche Erwartung, jetzt die Zähne oder Klauen des wütenden Raubtiers zu fühlen oder in dem Rachen des Krokodils zu stecken. Doch in wenigen Sekunden hörte ich einen starken, aber durchaus fremden Laut. Ich wagte es endlich, meinen Kopf aufzuheben und mich umzuschauen, und – was meinen Sie? – zu meiner unaussprechlichen Freude fand ich, dass der Löwe in der Hitze, in der er auf mich losschoss, in eben dem Augenblicke, in dem ich

[1] *der Hirschfänger:* Messer, mit dem angeschossenes Wild getötet wird

niederstürzte, über mich weg in den Rachen des Krokodils gesprungen war. Der Kopf des einen steckte nun in dem Schlunde des andern, und sie strebten mit aller Macht, sich voneinander loszumachen. Gerade noch zu rechter Zeit sprang ich auf, zog meinen Hirschfänger[1], und mit einem Streiche haute ich den Kopf des Löwen ab, sodass der Rumpf zu meinen Füßen zuckte. Darauf rammte ich mit dem untern Ende meiner Flinte den Kopf noch tiefer in den Rachen des Krokodils, das nun jämmerlich ersticken musste.

1. Baron Münchhausen versucht, dadurch glaubwürdig zu wirken, dass er Lügen und Wirklichkeit mischt und bei aller Flunkerei auch immer wahre Begebenheiten und Sachverhalte einsetzt. Diskutiert, was an dieser Geschichte wahr sein kann.

2. Notiere die Lügen von Baron Münchhausen.

Geschichten, wie Münchhausen sie erzählt, versuchen gar nicht erst, wahr zu erscheinen, sondern unterhalten ihre Zuhörer mit offensichtlichen Lügen.

> Die meisten **Lügengeschichten** beschreiben zuerst Ereignisse, die sich wirklich abspielen könnten, dann folgen steigernd zunächst Übertreibungen und dann Lügen, in denen Unmögliches behauptet wird. So entsteht eine Lügenkette.
> Fast immer wird in Lügengeschichten die Ich-Form verwendet. Der Erzähler tut so, als berichte er von tatsächlichen eigenen Erlebnissen.

nach Christa und Gerhard Wolf
Till Eulenspiegel und das blaue Tuch

Auf einer Landstraße reitet ein Bauer auf seinem Pferd. Er hat einen Ballen schönen blauen Tuches hinter dem Sattel aufgeschnallt.
Till, der am Weg steht, verbeugt sich höflich und sagt: Was habt Ihr doch für ein schönes grünes Tuch gekauft!
Der Bauer, der ihn erst gar nicht beachten will, sagt: Dummkopf! Mein Tuch ist blau.
Till, der sich erschrocken stellt, erwidert: Seid Ihr sicher?
Der Bauer: Geh mir aus dem Weg. Ich werd doch wissen, was blau ist und was grün.
Till: Ei verflucht. Sollte mir der Teufel die Augen verdorben haben?
Indessen tritt Pumphut dazu, der mit im Spiel ist. Er sagt zu Till: Halt den braven Mann nicht auf. Zuhause wartet die Frau auf das schöne grüne Tuch. –
Der Bauer beginnt wütend zu werden: Zum Teufel! Wenn das Tuch grün ist und nicht blau, schenk ich es dem ersten besten Hergelaufenen!

15 Anna sitzt auf einem Stein am Wegrand. Sie hält der Bauer für unverdächtig und winkt sie heran. Jungfer, welche Farbe hat dieses Tuch?

Anna, die sich ihm präsentiert, besieht
20 das Tuch, befühlt es, fragt dann kokett: Mein Wohltäter, wenn ich auch begreife, dass Eure Augen geblendet sind, so seht Ihr nicht, welch schönes Grün dieses Tuch hat?

25 Der Bauer reißt das Tuch vom Pferd, stößt einen fürchterlichen Fluch aus, wirft den Ballen auf die Straße und sprengt davon.

Die drei stehen um die Beute herum.
30 Till sagt zu Pumphut: Nimm es.
Pumphut legt Anna das Tuch um die Schultern.

3. Unterteile den Text in Erzählschritte. Lege dafür eine Tabelle mit zwei Spalten an und trage ein:

was Till und seine Gefährten Schritt für Schritt unternehmen	wie der Bauer jeweils reagiert
...	...

4. Diskutiert anhand der beiden Eulenspiegel-Geschichten auf Seite 154–156 das Verhältnis zwischen Till und den schaulustigen Bürgern: Ist die Rolle des Narren eindeutig?

5. Zeige, in welcher Hinsicht sich die Opferrolle der Bürger dort von der des Bauern in der neuen Eulenspiegel-Geschichte aus dem Jahr 1972 (S. 164) unterscheidet.

> Erzählungen, in denen gelungene Streiche geschildert werden, nennt man **Schwänke**. Das Wort *Schwank* ist ein Begriff aus dem Fechten und bezeichnet, wie der *Streich*, einen erfolgreichen Treffer.
> Im Mittelpunkt vieler Geschichten steht ein Narr, der seinen Gegner mit List, Klugheit und Schlagfertigkeit hereinlegt.
> Schwänke sind lustig und unterhaltsam, manchmal wirken sie auch etwas grob, denn sie spotten mitleidlos über menschliche Schwächen.

Lügengeschichten und Schwänke als Spielszenen gestalten

1. Die Umwandlung eines Erzähltextes in einen szenischen Text nennt man *Dialogisierung*. Erkläre den Begriff *Dialog*.

> Der Geschäftsführer eines Warenhauses hört, wie ein Verkäufer einer Kundin erklärt: „Leider nein, meine Dame. Darauf warten wir auch schon lange, und ich fürchte, dass wir auch in nächster Zeit nicht damit rechnen können."
> Entsetzt stürmt der Geschäftsführer auf die Kundin zu: „Natürlich bekommen wir den Artikel bald herein. Wir haben ihn bereits letzte Woche bestellt."
> Die Dame schaut etwas verwirrt drein und geht dann.
> Der Geschäftsführer nimmt seinen Verkäufer beiseite und herrscht ihn an: „Niemals, niemals dürfen Sie vor einem Kunden zugeben, dass wir irgendetwas nicht haben. Sagen Sie stets, dass die Ware bestellt und in den nächsten Tagen am Lager ist! Was wollte die Dame eigentlich?" Der Verkäufer: „Regen."

2. Spielt den Dialog in der Klasse mit verteilten Rollen, sodass die Pointe, also der Witz, besonders gut herausgearbeitet wird.

3. Die Schildbürger haben festgestellt, dass es im Rathaus immer noch dunkel ist. Sie beratschlagen über eine neue Lösung. Der Hufschmied, der Schuster und der Schneider tragen dem Bürgermeister ihre Vorschläge vor. Schreibt und spielt diese Szene.

projektorientierte Aufgabe
Spielszenen gestalten

- Bildet Gruppen und sucht euch einen Schwank in diesem Kapitel aus.
- Gestaltet den Text zu einem Dialog um und formuliert Regieanweisungen.
- Tipps für die Arbeit: Besetzt nicht nur die Rollen, sondern ernennt auch einen Regisseur, der die Arbeit von außen beurteilt.
- Versetzt euch in die Personen hinein, die ihr darstellt: Übernehmt deren Gedanken, Gefühle und Verhaltensweisen. Übt Mimik und Gestik der Person.
- Überlegt, welche Gegenstände (Requisiten) ihr zur Darstellung braucht.

Anders als in einem Erzähltext gibt es in einer **Spielszene** in der Regel keinen Erzähler. Die Handlung wird über die Darstellung auf einer Bühne und durch die Dialoge der Personen vermittelt. Um einen Erzähltext in eine Szene umzuschreiben, werden die wesentlichen Aussagen des Erzählers in **Regieanweisungen** oder in den **Dialog** umgeformt. Die Regieanweisungen geben Hinweise zur Mimik und Gestik der Spieler, zu deren Sprechweisen und zum Geschehen auf der Bühne.

Wörter und Wortbedeutungen untersuchen

Wortfeld

1. Ergänze die folgende Liste von Verben um weitere Wörter mit ähnlicher Bedeutung.
lügen • belügen • Lügen auftischen • flunkern • schwindeln • erfinden • fantasieren • von der Wahrheit abweichen • täuschen • hintergehen • narren • erfinden • hinters Licht führen • vorspiegeln • vorgaukeln • beschwindeln

2. Findet im Gespräch in der Klasse Bedeutungsunterschiede heraus. Lege dazu eine **Mind-Map** mit dem Bedeutungskern „nicht die Wahrheit sagen" an.

Vom Cluster zur Mind-Map

Eine **Mind-Map** bringt Ordnung in eine Stoffsammlung oder in ein Wortfeld.
- Schreibt zunächst alles auf, was euch zu einem Thema oder Begriff einfällt (**Brainstorming**).
- Gruppiert anschließend oder bereits während des Brainstormings die Punkte oder Begriffe, die inhaltlich zusammengehören (**Clustering**). (S. 54)
- Sucht nun Oberbegriffe für die so entstandenen Gruppen und übernehmt diese Begriffe als Hauptäste.
- Von den Hauptästen gehen dann die einzelnen Punkte oder Begriffe als Zweige ab.
- Die so entstandene Baumordnung ist eine **Mind-Map**. (S. 122)

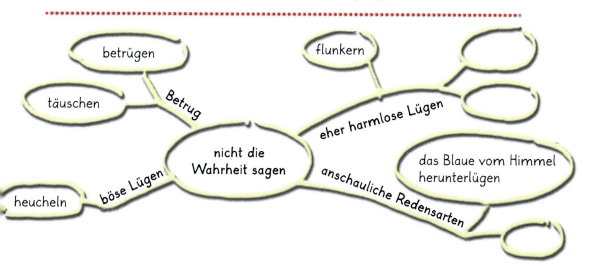

Wörter der gleichen Wortart, die in ihrer Bedeutung ähnlich sind, bilden ein **Wortfeld**. Sind die Wörter sich in ihrer Bedeutung so ähnlich, dass sie austauschbar sind, nennt man sie **Synonyme** (Singular: das Synonym).

3. Ordne die folgenden Begriffe im Clustering-Verfahren zu Wortfeldern. Kennzeichne Synonyme durch Farbpunkte.

saufen • losprusten • lauschen • fühlen • horchen • trinken • tätscheln • vernehmen • schlabbern • schmunzeln • grinsen • schlürfen • tasten • hören • zuhören • schlucken • befühlen • kichern • bechern • lächeln • streicheln • befingern • süffeln • lachen • hinunterstürzen • strahlen • sich freuen • zechen • greifen • betasten • verstehen

4. Ordne den folgenden Wortspeicher zum Wortfeld *essen* zu einer Mind-Map.

reinhauen • verzehren • vespern • Mittag essen • dinieren • soupieren • lunchen • hinunterwürgen • brunchen • picknicken • Abendbrot essen • zu Abend essen • frühstücken • verköstigen • Brotzeit machen • schlemmen • sich vollfressen • weiden • äsen • grasen • tafeln • futtern • verschlucken • schmatzen • löffeln • schmausen

- Es gibt auch Wörter, die gleich klingen, aber völlig verschiedene Bedeutungen haben und manchmal auch unterschiedlich geschrieben werden. Man nennt sie **Homonyme** (Singular: das Homonym): *der Mohr – das Moor   der/die Waise – der Weise – die Weise   die Bank – die Bank*

- Gegensatzpaare werden als **Antonyme** (Singular: das Antonym) bezeichnet: *wahr – unwahr   groß – klein*

5. Veranschauliche die Mehrdeutigkeit der folgenden Wörter, indem du Sätze bildest.

Bank • Bremse • Hahn • Heide • Horn • Kiefer • Kunde • Lager • Leiter • Mutter • Schild • See • Verdienst • Zelle

6. Finde Antonyme zu folgenden Begriffen.

gut • geizig • misstrauisch • fröhlich • Angst • Freude • Zorn

Wortbildung: Zusammensetzungen

Fügt man zwei oder mehr Wörter zusammen, so nennt man diese Art der Wortbildung **Zusammensetzung**. Man kann Wörter aus Nomen, Adjektiven, Verben und Präpositionen zusammensetzen.
Das **Grundwort** steht an letzter Stelle. Es enthält den Grundbegriff, der durch das **Bestimmungswort** näher definiert wird.
Bei Nomen richten sich **Geschlecht** und **Artikel** nach dem Grundwort:
der Schuh + *die* Sohle = *die* Schuhsohle.
Manchmal muss zwischen die beiden zusammengesetzten Nomen ein Fugenlaut eingefügt (*der Liebesbrief*) bzw. ein Endlaut weggelassen werden (*die Erdkugel*).

1. Suche alle Zusammensetzungen aus dem Text „Münchhausens Mondbesteigung" (S. 158) heraus.

2. Bestimme bei den folgenden Zusammensetzungen die ursprünglichen Wortarten der Grund- und Bestimmungswörter.
Brotfladen • Garküche • Großmaul • himmelblau • riesengroß • Wohlgeschmack • übernehmen • vorkommen

Bildhaftigkeit und Redewendungen

> Wörter werden häufig in einer übertragenen Bedeutung gebraucht. Man spricht dann von **bildhaften Ausdrücken**. Bildhaftigkeit findet sich nicht nur in Zusammensetzungen (*Flussbett*), sondern auch in einfachen Wörtern. So bezeichnet man z. B. einen *Menschen* als *Fuchs*, wenn man ihn als besonders *schlau* einstuft.
>
> Übertragene Wortbedeutungen und sprachliche Bilder spielen aber vor allem bei **Redensarten** eine große Rolle. Mit ihrer Hilfe kann man bestimmte Verhaltensweisen oder Sachverhalte anschaulich zum Ausdruck bringen:
> *jemanden vor den Kopf stoßen, etwas mit der Brechstange versuchen.*

1. Ordne Redensart und Bedeutung durch eine Verbindungslinie richtig zu:

Kopf und Kragen riskieren	auf alles eine Antwort wissen
Ross und Reiter nennen	viel wagen
jemandem einen Bären aufbinden	jemandem schmeicheln
nicht auf den Mund gefallen sein	offen reden
jemandem Honig ums Maul schmieren	jemandem etwas Unwahres so erzählen, dass er es glaubt

2. Erkläre, was mit den folgenden Redensarten gemeint ist. Zeichne eine lustige Skizze zu einer Redensart, die dir besonders gut gefällt. Rechts siehst du einige Beispiele. Stellt anschließend die Bilder zu einer kleinen Ausstellung in eurem Klassenzimmer zusammen.
jemandem aufs Dach steigen • Schwein haben • den Faden verlieren • auf die Folter spannen • etwas auf dem Kerbholz haben • ein Brett vor dem Kopf haben • jemandem auf der Nase herumtanzen • den Kopf in den Sand stecken • jemanden auf die Palme bringen • auf dem hohen Ross sitzen

3. Suche dir eine dieser Redensarten aus und schreibe eine Geschichte, in der die gewählte Redensart eine zentrale Rolle spielt.

DER HIMMEL IST BLAU DER HIMMEL WIRD GRAU

Sarah Kirsch

Nach dem Gewitter
glänzt die Landschaft im
Spiegel. Die Blätter die
Bäume Häuser Berge haben ein
5 schwarzes Rändchen und heben
sich wieder ab voneinander.
Es gibt zehn Grautöne mehr und
eine Aussicht bis ans Ende der Welt.

1 *Rolf Bongs*

Erste Sonne

In den dürren Zweigen
Der nackten Bäume
Sitzen Krähen.
Bei ihnen Stare.
5 Fernab schwarzweiße Elstern.
Sie schelten.
Ab und an fliegt ein Vogel
weg.
Er wird von allen verfolgt.
10 Sie kehren zurück.
Sie schelten.
Das Jahr steigt langsam.
Von Morgen zu Morgen.
Im Baum sitzt der Frühling.
15 Er wartet.
Er lacht leise.

2 *Ilse Kleberger*

Sommer

Weißt du, wie der Sommer riecht?
Nach Birnen und nach Nelken,
nach Äpfeln und Vergissmeinnicht,
die in der Sonne welken,
5 nach heißem Sand und kühlem See
und nassen Badehosen,
nach Wasserball und Sonnencreme,
nach Straßenstaub und Rosen.

Weißt du, wie der Sommer schmeckt?
10 Nach gelben Aprikosen
und Walderdbeeren, halb versteckt
zwischen Gras und Moosen,
nach Himbeereis, Vanilleeis
nach Eis aus Schokolade,
15 nach Sauerklee vom Wiesenrand
und Brauselimonade.

Weißt du, wie der Sommer klingt?
Nach einer Flötenweise,
die durch die Mittagsstille dringt,
20 ein Vogel zwitschert leise,
dumpf fällt ein Apfel in das Gras,
ein Wind rauscht in den Bäumen,
ein Kind lacht hell, dann schweigt es schnell
und möchte lieber träumen.

Erich Fried
Herbstmorgen in Holland

Die Nebelkuh
am Nebelmeer
muht nebel mei-
nem Bahngleis her

5 nicht neben, denn
wo Nebel fällt,
wird auch das n
zum l entstellt.

Christian Morgenstern
Wenn es Winter wird

Der See hat eine Haut bekommen,
Sodass man fast drauf gehen kann,
Und kommt ein großer Fisch geschwommen,
So stößt er mit der Nase an.

5 Und nimmst du einen Kieselstein
Und wirfst ihn drauf, so macht es klirr
Und titscher – titscher – titscher – dirr …
heißa, du lustiger Kieselstein!

Er zwitschert wie ein Vögelein
10 Und tut grad wie ein Schwälblein fliegen.
Doch endlich bleibt der Kieselstein
Ganz weit, ganz weit auf dem See draußen liegen.

Da kommen die Fische haufenweis
Und schaun durch das klare Fenster von Eis
15 Und denken, der Stein wär etwas zu essen.
Doch so sehr sie die Nase ans Eis auch pressen,
Das Eis ist zu dick, das Eis ist zu alt,
Sie machen sich nur die Nasen kalt.

Aber bald, aber bald
20 Werden wir selbst auf eignen Sohlen
Hinausgehen können und den Stein wieder holen.

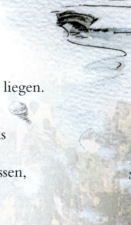

AUFGABEN

1 *Rolf Bongs,* **Erste Sonne** *(Seite 172)*

1. Stelle dar, welcher Zeitpunkt des Jahres in diesem Gedicht geschildert wird.
2. Beschreibe, wie sich die Vögel verhalten.

2 *Ilse Kleberger,* **Sommer** *(Seite 172)*

1. Arbeite heraus, welche Sinne Ilse Kleberger in diesem Gedicht anspricht.
2. Füge eine weitere Strophe hinzu. Beginne mit:
„Weißt du, wie sich der Sommer anfühlt?"

3 *Erich Fried,* **Herbstmorgen in Holland** *(Seite 173)*

1. Erich Fried spielt mit der Sprache. Finde das Wort heraus, das offensichtlich nicht passt. Erkläre, wieso der Autor die Buchstaben vertauscht.

4 *Christian Morgenstern,* **Wenn es Winter wird** *(Seite 173)*

1. Halte in einem Satz fest, was in den einzelnen Abschnitten passiert.
2. Beschreibe die Gefühle des Sprechers und erkläre sie.

Kleine Gedichtkunde

Strophe und Vers

Christine Koller
Windspiele

Wer hat dich an die Luft gesetzt?
Und wie bist du gebaut?
Du trägst eine Hose
und hast eine Braut,
5 doch nicht zuletzt
bist du eine Rose.

Man nennt dich Ost, Süd, West und Nord,
je nach der Himmelsrichtung,
aus der du kommst, in die du gehst.
10 Auch fängt man dich mit einem Wort
und lässt dich blasen immerfort
als Plural in der Dichtung.

Doch wo bist du, an welchem Ort,
wenn du einmal nicht wehst?

Günter Ullmann
Herbstwind

Erst spielt der Wind nur Fußball
mit Vaters bestem Hut,
dann schüttelt er die Bäume,
die Blätter riechen gut,
5 und lässt die Drachen leben
und wringt die Wolken aus.
Der Herbstwind lässt uns beben,
wir gehen nicht nach Haus.

1. Untersuche die beiden Gedichte und finde heraus, welche Aussagen die Dichter über den Wind machen.

2. Das Gedicht von Christine Koller ist schwerer zu verstehen. Erkläre, woran das liegt.

3. Untersuche den Aufbau dieser beiden Gedichte: Bestimme jeweils die Zahl der Verse und Strophen.

> Eine Gedichtzeile wird als **Vers** bezeichnet. Die Länge eines Verses ist vom Dichter bewusst gewählt und richtet sich nicht nach der möglichen Zeilenbreite. Ebenso entscheidet er, welche Verse er zu Gruppen zusammenfügt. Diese Gruppen nennt man **Strophen**.

Reim

nach Ernst Kreidolf
Nebel

Ich stehe am Fenster und schaue hinaus. Ei! Seht doch: Verschwunden ist Nachbars Haus! Sagt: Wo ist die Straße, wo ist der Weg? Wo sind die Zäune, wo ist der Steg? Der Nebel bleibt hängen, hält alles versteckt, hat Straßen und Häuser ganz verdeckt.

1. Lies den Text laut vor. Besprecht, was euch dabei auffällt.

2. „Nebel" war ursprünglich ein Gedicht. Versuche, die Gedichtform in deinem Heft wiederherzustellen. Der Text gibt dir Hilfen.

3. Die Zeilen des Gedichts „Herbst" von Ilse Kleberger sind durcheinander geraten. Wie lautet die erste Strophe des Gedichts wohl richtig?

Ilse Kleberger
Herbst

die braun aus stachliger Schale streben;
man sammelt und sammelt um die Wette
Im Herbst muss man Kastanien aufheben,
und fädelt sie zu einer endlosen Kette.

> Wenn die Wörter am Ende zweier Verse gleich klingen (z. B. *gießt – schießt, gesetzt – zuletzt* usw.), liegt ein **(End-)Reim** vor.

4. Achtung, der Reimklau geht um! Setze die fehlenden Reimwörter ein.

Im Herbst muss man Haselnüsse essen,
das darf man auf keinen Fall _____!
Man muss sich beeilen, denn das Eichhorn mag sie auch
und plündert in Windeseile den _____.

Im Herbst muss man Äpfel und Birnen _____,
doch nicht aus des Nachbars Garten mausen.
Man muss sich mit eignen Früchten befassen
oder sich nicht erwischen _____.

Im Herbst muss der bunte Drachen steigen.
Man muss ihm den Weg in den Himmel _____.
Dann schwebt er hoch über Nachbars _____
und man reckt den Hals und schaut ihm nach.

Nicht immer reimen sich zwei aufeinanderfolgende Verse, wie die folgenden Gedichtanfänge verdeutlichen:

Hermann Hesse
September

Der Garten trauert,
Kühl sinkt in die Blumen der Regen.
Der Sommer schauert
Still seinem Ende entgegen.

5 Golden tropft Blatt um Blatt
Nieder vom hohen Akazienbaum.
Sommer lächelt erstaunt und matt
In den sterbenden Gartentraum.

Christine Busta
Der Sommer

Er trägt einen Bienenkorb als Hut,
blau weht sein Mantel aus Himmelsseide,
die roten Füchse im gelben Getreide
kennen ihn gut.

5 Sein Bart ist voll Grillen. Die seltsamsten Mären
summt er der Sonne vor, weil sie's mag,
und sie kocht ihm dafür jeden Tag
Honig und Beeren.

In der folgenden Strophe etwa reimen sich der erste und dritte und der zweite und vierte Vers. Man ist übereingekommen, zur Verdeutlichung jeweils gleiche Reime mit dem gleichen Buchstaben zu benennen, sodass sich in der folgenden Strophe das Reimschema a – b – a –b ergibt:

Lange noch bei den Rosen	a
Bleibt er stehen, sehnt sich nach Ruh.	b
Langsam tut er die großen,	a
Müdgewordenen Augen zu.	b

5. Entscheide, ob diese Strophe die Fortsetzung von Hesses oder von Bustas Gedichtanfang ist. Begründe deine Meinung von der Form und vom Inhalt her.

Fast jedes **Reimschema** hat seinen Namen:
aabb   **Paarreim**
abab   **Kreuzreim**
abba   **umschließender Reim**
Neben diesen häufigsten Reimfolgen gibt es noch eine ganze Reihe Misch- und Sonderformen.

6. Die folgenden Verse von Bertolt Brecht sind durcheinandergeraten. Wähle zunächst die vier Verse aus, die du für eine Strophe mit vier sich reimenden Versen brauchen kannst. Schneide dann ein Blatt in vier Streifen und schreibe auf jeden der vier Streifen einen Vers. Spiele die Möglichkeiten durch. Überlege, ob sich durch die unterschiedlichen Reimanordnungen etwas an der Wirkung ändert.

nach Bertolt Brecht
Drachenlied

SCHWING DICH, KLEINE BLAUE SACHE

WIRST DU IN DEN LÜFTEN BLEIBEN

FLIEGE, FLIEGE KLEINER DRACHE

KNECHT DER SIEBEN WINDSGEWALTEN

STEIG MIT EIFER IN DIE LÜFTE

BLICK DICH UM SIE ZU BEGRÜSSEN

ÜBER UNSRE HÄUSERGRÜFTE

7. Das Original weist einen Kreuzreim auf und beginnt mit dem Vers „Fliege, fliege kleiner Drache". Wie lautet also Bertolt Brechts erste Strophe?

Hebungen und Senkungen: der Rhythmus

Wie in der Musik gibt es in der Sprache betonte und unbetonte Wörter und Silben. Das fällt beim Sprechen nicht so auf, weil man die Betonungen unbewusst richtig verteilt.

1. Zerlege folgende Wörter in Silben (z. B. Sóm-mer), schreibe sie in dein Heft und markiere die betonte Silbe mit einem Strich über dem Vokal.
Gewitterwolke • Regen • Sonnenschein • Wolke • Gesicht • Undank • entführt • fahren

2. Auch Sätze bzw. im Gedicht die Verse lassen sich mit Betonungen versehen wie hier die ersten Verse im Gedicht von James Krüss. Verfahre mit den beiden letzten ebenso.

James Krüss
Gib Obacht

Gib Ób-acht, wénn von Nór-den hér
No-vém-ber-wín-de pús-ten,
sonst liegst du unter Decken schwer
und fieberst und musst husten.

> In Gedichten nennt man die betonten Silben **Hebungen** und die unbetonten **Senkungen**. Häufig folgt deren Anordnung einem regelmäßigen Muster, dem Metrum. Die Abfolge von Hebungen und Senkungen beeinflusst den Sprechfluss oder **Rhythmus** beim Lesen des Gedichts. Ein wirkungsvoller Gedichtvortrag wird aber nicht alle Hebungen gleich betonen, sondern richtet den Rhythmus am Sprechfluss, dem Sinn und der Stimmung des Gedichts aus. Auch fällt nicht jedes Versende mit einer Pause zusammen.

3. Übe das Gedicht mithilfe der fettgedruckten Vorschläge in den Klammern für den Vortrag ein.

Georg Britting
Goldene Welt

Im September ist alles aus Gold: (**Pause**)
Die Sonne (**Pause**), die durch das Blau hinrollt, (**Pause**)
Das Stoppelfeld, (**Pause**)

Die Sonnenblume (**Pause**), schläfrig am Zaun, (**Pause**)
5 Das Kreuz auf der Kirche, (**Pause**)
Der Apfel am Baum. (**Pause**)

Ob er hält? (**Pause**) Ob er fällt? (**Pause**)
Da wirft ihn geschwind (**entweder Pause oder fließender Übergang**)
Der Wind in die goldene Welt.

4. Lies das folgende Gedicht zunächst streng nach dem Metrum vor und dann so, wie es der Stimmung, dem Inhalt und der Aussage entspricht.

Eduard Mörike
Er ist's

Frühling lässt sein blaues Band
Wieder flattern durch die Lüfte;
Süße, wohlbekannte Düfte
Streifen ahnungsvoll das Land.
5 Veilchen träumen schon
Wollen balde kommen.
Horch, von fern ein leiser Harfenton!
Frühling, ja du bist's!
Dich hab ich vernommen.

5. Kennzeichne die Stellen, an denen du eine Pause einplanst. Berücksichtige dabei besonders das Versende.

6. Untersuche durch unterschiedliches Lesen und Betonen, wie man die beiden letzten Verse vortragen könnte. Entscheide dich für eine Version.

- **Früh**ling, ja **du bist's**!
- **Früh**ling, *(Pause)* **ja du bist's**!
- Frühling, ja **du** bist's!
- **Früh**ling, ja **du bist's**!
- **Früh**ling, ja *(Pause)* **du bist's**!

- **Dich** hab **ich** ver**nom**men!
- **Dich** ich hab ich vernommen!
- Dich hab **ich** vernommen!
- Dich hab ich ver**nom**men!
- Dich hab ich *(Pause)* ver**nom**men!

7. Lerne das Gedicht „Er ist's" von Eduard Mörike auswendig und trage es der Klasse wirkungsvoll vor.

8. Bestimme, wer in diesem Gedicht spricht. Wen spricht er an?

> Das Ich, das sich im Gedicht ausdrückt, ist nicht mit dem Dichter gleichzusetzen, sondern eine fiktive (= eine ausgedachte) Figur, die man als **lyrisches Ich** bezeichnet.

Gedichte auswendig lernen – kein Problem

Ein Gedicht auswendig lernen zu müssen, ist für viele die schlimmste Hausaufgabe, die man sich vorstellen kann. Doch trainiert man damit sein Gedächtnis, prägt sich Wortfolgen und Wendungen ein und übt die Vortragstechnik. Ein paar Tipps sollen helfen, das Auswendiglernen leichter zu machen.

Abdecktechnik
Lies den ersten Vers, die ersten Verse, die erste Strophe laut, decke das Gelesene danach mit einem Blatt ab und wiederhole laut. Decke bei Schwierigkeiten die Textstelle kurz auf. Verfahre mit dem ganzen Gedicht in gleicher Weise.

Du musst für dich selber herausfinden, wie viele Verse du auf einmal abdecken kannst, um sie dir noch merken zu können!

Playback-Verfahren
Wenn du das Gefühl hast oder weißt, dass du dir etwas durchs Hören besser einprägen kannst, kannst du auch mit einem Aufnahmegerät arbeiten. Nimm das Gedicht auf und höre es dir, wie bei der Abdecktechnik beschrieben, mit Pausen und Rücklauf mehrmals an.

Rolle rückwärts
Hast du mit einem Vers besondere Schwierigkeiten, dann hilft dir vielleicht die „Rolle rückwärts". Baue den Vers von hinten auf, bis du ihn beherrschst:
Beispiel:
     … mit einem Wort.
   … fängt man dich mit einem Wort.
  … Auch fängt man dich mit einem Wort.

Schlüsselwort und Reimworttechnik
Schreibe aus jeder Strophe die wichtigsten Wörter (Schlüssel- und/oder Reimwörter) mit einem Bleistift auf einen Zettel und nimm dabei für jeden Vers eine neue Zeile. Lege dann das Gedicht und die Wortliste nebeneinander. Sprich nun das Gedicht mithilfe der Vorgaben und hilf dir mit der Vorlage, wenn du nicht weiterweißt. Radiere nach mehreren erfolgreichen Durchgängen immer mehr Wörter aus, bis du das Gedicht auswendig aufsagen kannst.

9. Bereite ein weiteres Gedicht nach deiner Wahl auf eine der hier vorgeschlagenen Weisen vor und trage es möglichst eindringlich und wirkungsvoll vor.

Bildliche Sprache entschlüsseln

1. Finde heraus, welche Wörter hier dargestellt sind, und erkläre das Prinzip.
2. Zeichne selbst die Begriffe *Bücherwurm*, *Zugvogel* und *Hasenfuß*.
3. Sammle sprachliche Bilder aus dem Gedicht „Wenn es Winter wird" von Christian Morgenstern (S. 173).

Vergleich

1. Finde heraus, welche Redewendung auf dem Bild dargestellt wird.
2. Suche weitere Vergleiche, in denen Eigenschaften von Tieren mit menschlichen Verhaltensweisen in Verbindung gebracht werden.

> Bei einem **Vergleich** werden zwei verschiedene Vorstellungen durch „wie" oder „als" oder „als ob" (= Vergleichswörter) miteinander verknüpft: *schnell* **wie** *der Blitz – ein Baum, größer* **als** *ein Haus – er rannte,* **als ob** *der Teufel hinter ihm her wäre.*

3. Ergänze die folgenden Vergleiche sinnvoll und ohne zu übertreiben.
- Der Wind schläft noch wie …
- Es ist so kalt, als ob …
- Die Schneeflocken tanzen wie …
- Die Narzissen übersäten die Wiese wie …
- Der Schnee dämpft die Schritte, als …

Metapher

1. Finde die Stellen heraus, in denen Josef Guggenmos im folgenden Gedicht Begriffe verwendet, die nicht in ihrem ursprünglichen Zusammenhang stehen.

Josef Guggenmos
Die Amsel im Fliederbusch

Die Amsel, die schwarze, sie
Reißt auf ihren Schnabel, den gelben.
Im Winter tat sie es nie.

Die Amsel singt vor lauter Glück.
5 Der Fliederbusch kriegt Ohren,
grüne Ohren, tausend Stück.

Metaphern (Sg. die Metapher) sind Sprachbilder. Wörter werden aus ihrem herkömmlichen Zusammenhang herausgelöst und in einen neuen Zusammenhang eingefügt. Vorstellungen werden dadurch aus einem Bedeutungsbereich auf einen anderen übertragen. Auf Vergleichswörter wird verzichtet.

Fenster eines Hauses
herkömmlicher Zusammenhang

Fenster aus Eis
übertragener Zusammenhang (= Metapher)

Personifikation

Erich Kästner
Der Januar

Das Jahr ist klein und liegt noch in der Wiege.
Der Weihnachtsmann ging heim in seinen Wald.
Doch riecht es noch nach Krapfen¹ auf der Stiege.
Das Jahr ist klein und liegt noch in der Wiege.
5 Man steht am Fenster und wird langsam alt.

Die Amseln frieren. Und die Krähen darben².
Und auch der Mensch hat seine liebe Not.
Die leeren Felder sehnen sich nach Garben³.
Die Welt ist schwarz und weiß und ohne Farben.
10 Und wär so gerne gelb und blau und rot.

¹ *der Krapfen:* ein kugelförmiges Schmalzgebäck, das in Deutschland an Silvester gegessen wird.
² *darben:* Hunger leiden
³ *die Garbe:* ein Bündel, besonders von Getreide, Stroh, Lichtstrahlen

1. Liste auf, was alles in diesem Gedicht zum Leben erweckt und mit menschlichen Eigenschaften versehen wird.

> Eine besondere Form der Metapher ist die **Personifikation**. Pflanzen, Tieren, Gegenständen oder Jahreszeiten werden dabei menschliche Verhaltensweisen und Eigenschaften verliehen.

2. Versetze dich in eine andere Jahreszeit (Sommer, Herbst, Winter) und „male" sie mit Sprache! Tipp: Denke an Farben, Gerüche, Geräusche, Bewegungen, Stimmungen, die Natur usw. Verwende passende Metaphern, Vergleiche und Personifikationen.

PROJEKT

Gedicht-Werkstatt

Du kannst nun versuchen, selbst ein Gedicht zu schreiben. Folgende Vorgaben können dir helfen.

- Ein **Elfchen** ist ein kurzes, reimloses Gedicht mit einer vorgegebenen Form. Es besteht aus elf Silben.

Form	Beispiel
Zeile 1: **1 Wort** (Leitgedanke)	Blau
Zeile 2: **2 Wörter** (über Menschen, Tiere usw.)	der Himmel
Zeile 3: **3 Wörter** (wesentliche Aussage darüber)	die Welt lacht
Zeile 4: **4 Wörter** (persönliche Aussage)	Ich liege im Gras
Zeile 5: **1 Wort** (Schlussgedanke)	Ferienzeit

- Das **Haiku** stammt ursprünglich aus Japan, ist heute aber weltweit verbreitet. Es besteht aus drei Zeilen und schildert eine Stimmung, die durch besondere Erlebnisse mit der Natur, der Umwelt und der eigenen Seele entstanden ist. Auch das Haiku hat eine feste Form.

Form	Beispiel
Zeile 1: **5 Silben**	Hell schien die Sonne.
Zeile 2: **7 Silben**	Schön war der Sommer mit dir.
Zeile 3: **5 Silben**	Ob er wiederkommt?

Wortarten bestimmen

Artikel

→ Deklinationstabellen: Artikel, S. 269

1. Überlege, was für dich zu einem schönen Tag gehört. Lies anschließend das Gedicht von Dorothee Sölle und vergleiche die indianische Vorstellung eines Tages mit deiner.

Dorothee Sölle
Weisheit der Indianer

Jeden tag
die erde mit den füßen berühren
am feuer sich wärmen
ins wasser fallen
5 und von der luft gestreichelt sein

Wissen ein tag ohne die vier
schwester wasser bruder feuer
mutter erde und vater himmel
ist ein verrotteter tag

10 Ein tag im krieg
den wir gegen alles
führen

2. Die Dichterin hat sich die Freiheit genommen, fast alle Wörter kleinzuschreiben. Notiere die Wörter aus dem Gedicht, die ansonsten großgeschrieben werden (= Nomen).

3. Schreibe die Wörter aus dem Gedicht heraus, die diese Nomen begleiten.

> Der **Artikel** begleitet das Nomen und gibt im Singular dessen grammatisches Geschlecht (**Genus**) an:
> *der/ein*   Maskulinum (männlich)   *der Tag, der Fuß*
> *die/eine*   Femininum (weiblich)   *die Erde, die Luft*
> *das/ein*   Neutrum (sächlich)   *das Wasser, das Feuer*
> Das grammatische Geschlecht braucht mit dem natürlichen nicht übereinzustimmen (z.B. *das Mädchen*). Man unterscheidet den **bestimmten Artikel** (*der, die, das*) und den **unbestimmten Artikel** (*ein, eine, ein*). Wie die Nomen bilden auch die Artikel eine Pluralform. Der bestimmte Artikel lautet im Plural immer *die*, unabhängig vom grammatischen Geschlecht (*die Tage, die Lüfte, die Feuer*). Der unbestimmte Artikel fällt im Plural weg (*Tage, Lüfte, Feuer*).

Nomen (Substantiv)

Erich Fried
Humorlos

Die Jungen werfen zum Spaß mit Steinen nach Fröschen. Die Frösche sterben im Ernst.

1. a) Der Text ist eigentlich ein Gedicht. Überlege, wie die einzelnen Verse lauten könnten. Vergleiche deine Version mit dem Originaltext von Erich Fried.
b) Beschreibe, wodurch sich die Bedeutung der roten und grünen Nomen unterscheidet. Benutze dabei die Wörter *konkret* und *abstrakt*.

> Nomen bezeichnen Lebewesen und Dinge (**Konkreta**), Stimmungen, Gedanken, Gefühle und Zustände (**Abstrakta**). Sie werden großgeschrieben.
> Die meisten Nomen sind im **Numerus** veränderlich: Sie können im **Singular** (in der Einzahl) oder im **Plural** (in der Mehrzahl) stehen.

2. Die Überschrift von Dorothee Sölles Gedicht (S. 185) enthält ein Abstraktum und ein Konkretum. Nenne sie und finde jeweils selbst fünf weitere Beispiele.

> Deklinations-
> tabellen:
> Nomen,
> S. 270–274
>
> Nomen treten in vier **Kasus** (Fällen) auf, sie werden **dekliniert** (gebeugt). Du kannst die Fälle erfragen:
> Nominativ: Wer oder was?   *die Erde*
> Genitiv: Wessen?   *des Grases*
> Dativ: Wem?   *dem Wasser*
> Akkusativ: Wen oder was?   *den Weg*

3. Gedichte wie die folgenden nennt man **Deklinationsgedichte**: In der ersten Verszeile findest du ein Nomen im Nominativ, in der zweiten folgt ein Genitiv, in der dritten ein Dativ, schließlich ein Akkusativ. Verfasse je ein Deklinationsgedicht zu den nachfolgenden Wörtern (wenn es sinnvoll erscheint, im Singular und im Plural).
Wasser • Erde • Natur • Blume • Regenwurm • Licht • Nacht • Stern

Der Wald

Der Wald lebt in mir.
Nachts das Grün des Waldes riechen,
tags dem Wald in die Augen schauen.
Ich liebe den Wald im Frühling.

Die Wälder

Die Wälder leben in mir.
Nachts das Grün der Wälder riechen,
tags den Wäldern in die Augen schauen.
Ich liebe die Wälder im Frühling.

Christian Morgenstern
Der Werwolf

Ein Werwolf eines Nachts entwich
von Weib und Kind und sich begab
an eines Dorfschullehrers Grab
und bat ihn: „Bitte, beuge mich!"

5 Der Dorfschulmeister stieg hinauf
auf seines Blechschilds Messingknauf
und sprach zum Wolf, der seine Pfoten
geduldig kreuzte vor dem Toten:

„Der Werwolf", sprach der gute Mann,
10 „des Weswolfs, Genitiv sodann,
dem Wemwolf, Dativ, wie man's nennt,
den Wenwolf, – damit hat's ein End."

Dem Werwolf schmeichelten die Fälle,
er rollte seine Augenbälle.
15 „Indessen", bat er, „füge doch
zur Einzahl auch die Mehrzahl noch!"

Der Dorfschulmeister aber musste
gestehn, dass er davon nichts wusste.
Zwar Wölfe gäb's in großer Schar,
20 doch „Wer" gäb's nur im Singular.

Der Wolf erhob sich tränenblind –
er hatte ja doch Weib und Kind!!
Doch da er kein Gelehrter eben,
so schied er dankend und ergeben.

4. In der Aufzählung des Dorfschulmeisters tauchen zwei Kasus auf. Nenne diese und die fehlenden Fälle. Ergänze die Liste und stelle die entsprechende Frage.

5. Zwischen Dorfschulmeister und Werwolf gibt es im weiteren Verlauf des Gesprächs ein gewisses Missverständnis. Erkläre, worin es besteht.

6. Führe *der Wolf* im Singular und auch im Plural durch die vier Fälle. Verfahre ebenso mit *das Kind* und *die Pfote*. Suche nach Unterschieden zwischen den drei deklinierten Nomen.

Deklinationstabellen: Nomen, S. 270–274

Adjektive

1. Ergänze im folgenden Gedicht die weggelassenen Wörter. Vergleicht anschließend die unterschiedlichen Lösungen.

nach Klaus Kordon
Manchmal

Manchmal
möchte ich ein ❋ Baum im Walde sein
und im ❋ Wind mich wiegen,
und immerzu mit ❋ Lust
5 stets ❋ Blätter kriegen.

Manchmal
möchte ich eine Blume im Garten sein,
möchte in ❋ Farben lachen,
meine Blüten zum ❋ Himmel strecken
10 und nur ❋ Sachen machen.

Manchmal

2. Die folgenden beiden Texte unterscheiden sich nur in wenigen Wörtern. Stelle eine Liste dieser Wörter zusammen und überlege, was sie beim Leser bewirken.

[1] *Der Schamane:* der Zauberpriester, der Geisterbeschwörer bei Naturvölkern

Text 1:

Ein schwieriger Erdweg führt über einen Pass in das Städtchen Huancabamba. Wenn man dem gleichnamigen Fluss bergab folgt, gelangt man in die Schwüle des Regenwaldes. Stromauf dagegen erreicht man die eisigen Seen Las Huaringas. Hier wohnt in 4000 Metern Höhe ein heiliger Schamane[1], der im ganzen Land wegen seiner Heilkunst berühmt ist.
5 Als Angela eine schwere Krankheit bekam und das Geld der Familie für ratlose Ärzte und nutzlose Medizin verbraucht war, trug ihre traurige Mutter sie in die Kälte hinauf. Der Schamane war die letzte Hoffnung für das Leben der Tochter. Dieser sang geheimnisvolle Lieder, worauf Angela wieder gesund wurde. Seither ehrt sie die Seelen der Vorfahren im alten Tempel des Schamanen.

Text 2:

Ein Erdweg führt über einen Pass in das Städtchen Huancabamba. Wenn man dem Fluss bergab folgt, gelangt man in die Schwüle des Regenwaldes. Stromauf dagegen erreicht man die Seen Las Huaringas. Hier wohnt in 4000 Metern Höhe ein Schamane, der im Land wegen seiner Heilkunst berühmt ist.
5 Als Angela eine Krankheit bekam und das Geld der Familie für Ärzte und Medizin verbraucht war, trug ihre Mutter sie in die Kälte hinauf. Der Schamane war die Hoffnung für das Leben der Tochter. Dieser sang Lieder, worauf Angela wieder gesund wurde. Seither ehrt sie die Seelen der Vorfahren im Tempel des Schamanen.

Adjektive (Eigenschaftswörter) beschreiben Dinge, Lebewesen und Gefühle genauer. Sie können also Auskunft über deren Aussehen, Zustand und Verhalten geben. Adjektive, die direkt bei einem Nomen stehen und dieses näher bestimmen, werden ebenso wie das Nomen dekliniert: *des schönen Kindes*.
Darüber hinaus können sie gesteigert werden. Man nennt dies **Komparation**:

schön	*schöner*	*am schönsten*
(Positiv)	(Komparativ)	(Superlativ)

Adverbien

1. Überlege, welche zusätzlichen Informationen du in den folgenden Gedichten durch die fett gedruckten Wörter erhältst.

Christian Morgenstern
Die zwei Wurzeln

Zwei Tannenwurzeln groß und alt
unterhalten sich im Wald.

Was **droben** in den Wipfeln rauscht,
das wird **hier unten** ausgetauscht.

5 Ein altes Eichhorn sitzt **dabei**
und strickt **wohl** Strümpfe für die zwei.

Die eine sagt: knig. Die andre sagt: knag.
10 Das ist **genug** für einen Tag.

Peter Huchel
Herbst der Bettler

Das spröde Holz am Brombeerzaun
trug **auswärts** Früchte viel,
ganz erdige, von Sonne braun
und Regen **innen** kühl.

5 Die **nachts** auf blauem Felde ruhn,
sie kämmten aus das Laub,
eh sie auf drahtgeflickten Schuhn
fortzogen unterm Staub.

Oktoberbüsche nass und kalt,
10 verfaulter Nüsse Riss,
im raureifübereisten Gras
des Nebels kalter Biss.

Wie eine Wabe ausgeleert,
die Sonnenblume starrt.
15 Der Wind, der durch die Dornen fährt,
klirrt wie ein Messer hart.

Wörter, die die Umstände eines Geschehens oder einer Aussage näher bestimmen, nennt man **Adverbien**. Adverbien werden nicht verändert. Man unterscheidet

Adverbien des Ortes:	*hier, unten, überall ...*	(Wo?)
Adverbien der Zeit:	*jetzt, heute, oft ...*	(Wann?)
Adverbien der Art und Weise:	*kaum, gern, sehr ...*	(Wie?)
Adverbien des Grundes:	*deshalb, trotzdem ...*	(Warum?)

2. Finde in dem Gedicht „Der Werwolf" (S. 187) die Adverbien und ordne sie den entsprechenden Kategorien zu.

Pronomen

Martin Auer
Über die Erde

Über die Erde
sollst du barfuß gehen.
Zieh die Schuhe aus,
Schuhe machen dich blind.
5 Du kannst doch den Weg
mit deinen Zehen sehen.
[…]

Spür das nasse Gras
unter deinen Füßen
10 und den trockenen Staub.
Lass dir vom Moos
die Sohlen streicheln und küssen
und fühl
das Knistern im Laub.

15 Steig hinein,
steig hinein in den Bach
und lauf aufwärts
dem Wasser entgegen.
Halt dein Gesicht
20 unter den Wasserfall.
Und dann sollst du dich
in die Sonne legen.

Leg deine Wange an die Erde,
riech ihren Duft und spür,
25 wie aufsteigt aus ihr
eine ganz große Ruh'.
Und dann ist die Erde
Ganz nah bei dir,
und du weißt:
30 Du bist ein Teil von allem
und gehörst dazu.

1. Erkläre, an wen sich dieses Gedicht wendet und an welchen Wörtern du das erkennst.

> **Pronomen** (= Fürwörter) bezeichnen Personen, Dinge oder Gefühle. Sie werden dekliniert und sind Stellvertreter für Nomen im Satz.

Personalpronomen (persönliche Fürwörter)

Kasus	Singular			Plural		
Nominativ	ich	du	er/sie/es	wir	ihr	sie
Genitiv	meiner	deiner	seiner/ihrer/seiner	unserer	eurer	ihrer
Dativ	mir	dir	ihm/ihr/ihm	uns	euch	ihnen
Akkusativ	mich	dich	ihn/sie/es	uns	euch	sie

Christian Morgenstern
Der Sperling und das Känguruh

In seinem Zaun das Känguruh –
es hockt und guckt dem Sperling zu.

Der Sperling sitzt auf dem Gebäude –
doch ohne sonderliche Freude.

5 Vielmehr, er fühlt, den Kopf geduckt,
wie ihn das Känguruh beguckt.

Der Sperling sträubt den Federflaus –
die Sache ist auch gar zu kraus.

Ihm ist, als ob er kaum noch säße ...
10 Wenn nun das Känguruh ihn fräße?!

Doch dieses dreht nach einer Stunde
den Kopf aus irgendeinem Grunde,

vielleicht auch ohne tiefern Sinn,
nach einer andern Richtung hin.

1. Unterstreiche in dem Gedicht „Der Sperling und das Känguruh" alle Personalpronomen und erkläre, auf wen sie sich beziehen.
2. Füge im Gedicht „Die Vogelscheuche" die fehlenden Personalpronomen ein.

Christian Morgenstern
Die Vogelscheuche

Die Raben rufen: „Krah, krah, krah!
Wer steht denn da, wer steht denn da?
🐦 fürchten 🐦 nicht, 🐦 fürchten 🐦 nicht
vor 🐦 mit deinem Brillengesicht.
5 🐦 wissen ja ganz genau,
🐦 bist nicht Mann, 🐦 bist nicht Frau.
🐦 kannst ja nicht zwei Schritte gehn
und bleibst bei Wind und Wetter stehn.
🐦 bist ja nur ein bloßer Stock,
10 mit Stiefeln, Hosen, Hut und Rock.
Krah, krah, krah!"

Deklinations-tabellen: Pronomen, S. 277–281

Possessivpronomen (besitzanzeigende Fürwörter)

1. Unterstreiche die Possessivpronomen in dem Gedichtbeginn „Meine Stadt" von Josef Reding und bestimme den Kasus.

Josef Reding
Meine Stadt

Meine Stadt ist oft
schmutzig;
aber mein kleiner Bruder
ist es auch,
5 und ich mag ihn.
Meine Stadt ist oft
laut;
aber meine große Schwester
ist es auch,
10 und ich mag sie.

Meine Stadt ist dunkel
wie die Stimme meines Vaters
und hell
wie die Augen meiner Mutter.
15 Meine Stadt und ich:
wir sind Freunde,
die sich kennen;
nicht flüchtig kennen
wie die von fern her,
20 die der Bürgermeister
manchmal über die
Hauptstraße führt. […]

Das **Possessivpronomen** (besitzanzeigendes Fürwort) bezeichnet die Zugehörigkeit eines Lebewesens, einer Sache oder eines Gefühls zu einer (oder mehreren) Person(en). Meist steht das Possessivpronomen als Begleiter vor einem Nomen, nach dem es sich in Kasus, Numerus und Genus richtet. Es wird also dekliniert: z.B. *meine* Welt, *unser* Garten, *eure* Freunde, *seinem* Hund.

---

2. Markiere mit unterschiedlichen Farben die übrigen Pronomen im Gedicht *Meine Stadt*. Gib an, um welche Art von Pronomen es sich handelt. Bestimme auch den Kasus.

Weitere Pronomen sind:
- **Demonstrativpronomen** (hinweisendes Fürwort): *Dieses Kind, jener Junge …*
- **Interrogativpronomen** (Fragepronomen): *wer? wann? wo? was? …*
- **Indefinitpronomen** (unbestimmtes Fürwort): *alles, einige, viele, niemand …*
- **Reflexivpronomen** (rückbezügliches Fürwort): *du ärgerst dich, er wäscht sich …*
- **Relativpronomen**: Der Mann, *den* du dort siehst, ist mein Vater.

---

3. Schreibe nun ein Gedicht über dich und deine Stadt.

Präpositionen

[1] *auf allen vieren* → Kleinschreibung! (meint: *auf allen vier Beinen*)

Eva Rechlin
In dieser Minute

In der Minute, die jetzt ist –
und die du gleich nachher vergisst –,
geht ein Kamel auf allen vieren[1]
    im gelben Wüstensand spazieren.
5 Und auf den Nordpol fällt jetzt Schnee,
    und tief im Titicacasee
        schwimmt eine lustige Forelle.
        Und eine hurtige Gazelle
    springt in Ägypten durch den Sand.
10 Und weiter weg im Abendland
    schluckt jetzt ein Knabe Lebertran.
    Und auf dem großen Ozean
        fährt wohl ein Dampfer durch
        den Sturm.
15 In China kriecht ein Regen-
    wurm
    zu dieser Zeit zwei Zentimeter.
    In Prag hat jemand Ziegenpeter,
    und in Amerika ist wer,
20 der trinkt grad seine Tasse leer,
    und in Australien – huhu –
    springt aus dem Busch ein Känguru.
    Und hoch im Norden irgendwo,
    da hustet jetzt ein Eskimo[2]
25 In Frankreich aber wächst ein Baum
    ein kleines Stück, man sieht es kaum,
    und in der großen Mongolei,
    schleckt eine Katze Hirsebrei.
    Und hier bei uns, da bist nun du
30 und zappelst selber immerzu
    und wenn du das nicht tätest, wär
    die Welt jetzt stiller als bisher!

[2] Die Bezeichnung *Eskimo* sollte man vermeiden, da sie von den Betroffenen als beleidigend empfunden wird. Korrekterweise spricht man heute von *Inuit*.

1. Was passiert an anderen Orten „in dieser Minute"? Erweitere das Gedicht um einige Verse. Achte darauf, dass sich jeweils zwei aufeinanderfolgende Verse reimen.

2. Es gibt eine Reihe von Wortgruppen in dem Gedicht, die auf die Fragen *wann? – wie? – wohin? – wo? – woher?* antworten. In den ersten neun Zeilen sind die Wörter unterstrichen, die zu diesen Gruppen gehören. Suche die entsprechenden Wörter im Rest des Gedichts heraus und ordne sie den jeweiligen Fragen zu.

Präpositionen (Verhältniswörter) geben an, in welcher Beziehung Lebewesen, Dinge oder Vorgänge zueinander stehen, zum Beispiel:
durch, auf, in, nach, neben, vor, in, bis, nach, während, wegen, aus, trotz, unter, mit, aus, ohne

Präpositionen stehen immer in Verbindung mit einem Nomen oder einem Pronomen, dessen Kasus sie meist eindeutig bestimmen. Präpositionen können den Genitiv, den Dativ oder den Akkusativ nach sich ziehen. Sie werden nicht dekliniert, sie verschmelzen aber oft mit dem Artikel des Nomens zu einem Wort.
z.B. *in das* ➔ *ins*   *in dem* ➔ *im*   *zu dem* ➔ *zum*   *zu der* ➔ *zur*   *um das* ➔ *ums*

Bei folgenden Präpositionen musst du unterscheiden, ob eine Bewegung stattfindet (wohin?) oder eine Ruhestellung beschrieben wird (wo?): *an, auf, hinter, in, neben, über, unter, vor, zwischen.*

☞ Der Kasus nach Präpositionen, S. 276

Beispiele: *Ich lege mich **ins** Bett. (Wohin?* ➔ *Akkusativ)*
*Ich liege **im** Bett. (Wo?* ➔ *Dativ)*
*Er setzt sich **an den** Tisch. (Wohin?* ➔ *Akkusativ)*
*Er sitzt **am** Tisch. (Wo?* ➔ *Dativ)*
*Du stellst dich **auf die** Mauer. (Wohin?* ➔ *Akkusativ)*
*Du stehst **auf der** Mauer. (Wo?* ➔ *Dativ)*

---

3. Setze im folgenden Text die richtige Präposition ein und ergänze die Begleiter der Nomen im entsprechenden Kasus.

Im Schlaraffenland

___ dies___ Land möchten alle gerne wohnen. Die Häuser sind ___ Schokolade bedeckt und ___ d___ Wänden hängen Lebkuchen statt Bilder. ___ ein___ Tür, die ganz ___ weiß___ Zuckerwatte besteht, kommt man ___ d___ Garten. Direkt ___ d___ Haus steht ein Brunnen. Du brauchst nur den Mund ___ d___ Hahn zu halten und schon fließt dir Limonade ___ d___ Kehle. ___ dein___ Kopf rauschen die Bäume. ___ d___ Bäumen wächst Geld, das man einfach abschütteln kann. ___ ein___ Faulenzer ist das Schlaraffenland ein Paradies, denn Arbeiten ist strengstens untersagt.

Konjunktionen

1. Schreibe die Sätze in dein Heft und fülle dabei die Lücken sinnvoll. Vergleicht anschließend eure Ergebnisse. Unterhaltet euch über eure Lebensträume.

Wenn ich an … denke,	**oder**	würde ich gerne …
Meine Freunde	**und**	… sollen …
Ich hoffe,	**dass**	auf der Welt …
Mein Traumberuf ist …	**weil**	…
Meine Freunde wollen reich werden,	**aber**	ich …
Zusammen mit meinen Eltern …	**wenn**	…

2. Findet gemeinsam heraus, was durch die Wörter miteinander verbunden wird.

> Konjunktionen (Bindewörter) haben die Aufgabe, zu verbinden. Man unterscheidet nebenordnende und unterordnende Konjunktionen.
> - **Nebenordnende Konjunktionen** verbinden Wörter, Wortgruppen oder Hauptsätze (→ Satzreihe).
>   Lea **und** ich möchten einmal ein Flugzeug fliegen **oder** ein Rennauto fahren.
>   Den Menschen in Luxemburg geht es sehr gut, **aber** in vielen anderen Ländern leiden die Menschen Hunger.
> - **Unterordnende Konjunktionen** leiten Nebensätze ein und bestimmen deren Beziehung zum Hauptsatz (→ Satzgefüge).
>   Wir hoffen auf Frieden, **obwohl** es auf der Welt so viel Gewalt gibt.

3. Ergänze in deinem Heft fünf weitere Aussagen, in denen du dich zu deinen Vorstellungen von der Zukunft äußerst. Wähle aus den folgenden Konjunktionen aus:
oder • seit • als • und • weil • bevor • denn • nachdem • seitdem • sondern

4. Schreibe den Text neu und verbinde dabei jeweils zwei Sätze mit Konjunktionen.

So ein Tag!

Er frühstückte. Er ging zur Schule. • Er verpasste den Bus. Er musste zu Fuß gehen. • Er beeilte sich sehr. Er kam zu spät zur ersten Stunde. • Die Lehrerin verteilte gerade die Prüfungsaufgaben. Er stürmte in die Klasse. • Er entschuldigte sich. Er bekam eine Strafe. • Alle Schüler schrieben eifrig. Ihm fiel
5 nichts zum Thema ein. • Es klingelte endlich. • Er ging nach Hause.

„Wir horchen staunend auf, wenn eine NASA-Sonde Wasser auf dem Mars entdeckt haben soll – aber wir haben verlernt zu staunen über das Wasser, das bei uns so selbstverständlich aus dem Hahn fließt …"

Horst Köhler, ehemaliger deutscher Bundespräsident (2004–2010)

Unser Wasser

Aufgaben: Seite 204

Kati Dammer
Leere Brunnen – und nun?

Hahn auf, Trinkwasser kommt! Was den meisten Europäern ganz selbstverständlich erscheint, ist für über eine Milliarde Menschen der Erde nur ein Traum. Damit sich daran etwas ändert, müssen alle umdenken. Wir haben nämlich ein echtes Wasserproblem!

Welch ein Luxus, welch eine Wohltat: Morgens den Duschhahn aufdrehen, und aus der Brause sprudelt frisches, reines Wasser! Die Einwohner des indischen Dorfes Natwargadh können davon nur träumen. Wie eine Milliarde Menschen haben sie keinen Zugang zu sauberem Wasser. Das sind etwa zwölfmal so viele, wie in Deutschland leben![1]

[1] Das sind 2000-mal mehr als in Luxemburg wohnen.

Dabei gibt es so viel Wasser auf unserem Planeten. Die Frisch- oder Süßwasserreserven der Erde sind so groß, dass man mit ihnen theoretisch 1750-mal die Ostsee füllen könnte. Trotzdem gelingt es bisher nicht, den „Durst der Welt" zu stillen – aus drei Gründen:

Erstens: Ein Großteil des Trinkwassers auf unserem Planeten ist zu Eis gefroren. Es lagert als Gletscher in der Antarktis und in Gebirgen oder als Packeis in der Arktis – und steht damit nicht sofort zur Verfügung. Genauso wie jene Wassermassen, die so tief in der Erde eingeschlossen sind, dass Bohrer kaum zu ihnen vordringen können.

Zweitens: Trinkwasser-Vorkommen verteilen sich ungleichmäßig auf unserem Erdball. Während es bei uns oft und ausreichend regnet, um Seen, Flüsse und Grundwasser-Speicher aufzufüllen, leiden Menschen in anderen Gebieten der Erde unter lang anhaltender Trockenheit.

Das dritte Problem ist von Menschen gemacht: Es tritt überall dort auf, wo mehr Wasser verbraucht wird, als der natürliche Wasserkreislauf liefert. Zum Beispiel im Großraum Chicago: Die US-amerikanische Stadt liegt am Ufer des Lake Michigan und hat damit einen der größten Frischwasser-Speicher der Erde vor der Haustür. Das Seewasser, so könnte man meinen, müsste in derart großen Mengen versickern, dass es die unterirdischen Grundwasser-Speicher Chicagos immer wieder erneuert. Ein Irrtum! Wie neue Untersuchungen zeigen, verbrauchen die Einwohner der Großstadt so viel Trinkwasser, dass der Grundwasserspiegel in den vergangenen Jahren um mehr als 300 Meter gesunken ist.

Drei Stunden laufen die Kinder in Tansania jeden Tag, um Wasser zu holen.

Eine gefährliche Entwicklung! Denn ähnliche Meldungen kommen aus Spanien, dem Jemen, aus dem Norden Chinas und aus Indien. Im indischen Bundesstaat Punjab zum Beispiel pumpen Bauern heute um ein Vielfaches mehr Grundwasser auf ihre Felder als noch vor 45 Jahren. Die Folge: Die trockene Region gehört heute zwar zu den Kornkammern des Landes. Der Preis des Erfolges ist jedoch hoch: Drei von vier Grundwasser-Speichern sind nahezu leer gepumpt. Und das verbleibende Nass enthält zu viel Salz und schädliche Mengen giftiger Stoffe wie Arsen, Uran und Fluor. Kurz: Es ist für Menschen, Tiere und Pflanzen ungenießbar!

Nach langer Trockenheit: Bewohner eines indischen Dorfes an einem der wenigen Brunnen

Die einzig gute Nachricht: Wo das Wasser knapp wird, denken die Menschen häufig um. In Mutyalapadu, einer Region im indischen Bundesstaat Andhra Pradesh zum Beispiel haben Bauern gemeinsam ein Netzwerk zur Beobachtung des Grundwassers aufgebaut. Sie messen nicht nur, wie viel Regen fällt, sondern entscheiden zusammen, welche Getreidesorten sie auf welchen Feldern anbauen. Sie berechnen, wie viel Wasser die Pflanzen jeweils brauchen und wer wo und wann Wasser pumpen darf. Diese Teamarbeit trägt buchstäblich Früchte. Statt wasserdurstiger Bananen-, Baumwoll- und Reispflanzen wachsen heute 13 verschiedene Obst-, Getreide- und Gemüsearten auf den Feldern, darunter zum Beispiel Linsen und Nüsse. Kompost ersetzt Kunstdünger. Kaum ein Bauer holt zu viel Grundwasser aus seinem Brunnen. Der Erfolg findet außerdem Nachahmer! In den benachbarten Bundesstaaten drücken Bauern jetzt ebenfalls die Schulbank, um zu lernen, wie sie ihre Grundwasser-Speicher bewahren können. Die Regierung in China will in den nächsten Jahren umgerechnet mehr als 400 Milliarden Euro ausgeben, um das Grundwasser des Landes zu schützen.

Abgucken lohnt sich auch in Singapur: Um seine Einwohner langfristig mit Trinkwasser zu versorgen, sammelt der kleine Stadtstaat in Südostasien Regenwasser, wo und wann immer dies möglich ist: auf den Dächern der Hochhäuser, selbst in Straßen und auf Brücken. Kein Tropfen soll ungenutzt versickern. Die aufgefangene Flüssigkeit wird in Kläranlagen geleitet und so lange gereinigt, bis sie trinkbar ist. Gleichzeitig verpflichtet die Regierung die Bürger, ihre Wohnungen mit Wasserspar-Technik auszustatten – vom Wasserhahn in der Küche bis hin zum Toiletten-Spülkasten. Die Einwohner Singapurs machen mit, denn andernfalls drohen ziemlich hohe Extra-Gebühren.

Das sind nur einzelne Beispiele, gewiss, doch sie zeigen, dass gute Ideen zum Erfolg führen. Die wichtigste Erkenntnis lautet nämlich: Wir haben nur eine begrenzte Menge Trinkwasser auf dieser Welt. Deshalb müssen alle Menschen mit den Reserven schonend umgehen und sollten keinen Tropfen verschwenden oder verschmutzen.

Eine Aufgabe, vor der auch die Industrie steht: Bisher leiten die Fabriken und Bergwerke weltweit pro Jahr bis zu 400 Millionen Tonnen Schwermetalle, giftigen Klärschlamm und andere Abfälle in Bäche, Seen, Flüsse und Meere. Würde man diese Menge in Eisenbahnwaggons füllen, wären das mehrere Millionen Güterwagen.

Solche Verschmutzungen zu verhindern ist auch der einfachste und billigste Weg, unser Wasser zu schützen. Eine Gerberei in Simbabwe etwa zeigt, dass sich diese Mühe lohnt. In der lederverarbeitenden Fabrik wurden früher Chemikalien benutzt, um Haare von Tierhäuten zu lösen. Dieses Gift landete im Abwasser. Heute waschen die Gerber die Felle mit einer neuen Technik. Das Abwasser ist sauberer – und die Firma spart sogar noch Geld.

Aufgaben: Seite 204

Doris Bauer, Martine Peters
Trinkwasser in Luxemburg

Herkunft des Trinkwassers

Den größten Teil, nämlich zwei Drittel unseres Trinkwassers, entnehmen wir dem Grundwasser. Das restliche Drittel ist Oberflächenwasser (Stausee Esch/Sauer). Das Grundwasser wird normalerweise in Quellen gefasst. Beim Versickern durch den Sandstein wird das Wasser gleichzeitig gefiltert und gereinigt. Unter dem Sandstein trifft das Wasser auf undurchlässige Schichten aus Ton und sammelt sich dort als Grundwasser oder fließt zu einer Quelle.

Oberflächenwasser wird in Luxemburg aus dem Stausee bei Esch/Sauer gewonnen. Das Wasser der Sauer wird durch eine 47 Meter hohe Mauer angestaut. Auf diese Weise hat sich im engen Flusstal ein Stausee gebildet, der ein Fassungsvermögen von 60 Millionen Kubikmeter Wasser hat. Pro Jahr werden 15 Millionen Kubikmeter Wasser aus dem Stausee für Trinkwasserzwecke entnommen und aufbereitet. Zuständig dafür ist das Syndikat SEBES (*Syndicat des Eaux du Barrage d'Esch-sur-Sûre*).

Luxemburg ist das einzige Land in Europa, das den Großteil seines Trinkwassers, näm-

Der Stausee bei Esch-Sauer im Naturpark Obersauer

lich 60%, aus Quellen bezieht. Dies ist nur möglich aufgrund der günstigen geologischen Gegebenheiten und weil das Land verhältnismäßig gering besiedelt ist.

Trinkwasserverteilung

Das Trinkwasser gelangt von der Quelle oder von der Aufbereitungsanlage über ein ausgedehntes Leitungsnetz in die Häuser. Für die Trinkwasserverteilung und den Unterhalt der Infrastrukturen sind die Gemeinden zuständig. Wie viel Quellwasser mit Oberflächenwasser vermischt wird, bevor es an die Verbraucher fließen kann, ist von Gemeinde zu Gemeinde sehr unterschiedlich:
- 20% der Gemeinden benutzen ausschließlich Wasser aus eigenen Quellen oder Bohrungen.
- 50% der Gemeinden sind an ein Syndikat angeschlossen, das sie mit Trinkwasser versorgt.
- 30% der Gemeinden sind an ein Trinkwassersyndikat angeschlossen und nutzen gleichzeitig eigene Quellen.

Lokale Wasserbehälter dienen als Trinkwasservorrat in den Gemeinden. Sie liegen stets höher als die angeschlossenen Häuser, sodass das Trinkwasser aufgrund des natürlichen Gefälles durch die Leitungen fließt. Normalerweise sind diese Wasserbehälter sogenannte Erdbehälter, das heißt, der Wasserspeicher liegt im Boden.

Wenn es aber aufgrund des natürlichen Geländes nicht möglich ist, den Behälter an einem Hang höher als die angeschlossenen Häuser anzulegen, wird ein Wasserturm installiert.

Trinkwasserverbrauch

Der tägliche Verbrauch variiert weltweit sehr stark. Während in den USA täglich rund 360 Liter Trinkwasser pro Kopf verbraucht werden, stehen in verschiedenen Entwicklungsländern gerade mal 10 Liter pro Kopf zur Verfügung.

In Luxemburg liegt der durchschnittliche tägliche Verbrauch bei rund 150 Litern pro Kopf. Davon entfallen aber nur 3 bis 5 Liter pro Kopf (rund 3%) auf primäre Bedürfnisse wie Trinken und Essen.

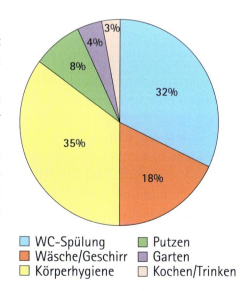

Beate Fuhl

Wasser marsch!

Laut Statistik verbraucht jeder Deutsche pro Tag 140 Liter Wasser. Kann ja wohl nicht wahr sein, sagte sich X-mag-Redakteurin Beate Fuhl und hat ihren Wasserverbrauch an einem x-beliebigen Tag gemessen.

Statistiken habe ich noch nie geglaubt. 140 Liter Wasser am Tag. Jeder Deutsche. Wer's glaubt … Heute ist Tag X: Ich stehe verschlafen vor meiner Dusche, und mein persönlicher Wasserstandszähler steht noch bei null. Einen Tag lang soll ich meinen Wasserverbrauch festhalten und zusammenrechnen. Das kann ja nicht so schwer sein. Das kann ja nicht so viel sein.

Also Stöpsel in die Badewanne und losgeduscht. Ein knappes Drittel ist die Wanne voll, als ich wieder im Trockenen bin. Und ich komme gleich ganz schön ins Schwitzen: Warum fasst mein Messbecher nur einen halben Liter und hat mein Putzeimer keine Literskala? Eine halbe Stunde später habe ich meine Messbecherfüllungsstrichliste ausgewertet und den Bodensatz in der Wanne geschätzt. Ich bin unangenehm überrascht: Satte 40 Liter flutschten nur fürs Wach- und Sauberwerden durch den Abfluss. Wenigstens habe ich die Kaffeemaschine schon vorher gefüllt und in Gang gesetzt, sonst müsste ich jetzt erst noch den Messbecher spülen und dabei jeden Tropfen registrieren – denn Kaffee mit Duschbad, nein danke. Eineinhalb Becher trinke ich jeden Morgen zum Frühstück, dafür sind 0,5 Liter Wasser notwendig, weil einiges sich in Dampf auflöst. Ich hätte die Maschine gestern noch entkalken sollen, ertappe ich mich beim ersten Einspargedanken. Weg damit, ich will ja nicht schummeln und in Ruhe mein Frühstück genießen.

Dabei gehe ich davon aus, dass bei den 140 Litern das in Lebensmitteln versteckte Wasser nicht miteingerechnet ist, denn der Wasserbedarf für Industrie und Gewerbe wird in eigenen Statistiken erfasst. So braucht man für die Herstellung von einem Liter Milch bis zu vier Liter und für die von einem Kilogramm Zucker bis zu 100 Liter Wasser. Diese Fakten auf meinen Schuss Milch im Frühstückskaffee und den Löffel Nutella umzurechnen, würde mich – nicht nur so früh am Morgen – schlichtweg überfordern.

Vor lauter Rechnen und ja nichts ohne Messbecher durch Abfluss oder Kehle laufen lassen, hätte ich beinahe vergessen, mir die Zähne zu putzen und das Gesicht zu waschen. Also wieder ab ins Bad, die bewährte Stöpsel- und Schöpftaktik angewandt und den Rest im gewölbten Waschbeckenboden geschätzt – weitere fünf Liter schlagen in meiner Tagesbilanz zu Buche.

Jetzt bloß nicht ins Grübeln kommen, noch schnell auf die Toilette und ab in die Redaktion. Für den Tag habe ich mir schon eine Strichliste für Toilette und Getränke angelegt. Meine Tasse im Büro fasst 0,2 Liter, und was die Toilettenspülung angeht, muss ich erst noch den Hersteller anrufen. Immerhin erfahre ich im dritten Anlauf, dass der Spülkasten neun Liter fasst und bei Betätigung der Spartaste nur ein Drittel der Menge abgibt. Also tagsüber fleißig gestrichelt,

Abrechnung folgt. Mit einer Zwischenbilanz von vier Toilettengängen und einem Dreiviertel Liter für Kaffee und Mineralwasser verlasse ich abends die Redaktion.

Zu Hause meldet sich mein Magen. Nach kurzem Nachdenken entscheide ich mich für Spaghetti mit Tomatensoße, das erleichtert nämlich meine Buchführung ungemein, weil ich dazu nur zwei Liter Nudelwasser brauche. Nach dem Essen stelle ich ärgerlich fest, dass ausgerechnet heute meine Spülmaschine wieder voll ist. Laufen lassen oder nicht ist jetzt die Frage, aber ich will ja ehrlich bleiben. Widerwillig schalte ich sie also ein und suche hektisch nach der Gebrauchsanweisung. Wenigstens besitze ich ein kleines Öko-Sparmodell, außerdem dauert es – vorausgesetzt, ich hatte keinen Besuch – drei Tage, bis ich sie voll habe. Es kostet mich 40 Minuten, bis ich endlich herausbekomme, dass das Teil im Normalprogramm 19 Liter Wasser braucht. Soll ich das jetzt dritteln oder komplett in meine Tagesliste schreiben? Ich entscheide mich für Letzteres. Eigentlich wollte ich heute auch noch ein paar Pullover waschen, aber nach einem Blick in die Gebrauchsanleitung meiner Waschmaschine verschiebe ich das auf morgen. Denn im Wollprogramm pumpt sie 35 Liter durch die Trommel, bei Kochwäsche sogar über das Doppelte. Da ich jede Woche nur zwei Füllungen (na ja, wenn Bettwäsche dazukommt, drei) habe, verzichte ich auf die Rechenarbeit.

Bis ich schließlich ins Bett gehe, stehen noch zwei weitere Toilettengänge und eineinhalb Flaschen Mineralwasser à 0,7 Liter auf meiner schon ziemlich vollen Verbrauchsliste. Klar, dass es vorher noch zum Waschen und Zähneputzen ins Bad geht, dabei nehme ich jetzt schon automatisch den Messbecher mit. Weitere 15 Liter habe ich damit verpritschelt. Die Abrechnung aber verschiebe ich lieber auf den nächsten Tag. Es könnte ja sein, dass ich sonst vor lauter Aufregung nochmals aufs Klo muss, und das will ich meiner Bilanz nicht mehr antun.

Tolle Beschäftigung beim Frühstück: sieben Toilettengänge ausrechnen und dann alles zusammenzählen. Verflixt, ich habe ja das Händewaschen vergessen! Wenigstens weiß ich ganz sicher, dass ich das nach jedem Toilettengang und vor jedem Essen mache. Also, nochmal den Messbecher raus und einmal für die persönliche Statistik Hände waschen – macht neunmal 1,5 Liter, die noch dazu müssen. Ich staune nicht schlecht: 123,8 Liter Wasser habe ich an diesem ganz normalen Tag X verbraucht. Hätte ich noch die Wäsche gewaschen, wären es schon fast 160 Liter gewesen. Und dabei habe ich noch nicht mal meine Blumen gegossen.

Kati Dammer, **Leere Brunnen – und nun?** *(Seite 198)*

1. Stelle dar, weshalb es trotz großer Süßwasserreserven schwer ist, alle Menschen mit ausreichend sauberem Trinkwasser zu versorgen.
2. Arbeite heraus, welche Lösungen die Menschen gefunden haben, um sorgfältiger mit Regen- und Grundwasser umzugehen.
3. Erkläre, warum die Industrie besondere Anstrengungen zum Schutz des Trinkwassers unternehmen muss und welche Möglichkeiten sie dabei hat.

 Doris Bauer, Martine Peters, **Trinkwasser in Luxemburg** *(Seite 200)*

1. Erkläre, woher das Trinkwasser in Luxemburg kommt und was an unserer Trinkwasserversorgung einzigartig ist.
2. Stelle in einem Schema (Kreisdiagramm) dar, wie die luxemburgischen Gemeinden ihre Trinkwasserversorgung organisieren.
3. Überlege, warum in den Industrieländern viel mehr Wasser verbraucht wird als in den Entwicklungsländern.
4. Schreibe mithilfe der Informationen aus dem Kreisdiagramm „Trinkwasserverbrauch" einen Text über den täglichen Umgang der Luxemburger mit dem Trinkwasser.

 Beate Fuhl, **Wasser marsch!** *(Seite 202)*

1. Erkläre, was die Verfasserin mit ihrem Experiment bezwecken will.
2. Nenne die verschiedenen Probleme, auf die Beate Fuhl bei ihrem Experiment stößt.

Sinnentnehmendes Lesen:
Lesen und Verstehen mit der „Lese-Brille"

Überfliegen: Du verschaffst dir einen ersten Eindruck vom Text, indem du ihn überfliegst und dabei vor allem auf den Beginn einzelner Abschnitte, auf Hervorhebungen oder ähnliche Besonderheiten achtest.

Fragen stellen: Beim Überfliegen versuchst du dir die wichtigsten Aussagen des Textes zu merken. Nimm nun dein Heft und schreibe dir die entsprechenden Fragen auf, die der Text beantwortet. (Achtung: Nur die Fragen aufschreiben!)

Gründliches Lesen: Jetzt liest du den Text langsam und gründlich durch. Formuliere dabei zu jedem Sinnabschnitt einen Aussagesatz und überprüfe, ob dieser zu einer der von dir gestellten Fragen passt.

Wiederholen: Damit du den Text besser behalten kannst, wiederholst du anhand der Fragen und Aussagesätze noch einmal die wichtigsten Informationen des Textes. Besonders hilfreich ist, wenn du mithilfe deiner Aufzeichnungen einen kleinen Vortrag über den Text hältst. Das kann für dich selbst, vor deinen Eltern oder auch vor der Klasse sein.

Informierende Texte untersuchen

Druckmedien zur Information nutzen

1. Bringt möglichst viele Kinder- und Jugendzeitschriften und auch Zeitungen und Zeitschriften, die spezielle Seiten für Jugendliche enthalten, in den Unterricht mit.

2. In eurer Klasse gibt es wahrscheinlich ein ziemliches Geraschel in einem kaum überschaubaren „Blätterwald", in dem man sich erst einmal grundlegend zurechtfinden muss. Sortiert zunächst einmal nach Kinderzeitschriften, Jugendzeitschriften, Zeitungen mit Kinder-/Jugendseiten, Zeitschriften mit Kinder-/Jugendseiten. Klärt dabei den Unterschied zwischen Zeitung und Zeitschrift.

3. Fasst das zentrale Anliegen des folgenden Textes knapp zusammen, der gekürzt der Jugendzeitschrift „X-mag" entnommen ist.

André Lorenz
Wusstet ihr schon, …?

… dass zwei Milliarden Menschen dreckiges und verseuchtes Wasser trinken und fünf Millionen Menschen pro Jahr daran sterben?

… dass nur ein Prozent der weltweiten Wasservorräte nutzbares Süßwasser ist? 97 Prozent fließen in den Weltmeeren, zwei Prozent sind in Gletschern und im Polareis zugefroren.

… dass die Amerikaner in einem Zeitraum von nur ein bis zwei Generationen dem riesigen Grundwasserspeicher unter den Staaten Nebraska, Kansas, Colorado, Oklahoma, Texas und New Mexico so viel Wasser entnommen haben wie in einer halben Million Jahren nachströmt?

… dass sich der Wasserverbrauch auf dem amerikanischen Kontinent zwischen 1950 und 1990 verdoppelt, in Afrika verdreifacht und in Europa sogar verfünffacht hat?

… dass die Industrie bis 2025 ihre Wasserentnahme verdreifachen wird?

… dass die Italiener die größten Wasserverbraucher Europas sind? Jeder Italiener verbraucht pro Tag 251 Liter. Mustergültig sind dagegen die Belgier: Bei ihnen rinnen pro Einwohner und Tag 120 Liter durch die Hähne. Auch die Deutschen befinden sich noch im grünen Bereich und verbrauchen etwa 140 Liter pro Einwohner und Tag. Weltweite „Spitzenreiter" dagegen sind die Amerikaner: Sie verbrauchen pro Tag etwa 900 Liter Wasser!

… dass ein Europäer im Durchschnitt zehnmal so viel Wasser verbraucht wie ein Afrikaner?

… dass man für ein Vollbad fünf- bis sechsmal so viel Wasser benötigt wie für eine Dusche?

… dass tropfende Wasserhähne ziemlich teuer werden können? Ein Tropfen Wasser alle drei Sekunden kann bis zu 75 € mehr im Monat kosten.

… dass man pro Zähneputzen 20 Liter Wasser sparen kann, wenn man ein Glas benutzt statt den Wasserhahn laufen zu lassen?

… dass von unserem täglichen Wasserverbrauch fast 90 Prozent für Hygiene draufgehen (von der Toilettenspülung bis zur Körperpflege)? Zum Kochen und Trinken benötigen wir dagegen nur drei Prozent.

… dass bis zum Jahr 2025 40 Prozent der Menschheit in Ländern mit chronischem[1] Wassermangel leben werden?

… dass sich knapper werdende Wasservorräte verheerend auf die Produktion von Grundnahrungsmitteln auswirken? So sind zum Beispiel 1000 Tonnen Wasser nötig, um eine Tonne Getreide wachsen zu lassen.

… dass in vielen Städten zwischen 40 und 60 Prozent des Trinkwassers durch undichte Leitungen verschwendet werden?

[1] chronisch: ständig

4. Stellt die Informationen aus dem Artikel übersichtlich auf Plakaten zusammen. Besonders interessante Verbrauchs- oder Prozentwerte lassen sich dabei mit Schaubildern verdeutlichen; vielleicht können manche von euch diese schon mit geeigneten Computerprogrammen erstellen. Zieht auch die Texte „Trinkwasser in Luxemburg" (S. 200) und „Wasser marsch!" (S. 202) zur Auswertung heran.

5. In Aufgabe 2 habt ihr euch mit der Unterscheidung zwischen Zeitung und Zeitschrift beschäftigt. Erklärt, warum der Artikel eigentlich nur in einer Zeitschrift abgedruckt sein kann.

PROJEKT

Tipps zur Wassereinsparung

Erarbeitet im Unterricht (auch die Fächer Naturwissenschaften und Geographie können euch dabei unterstützen) konkrete Tipps zur Wassereinsparung und veröffentlicht diese auf Plakaten oder Handzetteln. Besondere Aufmerksamkeit werden eure Wasserspartipps finden, wenn ihr sie jeweils mit einer kleinen Illustration versieht. Fragt gegebenenfalls auch die Kunstlehrkraft um Rat.

Sich mit Inhalt und Form von Sachtexten auseinandersetzen

1. Dies ist die erste Seite eines Geolino-Artikels über das Mädchen Asayech. Trage zusammen, was du über sie und ihr Land erfährst.

unicef
ÄTHIOPIEN

Der Staat in Ostafrika ist mehr als dreimal so groß wie Deutschland. Fast jeder zweite der 85 Millionen Einwohner ist jünger als 15 Jahre

GEOlino stellt in jeder Ausgabe ein UNICEF-Projekt vor. UNICEF ist das Kinderhilfswerk der Vereinten Nationen, des Bundes aus fast allen Staaten der Erde. Mehr darüber erfahrt ihr auf der Kinderseite des Hilfswerks www.younicef.de

Die **TRAGESEILE** zerren an Asayechs Schultern (großes Bild). Jeden Tag holt die 13-Jährige Wasser. Früher schöpfte sie es aus einem fernen **BACH** (links)

2. Schau dir den Artikel „Wasser für Asayech" zunächst an, ohne den Text selbst zu lesen. Gib an, welche Informationen du im Titel, im Vorspann, in der Autorenzeile und in den Bildzeilen erhältst.

Seit UNICEF einen **BRUNNEN** bauen ließ (links), müssen Asayechs Familie und die anderen Dorfbewohner nicht mehr den langen **WEG** bis zum Bach laufen (unten)

Wasser für Asayech

Text: Verena Linde
Fotos: Isadora Tast

Sauberes Wasser zum Trinken, Kochen, Waschen, Putzen ist in Äthiopien keine Selbstverständlichkeit. Auch die 13-jährige Asayech und ihre Familie mussten lange darauf verzichten. Bis UNICEF einen Brunnen bauen ließ

Der schwere Wasserkrug zieht an Asayechs Schultern, er drückt sie fast nieder. Bis zum Rand ist das Gefäß gefüllt – mit 40 Liter Wasser! Die Last wiegt etwa so viel wie ein Zementsack. Schon unzählige Male hat die 13-Jährige den Krug nach Hause geschleppt, in die kleine Lehmhütte nach Egeherzeta, ihrem Heimatdorf nahe dem Städtchen Tilili in Äthiopien. Dort lebt das Mädchen mit seinen Eltern und den acht Geschwistern. Fließendes Wasser gibt es nicht, jeder Tropfen zum Trinken, Kochen, Waschen, Putzen muss herbeigetragen werden.

Und doch fällt Asayech die Schlepperei seit Kurzem leichter. Denn UNICEF hat in ihrem Dorf einen Brunnen bauen lassen. „Mir kommt es vor, als würde der Weg dorthin nur noch eine Sekunde dauern", sagt Asayech, „und das Wasser, das aus der Pumpe strömt, ist ganz klar, ganz durchsichtig!" Kurz: Endlich ist das Wasser sauber!

Früher nämlich schöpften Asayech, ihre Familie und die Nachbarn das Wasser aus einem Bach. Und der Fußmarsch dorthin dauerte: 40 Minuten hin, 40 Minuten zurück. Schlimmer aber: Was in den Krügen der Menschen schwappte, war oft schmutzige Brühe. „Das Wasser hat auch nicht gut geschmeckt. Manchmal habe ich mich schlecht gefühlt, wenn ich es getrunken habe", sagt das Mädchen.

Tatsächlich erkranken viele Menschen in Äthiopien, weil sie verschmutztes Wasser trinken. Das Land im Osten Afrikas ist eines der trockensten der Welt; 60 Prozent der Bevölkerung haben ▸

3. Überfliege nun den Text und achte dabei auf Auffälligkeiten. Du hast dafür zwei Minuten Zeit. Schließe danach das Buch und notiere die wichtigsten Fragen, auf die der Text eine Antwort gibt.

Wie die meisten Menschen in der Gegend sind auch Asayechs Eltern Bauern. Die Familie lebt in einer **HÜTTE** bei den Feldern (großes Foto). Asayech geht ihrem Vater dort oft zur Hand, außerdem sammelt sie **FEUERHOLZ** und kocht für alle (oben). Vier Stunden täglich besucht sie die **SCHULE** (links). Die Klassenräume sind gerammelt voll: 60 Mitschüler hat das Mädchen! Da ist noch nicht mal Platz für Tische

nicht genügend sauberes Wasser zum Leben. Und Frauen und Kinder marschieren nicht selten stundenlang durch die Hitze zu den wenigen Wasserstellen.

Asayech ist da mittlerweile deutlich besser dran. Sie besucht sogar die Schule, jeden Tag vier Stunden lang. Weil es zu wenige Klassenräume gibt, unterrichten die Lehrer in zwei Schichten. „Deshalb habe ich abwechselnd eine Woche lang vormittags, eine Woche lang nachmittags Unterricht", erklärt das Mädchen. Und in der übrigen Zeit? „Da helfe ich meiner Familie, das ist ganz wichtig für mich", sagt Asayech. Sie putzt die Hütte, sammelt Feuerholz, schrubbt Kartoffeln und hilft ihrem Vater auf dem Feld. Zwischendrin lernt sie für die Schule, denn „mein Traum ist es, in Gonder zu studieren und dann Ärztin zu werden." Gonder ist eine Großstadt weiter im Norden des Landes, fast 300 Kilometer von Egeherzeta entfernt. Dort leben mehr als 100 000 Menschen, viele Straßen sind asphaltiert, die Häuser aus Stein – und es gibt fließendes Wasser. ∎

4. Lies den Text (S. 208f.) gründlich. Kläre dir unbekannte Wörter aus dem Textzusammenhang oder mithilfe eines Wörterbuches. Formuliere zu jedem Sinnabschnitt einen Satz.

5. Überprüfe, ob die Sätze auf deine zu Beginn gestellten Fragen antworten.

6. Ordne die Informationen aus den Bildunterschriften entsprechenden Textstellen zu. Welche zusätzlichen Informationen geben die Bildunterschriften?

7. Bereite einen Kurzvortrag über den Inhalt vor und halte ihn vor der Klasse.

Sachtexte informieren über ein Thema, liefern also in der Regel Tatsachen, während fiktionale Texte eher unterhalten wollen. Sachtexte verwenden deshalb meist eine nüchtern-sachliche Sprache mit angemessenen Fachausdrücken aus dem jeweiligen Fachgebiet, etwa Biologie, Medizin, Computertechnik usw. Du erkennst sie meist schon an ihrem **äußeren Erscheinungsbild**. Zeitungs- und Zeitschriftenartikel haben in der Regel:

- eine **Dachzeile** (= Informationszeile über der Überschrift),
- eine **Schlagzeile** (= Überschrift des Artikels),
- einen **Vorspann** (= Einleitungstext),
- eine **Autorenzeile** (= Name des Verfassers und ggf. des Fotografen),
- **Gliederungselemente** (z. B. Zwischentitel, Initialen, fettgedruckte Anfangszeile eines Absatzes, Spalten),
- **Illustrationen** (= Bilder, Grafiken …) und dazugehörige **Bildzeilen**.

---

8. Schau dir den nebenstehenden Auszug eines Online-Artikels von *wort.lu* an und bestimme die äußeren Erscheinungsmerkmale.

Wann kommt der Regen?

Das Schönwetter-Drama

Bauern leiden zusehends unter Viehfuttermangel – Trinkwasserversorgung weiter ungefährdet

Von John Lamberty

Die anhaltende Trockenheit bereitet den Landwirten und Winzern immer mehr Sorgen. Sie sehnen den Regen herbei, auch wenn dieser für viele Äcker und Wiesen bereits jetzt zu spät kommen dürfte. Dramatische Futtermittelknappheit und erwartete Getreideausfälle von bis 70 Prozent bahnen sich an. Ungefährdet scheint auf absehbare Zeit dagegen die Trinkwasserversorgung, auch wenn der Stausee-Pegel stetig sinkt.

40 Millionen Kubikmeter Wasser im Stausee

Um rund fünf Zentimeter pro Tag fällt derzeit das Niveau des Obersauer-Stausees, der allein ein gutes Drittel der Trinkwasserversorgung garantiert und maximal 65 Millionen Kubikmeter Wasser fassen kann. „Durch den Regenmangel, natürliche Verdunstung, die Entnahmen für die Trinkwasseraufbereitung oder auch den geregelten Ausfluss ins untere Sauertal sind zurzeit aber nur rund 40 Millionen Kubikmeter gespeichert, sodass der Stau-Pegel, anstatt bei optimalen 322 Metern, nur noch bei 315 Metern über Normalnull liegt, Tendenz sinkend", erklärt Charel Pauly, Präsident des Trinkwassersyndikats Dea.

Foto: John Lamberty

An der Bondorfer Mühle: Der Zufluss der Obersauer in den Stau ist sehr stark abgesunken.

Sinkendes Stausee-Niveau birgt Tücken

Gefährdet sei die Trinkwasserversorgung trotz dieses Rückgangs allerdings auf absehbare Zeit nicht […].

Diagramme, Tabellen und Schaubilder als besondere Form von Sachtexten verstehen

1. Das folgende Schaubild der SEBES[1] liefert Informationen darüber, wie viel Trinkwasser in den vergangenen Jahrzehnten im Durchschnitt täglich am Stausee in Esch/Sauer produziert wurde. Besprecht, wo euch ähnliche Schaubilder im täglichen Leben begegnen.

[1] *SEBES:* Syndicat des Eaux du Barrage d'Esch-sur-Sûre

2. Erläutere, wie das folgende Schaubild (Säulendiagramm) gelesen werden muss. Erkläre dazu die Bedeutung der beiden verschiedenen Balken des Schaubildes und der Zahlenangaben.

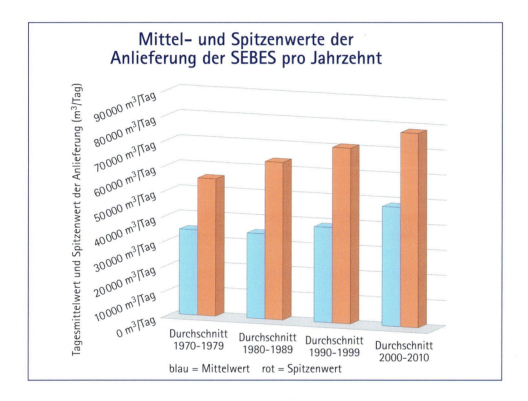

3. Prüfe die folgenden Aussagen genau und erkläre, welche davon richtig aus dem Schaubild abgeleitet sind.
- Der durchschnittliche Wasserverbrauch pro Tag ist in Luxemburg zwischen 1970 und 2010 um rund 40 000 Kubikmeter angestiegen.
- In den Jahren 2000-2010 wurde zu Spitzenzeiten etwa doppelt so viel Wasser verbraucht wie im Durchschnitt der Jahre 1970-1979.
- Der durchschnittliche tägliche Wasserverbrauch hat sich in den 1970er und 1980er Jahren nur wenig verändert.
- Im ersten Jahrzehnt des 21. Jahrhunderts wurden im Schnitt täglich 50 000 Kubikmeter Trinkwasser aus dem Stausee in Esch/Sauer gewonnen.

4. Diskutiert, wie sich die Entwicklung des Trinkwasserverbrauchs in Luxemburg in den Jahren zwischen 1970 und 2010 erklären lässt. Informiert euch über folgende Gesichtspunkte und bezieht sie in eure Überlegungen mit ein:
wachsende Einwohnerzahl (339.841/511.800) • veränderte Verbrauchergewohnheiten: Wassersparmaßnahmen, Regenauffanganlagen, Bewässerung von Grünflächen, private Schwimmbäder • systematisches Aufspüren von Lecks in den Wasserleitungssystemen • klimatische Veränderungen mit langen Trockenperioden

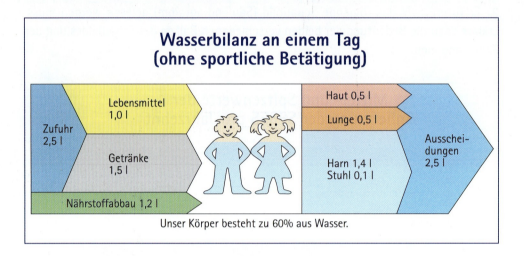

5. Verfasse anhand der Informationen aus dem Schaubild einen Text, in dem du die Bedeutung des Wassers für den menschlichen Organismus darstellst. Dein Text sollte Antworten auf folgende Fragen geben:
- Wie wichtig ist Wasser für den menschlichen Körper?
- Wie viel Wasser braucht ein Erwachsener pro Tag?
- Wozu braucht der Körper Wasser?
- Wie nimmt der Körper Wasser auf?
- Wie gibt der Körper das Wasser wieder ab?

6. Erläutere, wie sich die Wasserbilanz verändert, wenn du Sport treibst.

Diagramme, **Tabellen** und **Schaubilder** sind genauso Träger von Informationen wie Sachtexte. Mit ihrer Hilfe kann man eine Vielzahl von Aussagen erschließen, die allerdings nicht wörtlich genannt sind. Um diese Aussagen zu erhalten oder Aussagen auf ihre Richtigkeit zu prüfen, muss man verstehen, wie die Darstellungen aufgebaut sind. Oft hilft dabei eine Legende, d.h. eine Erläuterung der Symbole.

Aktiv und Passiv

Die Geschichte der Rosporter Quelle

Im Jahre 1955 beauftragt die Familie Bofferding[1] den bekannten Geologen Doktor Michel Lucius[2], sich nach einer geeigneten Stelle für Bohrarbeiten umzusehen. Doktor Lucius, dem die Ralinger Sprudelquelle[3] bekannt ist, führt
5 erste Bohrarbeiten in Rosport aus. Die Resultate dieser Bohrungen sind erstaunlich. Man stößt in 67 Metern Tiefe auf eine natürliche Sprudelwasserquelle, die sich vorzüglich zur Abfüllung als Mineralwasser eignet. Noch vor dem Sommer 1959 wird der Bau der Produktionshalle beendet.
10 Form und Farbe der Flasche des neuen Produktes müssen noch bestimmt werden. Eine dunkelgrüne Flasche wird zurückbehalten, deren Logo durch einen Reiter vervollständigt wird. Dieses erinnert an den alten Dorfnamen von Rosport (Rossfurt): Vor dem Bau der Sauerbrücke konnte der
15 Fluss nur durch eine Furt, also an einer seichten Stelle, durchquert werden.

Im Oktober 1959 werden schließlich die ersten 20cl-Flaschen abgefüllt. Trotz der großen Konkurrenz ist das neue Mineralwasser sehr erfolgreich, sodass Rosport am 23. Juni 1967 Hoflieferant wird. Ab 1974 wer-
20 den die Flaschen mit Bügelverschluss durch Flaschen mit Gewinde ersetzt. Die Produktionshalle in Rosport wird vergrößert und eine neue Abfüllanlage wird installiert. In der Folge wird das Aussehen der bekannten Flaschen regelmäßig aufgefrischt. 1992 wird eine Bohrfirma mit neuen Bohrungen beauftragt, wobei in 45 Metern Tiefe eine Stillwasserquelle erschlossen wird.
25 Durch die Einführung von Rosport Medium und etwas später von Rosport Blue erreichen die Abfüllungen neue Rekordhöhen. Im Jahre 2001 erhält die Viva-Quelle die staatliche Anerkennung als Mineralwasser. Im Beisein des großherzoglichen Paares wird die Viva-Quelle am 28. Mai feierlich eröffnet.
Am 22. Juni 2003 zerstört ein Feuer die Stromanlage der Produktion in Ros-
30 port. Für sechs Wochen fällt die Produktion aus. Nach sorgfältiger Planung beginnt 2005 der Bau einer zweiten Produktionslinie in Rosport, wo nur PET-Flaschen abgefüllt werden. Bis heute dauert die Erfolgsgeschichte des Unternehmens an.

[1] Gründerfamilie der Brauerei Bofferding in Niederkerschen

[2] Michel Lucius (1876–1961) war der erste Staatsgeologe Luxemburgs und Gründer des geologischen Instituts.

[3] Die Quelle in der deutschen Grenzgemeinde Ralingen wurde bereits 1520 gefasst. Seit 1918 wird der Ralinger Sprudel versandt.

1. Versuche, die wichtigsten Informationen in einem Flussdiagramm festzuhalten. Vervollständige dazu das Schema und orientiere dich dabei an den Jahreszahlen. Auch Gründe oder Folgen kannst du seitlich vom Ablauf durch Pfeile deutlich machen.

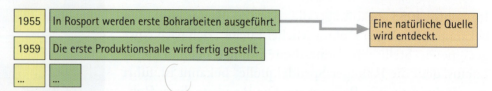

Ein Flussdiagramm erstellen

Zeitliche Abläufe lassen sich gut mit einem Flussdiagramm veranschaulichen.
- Formuliere die einzelnen Schritte möglichst knapp und verbinde sie durch Pfeile, die die Abfolge verdeutlichen.
- Erweitere dieses Grundgerüst, indem du auch Ursachen und Einflüsse aufnimmst, die zur dargestellten Abfolge führen.

2. Beim Schreiben des Berichtes hat der Verfasser überlegt, welche Formulierung er wählen soll:

Variante 1: Im Jahre 1955 beauftragt die Familie Bofferding den bekannten Geologen Doktor Michel Lucius, sich nach einer geeigneten Stelle für Bohrarbeiten umzusehen.

Variante 2: Im Jahre 1955 wird der bekannte Geologe Doktor Michel Lucius von der Familie Bofferding beauftragt, sich nach einer geeigneten Stelle für Bohrarbeiten umzusehen.

Vergleiche beide Sätze und arbeite die Unterschiede heraus. Bestimme dazu auch die Satzglieder. (S. 23 ff.)

3. Erkläre, warum sich der Verfasser für die erste Variante entschieden hat.

4. Beschreibe ebenso die Unterschiede zwischen folgenden Varianten:
Variante 1: Doktor Lucius führt erste Bohrarbeiten aus.
Variante 2: Erste Bohrarbeiten werden ausgeführt.

5. Unterstreiche im grün gedruckten Absatz die Verbformen, die der Variante 2 aus den vorangegangenen Beispielen entsprechen.

6. Formuliere die Sätze so um, dass sie Variante 1 entsprechen. Was fällt dir dabei auf? Beschreibe, wie du vorgehst, und formuliere eine Regel.

> Verben können eine Handlung aus unterschiedlichen Blickrichtungen beleuchten.
> - Ist der aktiv Handelnde das Subjekt des Satzes, steht das Verb im **Aktiv**:
>   *Ein Feuer   zerstört   die Stromanlage.*
>   Subjekt   Verb im Aktiv   Akkusativobjekt
>
> - Geschieht dagegen etwas mit dem Subjekt, steht das Verb im **Passiv**:
>   *Die Viva-Quelle   wird   vom großherzoglichen Paar   eingeweiht.*
>   Subjekt   Verbteil I   + Verbteil II = Verb im Passiv
>
> - Der tatsächlich Handelnde wird im Passivsatz mit den Präpositionen *von* oder *durch* angeschlossen. Er muss aber nicht genannt sein:
>   *Eine dunkelgrüne Flasche   wird zurückbehalten.*
>   Subjekt   Verb im Passiv
>
> - Mit Aktiv und Passiv wird das **Genus eines Verbs** bezeichnet.
>
> *Die Maschine schraubt die alten Deckel ab.*   *Die Deckel werden zum Recycling gebracht.*
>
> **Handelnde**   **Betroffene**
>
> Das Geschehen wird vom   Das Geschehen wird vom
> Handelnden aus dargestellt.   Betroffenen aus dargestellt.
>
> → Aktiv   → Passiv

7. Unterstreiche in den folgenden Sätzen Subjekt und Prädikat und entscheide, ob es sich um einen Satz im Aktiv oder im Passiv handelt.

Wie kommt das Mineralwasser in die Flasche?

Sprudelndes Mineralwasser kommt auf sogenannten Füllstraßen in die Flaschen. Die Abfüllung von Mineralwasser beginnt eigentlich mit dem Ende. Eingesetzt wird überwiegend zurückgekommenes Leergut. Jede Glasflasche wird bis zu 35-mal eingesetzt. Die Flaschen werden zunächst automatisch aus den
5 Kisten gegriffen. Die Maschine schraubt die alten Deckel ab. Diese werden zum Recycling gebracht. Schadhafte Flaschen werden vollautomatisch aussortiert. Die übrigen Flaschen werden hygienisch gereinigt und neu befüllt. Zum Spülen werden die Flaschen per Fließband in eine
10 riesige Reinigungsmaschine gefahren. Die Reinigungsmaschine wäscht bis zu 25 000 Flaschen auf einmal. So ein Waschgang dauert etwa 20 Minuten. Am Schluss überprüft eine Kamera noch einmal jede Flasche.

> Die **Passivformen** werden mit dem Hilfsverb *werden* und mit dem Partizip II des jeweiligen Vollverbs gebildet *(wird ... entdeckt)*. Das Passiv lässt sich in allen Zeitformen verwenden:
> - Präsens: *er wird entdeckt*
> - Präteritum: *er wurde entdeckt*
> - Perfekt: *er ist entdeckt worden*
> - Plusquamperfekt: *er war entdeckt worden*
> - Futur I: *er wird entdeckt werden*
> - Futur II: *er wird entdeckt worden sein*

8. Setze den folgenden Passivsatz in alle Zeitformen:
Schadhafte Flaschen werden aussortiert.

9. Vervollständige die Konjugationstabelle.

[1] Passiv Präsens *er wird überprüft* und Aktiv Futur I *er wird überprüfen* dürfen nicht verwechselt werden.

Tempus	Aktiv	Passiv
Präsens	er überprüft	er wird überprüft[1]
Präteritum	?	er wurde überprüft
?	er hat überprüft	?
Plusquamperfekt	?	?
?	er wird überprüfen	?
Futur II	er wird überprüft haben	?

> Aktiv: **Die Maschine** *reinigt* **die Flaschen**.
> Subjekt — Verb im Aktiv — Akkusativobjekt
>
> Passiv: **Die Flaschen** werden *von der Maschine* gereinigt.
> Subjekt — Verbteil I — + Verbteil II = Verb im Passiv

10. Versuche im folgenden Text, die Aktiv-Sätze in Passiv-Sätze umzuformen. Was stellst du fest?

Fließbänder transportieren die sauberen Flaschen in langen Kolonnen zur Füllmaschine. In der Anlage heben zahlreiche Kolben die Flaschen an. Kohlendioxid erzeugt Überdruck auf die Flaschen. Das kohlensäurehaltige Wasser kommt hinzu. Die Füllventile öffnen sich zeitweise. Sie sorgen für einen Druckausgleich. Während das Wasser hineinfließt, strömt überschüssiges Gas hinaus.

- Nur Verben, die ein Akkusativobjekt nach sich ziehen, können ins Passiv gesetzt werden. Sie werden als **transitive Verben** bezeichnet:
  Fließbänder transportieren die Flaschen. → *Die Flaschen werden (von Fließbändern) transportiert.*
- Verben, die kein Akkusativobjekt nach sich ziehen können, heißen **intransitive Verben**. Sie lassen sich nicht ins Passiv setzen: *Das Wasser fließt hinein.*

11. Finde heraus, was die unterstrichenen Prädikate im folgenden Textabschnitt von den Passivkonstruktionen unterscheidet, die du bisher kennengelernt hast.

Wenn die Flaschen zu zwei Dritteln <u>gefüllt sind</u>, wird der Druck abgelassen, damit es nicht zum Überschäumen kommt. Nach einer Stunde <u>sind</u> 25 000 Flaschen <u>befüllt</u>. Die Flaschen wandern zum Verschrauber. Hier drehen
5 Greifer mit rotierenden Köpfen die Deckel auf. Noch einmal kontrolliert eine Kamera die Füllhöhe.
Nachdem die Flaschen <u>verschraubt sind</u>, transportieren Bänder sie zur Etikettiermaschine. <u>Sind</u> die Flaschen mit den jeweiligen Etiketten <u>beklebt</u>, geht es per Fließband
10 zur Verpackungsmaschine. Greifer heben die Flaschen in ankommende Kästen. Am Ende <u>sind</u> bis zu 60 Kästen auf einer Holzpalette nebeneinander und aufeinander <u>gestapelt</u> und mit einer stützenden Folie <u>umwickelt</u>. Im Lager warten sie auf den Abtransport in die Geschäfte.

Neben dem sogenannten **Vorgangspassiv** (*werden* + Partizip II: *Die Flaschen werden gereinigt.*) verwenden wir ein **Zustandspassiv**, das nicht mehr von dem Ereignis spricht, das zu einem Zustand geführt hat, sondern nur den Zustand selbst beschreibt. Das Zustandspassiv wird aus dem Hilfsverb *sein* + Partizip II des Verbs gebildet: *Die Flaschen sind gereinigt.*
Sowohl Zustands- als auch Vorgangs-Passivformen können in allen Zeiten gebildet werden.

	Vorgangspassiv	Zustandspassiv
Präsens:	die Flasche wird gefüllt	die Flasche ist gefüllt
Präteritum:	die Flasche wurde gefüllt	die Flasche war gefüllt
Perfekt:	die Flasche ist gefüllt worden	die Flasche ist gefüllt gewesen
Plusquamperfekt:	die Flasche war gefüllt worden	die Flasche war gefüllt gewesen
Futur I:	die Flasche wird gefüllt werden	die Flasche wird gefüllt sein
Futur II:	die Flasche wird gefüllt worden sein	die Flasche wird gefüllt gewesen sein

Vorgänge beschreiben

1. Bringe die Vorgänge auf den folgenden Fotos in die richtige Reihenfolge.

2. Führe das Experiment „Münzen trockenlegen" nun selbst durch. Notiere dazu zunächst, was du dafür brauchst.

3. Beschreibe anschließend genau, wie du in den einzelnen Phasen des Versuchs vorgehst. Verfasse einen fortlaufenden Text. Verwende dort, wo es sinnvoll ist, das Vorgangspassiv. Nutze auch die folgenden sprachlichen Hilfen für abwechslungsreiche Satzanschlüsse:

als Erstes • zuerst • schließlich • danach • sodann • anschließend • als Nächstes • zunächst • im Anschluss daran • abschließend • zuletzt • als Letztes • schließlich • zu guter Letzt

4. Sucht im Fach Naturwissenschaften nach Erklärungen dafür, wie dieses Phänomen zustande kommt, und ergänzt eure Vorgangsbeschreibungen um diese Erklärung.

In **Vorgangsbeschreibungen** wird beschrieben, wie man bestimmte Tätigkeiten ausübt. Dabei werden die Abläufe so genau dargestellt, dass sie für Außenstehende in immer gleicher Weise nachvollziehbar sind.
Die Vorgänge werden dabei in die **einzelnen Schritte zerlegt** sowie **vollständig** und **sachlich** beschrieben.

Grundregeln für das Verfassen von Vorgangsbeschreibungen

1. Aufbau
- **Einleitung:** Denke an die **Voraussetzungen**, damit der Vorgang ablaufen kann. Also: Was ist nötig? (z. B. die Zutaten bei einem Rezept, das Werkzeug und das Material für eine Bastelarbeit)
- **Hauptteil:** Beschreibe die **einzelnen Schritte** des Vorgehens genau und in der **richtigen Reihenfolge**. Überlege, wann der Vorgang zu Ende ist.
- **Schluss:** Welches **Ergebnis** hat der Vorgang? Gibt es besondere Fehlerquellen, auf die man noch hinweisen sollte?
2. Die Vorgangsbeschreibung ist eine **sachliche** Schreibform. Man muss sie also im Sachstil verfassen.
3. Verwende **Fachbegriffe**, wo sie notwendig sind.
4. Das Tempus der Vorgangsbeschreibung ist das **Präsens**, da der Vorgang jederzeit wiederholbar ist. Um die Vorzeitigkeit auszudrücken, verwendet man das **Perfekt**, z. B. Nachdem man die Kerze *entzündet hat, nimmt* man das leere Glas und …
5. Durch das direkte Aufeinanderfolgen der einzelnen Schritte des Vorgangs besteht die Gefahr, dass die Sätze immer mit *und* oder *und dann* verbunden werden. Achte stattdessen auf eine abwechslungsreiche sprachliche Gestaltung.

Sich verständigen – sich verstehen

Solange Nora denken kann, war Sabina ihre beste Freundin. Doch nach den Sommerferien ist alles anders. Sabina ist jetzt in der Clique
5 von Fanny, der Klassenschönheit, und lässt Nora links liegen. Aber so schnell gibt sich Nora nicht geschlagen. Sie wird um Sabinas Freundschaft kämpfen, notfalls
10 mit Lippenstift und neuen Klamotten. Lästig ist nur, dass ihr diese Karin auf die Pelle rückt …

[1] *Dalarna:* Stadt in Mittelschweden

Annika Thor
Einen Freund wie dich sollte jeder haben

Als die Schule nach den Sommerferien wieder anfing, war ich krank. Kalle hatte Anton und mich mit Windpocken angesteckt; wir hatten noch keine Windpocken gehabt und durften erst wieder in die Schule, als die Pocken eingetrocknet waren. Normalerweise macht mir die Schule keinen besonderen Spaß. Außer in Sport bin ich in nichts gut und in Mathe kapier ich gar nichts mehr.

Aber jetzt hatte ich richtige Sehnsucht nach der Schule. Anton und ich waren den ganzen Juli über bei Papa in Dalarna[1] gewesen und als wir nach Stockholm zurückkamen, war Sabina im Ferienlager. Deshalb hatten wir uns zwei Monate nicht gesehen. Zwei Monate sind eine lange Zeit, wenn man sonst jeden Tag zusammen ist.

Ich hatte mir gewünscht, dass Sabina uns in Dalarna besuchen sollte, aber das wollte Papas neue Freundin nicht. Wahrscheinlich wollte sie Anton und mich auch nicht dort haben, aber das hat sie sich Papa wohl nicht zu sagen getraut. Ich hatte Sabina zwei Briefe aus Dalarna geschrieben, aber eine richtige Antwort hab ich nicht bekommen. Daran war aber nichts Besonderes, Sabina schreibt eben nicht gern. Sie hat mir immerhin eine Ansichtskarte aus dem Ferienlager geschickt. Darauf waren zwei junge Hunde, die ihre Köpfe dicht zusammensteckten. „Einen Freund wie dich sollte jeder haben" stand darunter. Geschrieben hatte sie nicht viel, nur dass das Wasser schön war und dass sie die ganze Zeit badeten und solche Sachen.

Jedenfalls musste ich noch eine Woche zuhause bleiben, als die Schule schon angefangen hatte, es war furchtbar, die Windpocken juckten und Anton nervte wie gewöhnlich. Mama bekam Kopfschmerzen und Kalle wollte nicht in den Kindergarten, solange Anton und ich zu Hause waren. Ich versuchte, Sabina anzurufen, aber das Telefon war abgestellt. Es ist oft abgestellt, dann hat ihre Mama mal wieder die Rechnung nicht bezahlt.

Meine Windpocken trockneten schneller aus als Antons. Das geschah ihm recht, weil er immer so nervte. Am ersten Tag ging ich viel zu früh los. Ich war um Viertel vor acht in der Schule, der Unterricht fing erst zehn nach an. Der Schulhof war noch ganz leer, noch nicht mal die Erstklässler mit ihren giftgrünen und rosa Kappen und den zu großen Rucksäcken waren da.

Ich hangelte mich auf das Klettergerüst und setzte mich zurecht. Ich kletterte gern und von da oben hatte ich beide Schulhofeingänge im Auge. Aber ich wusste ja, dass Sabina von der Gotlandstraße kommen würde, in der Richtung wohnt sie.

Nach einer Weile kamen sie, zuerst die Kleinen und dann die Größeren. Ich wollte nicht, dass mich jemand sah, ich meine jemand von meinen Klassenkameraden. Ich wollte allein sein, wenn Sabina kam. Es war schon so lange her und

ich hatte jede Menge mit ihr zu besprechen. Hoffentlich kam sie nicht zu spät. Ich saß ganz oben im Klettergerüst und aß Bonbons aus einer Tüte, die ich auf dem Weg zur Schule bei Ismet gekauft hatte. Dann hing ich eine Weile an den Kniekehlen. Es ist lustig, wenn alles auf dem Kopf steht, Häuser, Bäume, Menschen und die Autos draußen auf der Straße. Es war, als ob die ganze Welt auf dem Kopf stünde, und nur man selber war noch richtig herum.
Jetzt ist die ganze Welt umgekippt, und das ist überhaupt nicht lustig.
Während ich dort hing, näherte sich jemand. Wenn man so über Kopf hängt, ist es schwer, jemanden zu erkennen, aber ich sah, dass es Karin war. Niemand sonst trägt so hässliche Klamotten wie sie. […]

„Hallo", sagte Karin, „Bist du krank gewesen?"
Ich richtete mich auf.
„Ja", sagte ich und guckte in eine andere Richtung. Zur Gotlandstraße. Warum kam sie bloß nicht, Sabina!
Karin blieb stehen.
„Möchtest du ein Bonbon?", fragte ich.
„Ja, bitte."
Ich holte eins aus der Tüte und hielt es zwischen Daumen und Zeigefinger, reichte es ihr. Aber als sie das Bonbon nehmen wollte, zog ich die Hand zurück, sodass sie nicht heranreichte. Ich wiederholte es zweimal, und dann ließ ich das Bonbon in den Sand unter dem Klettergerüst fallen.
„Nimm's doch", sagte ich.
Karin sah traurig aus. Aber sie blieb stehen.
Da kam Sabina.
Ich sah sie schon von weitem, erkannte sie an der Art, wie sie ging und wie das schwarze Haar um ihre Schultern wippte. Es war noch länger geworden. Sie sah eigentlich aus wie immer und doch war etwas anders.
Sie trug enge Jeans und ein weißes Shirt. Das war so kurz, dass man ein Stück von ihrem braun gebrannten Bauch sah. Im Gürtel steckte ein Walkman[1] und in den Ohren Kopfhörer. Ich richtete mich schwankend auf und winkte.
„Sabina!", rief ich. „Hallo, Sabina!"
Sie hörte mich nicht. Wahrscheinlich hatte sie die Musik zu laut eingestellt. Sie ging einfach vorbei am Klettergerüst. Ich drehte mich um.
Da standen sie und küssten sich auf die Wangen.
Sabina und Fanny.
Dann hängte sich Sabina bei Fanny ein, nahm die Hörer heraus und sie gingen über den Schulhof, die Köpfe dicht beieinander. Wie die jungen Hunde auf der Karte, die Sabina aus dem Ferienlager geschickt hatte. *Einen Freund wie dich sollte jeder haben.*
In meinem Kopf ging es im Kreis, in der Brust brannte es und ich hatte ein Gefühl, als würde ich fallen. Aber ich hielt mich mit beiden Händen fest, so fest, dass die Fingerknöchel weiß wurden.

[1] *der Walkman:* ein Gerät zur Wiedergabe von Musik in Taschenformat, Vorgänger des heutigen MP3-Players

Es klingelte. Ich blieb sitzen.
Karin blieb bei mir stehen.
„Es hat geklingelt", sagte sie. „Kommst du?"
Da sprang ich hinunter in den Sand, landete in der Hocke und sprintete los.
„Hau ab!", schrie ich, als ich an Karin vorbei auf den Eingang zulief.

Wie feiert man ein Klassenfest?

Aufgaben: Seite 228

Sabina und Fanny sind jetzt die besten Freundinnen. Nora versucht alles, um auch Anschluss an die beiden zu finden. Leider ist ihr dabei Karin im Weg, die von den anderen als Außenseiterin gemobbt wird. Karin bemüht sich, Nora als Freundin zu gewinnen. Gunilla, die Lehrerin, möchte ein Klassenfest organisieren, um das Klassenklima zu verbessern.

Donnerstag redeten wir in der letzten Stunde wie üblich über Sachen, die mit der Klasse zu tun hatten. Gunilla erzählte vom Elternabend. Die Eltern waren der Meinung, es müsste etwas zur Verbesserung der Klassengemeinschaft getan werden, sagte Gunilla. Darum wollte sie ein Klassenfest ausrichten. „Wie findet ihr das?", fragte sie. „Gut", sagte jemand, aber ich hörte Fanny flüstern: „Ätzend." Und Tobbe fragte: „Gibt's Alkohol?"
Gunilla tat, als hätte sie es nicht gehört. „Aber eine Disco gibt's doch?", fragte Maja. „Wer gute Musik hat, kann ja seine CDs mitbringen." Da hob Klein-Kalle die Hand. Klein-Kalle ist kleiner als ich und sieht aus, als ob er in die Dritte ginge. Höchstens. „Müssen wir tanzen?", fragte er, und seine Stimme klang, als ob das eine Art Strafarbeit wäre. „Müssen solche Blödmänner, die nicht tanzen können, überhaupt kommen?", zischte Fanny. Weil es Fanny war, die das gesagt hatte, wurde Gunilla nicht wütend. „Natürlich sollen alle kommen", sagte sie freundlich. „Darum machen wir doch ein Klassenfest. Alle haben mitzureden. Was möchtest du tun, Kalle?"
Klein-Kalle sah verwirrt aus und gab keine Antwort. Emma meldete sich. Sie gehört zu denen, die sich gern um andere kümmern. „Wir könnten ja was spielen", sagte sie. „Was, wobei alle mitmachen können."
„Spielen", schnaubte Fanny. „Glaubst du, wir

sind hier im Kindergarten oder was?" Tobbe und Emil fingen an „Alle meine Entchen fliegen hoch" zu grölen und machten die Bewegungen dazu, aber sehr übertrieben. „Wahrheit oder Pflicht", sagte Sabina. Gunilla schaute Sabina an und sah, dass sie einen Hörer vom Walkman im Ohr hatte. Nur den einen,
120 weil sie auch noch hören wollte, was die anderen sagten. „Was hab ich dir gesagt?", fragte Gunilla. „Nimm sofort das Ding raus!" Offenbar hatte sie heute keine Kraft, sie Sabina wegzunehmen. Vielleicht fand sie es nicht so wichtig, da wir nur Gemeinschaftskunde hatten. Sabina steckte die Hörer unter die Tischplatte, Tobbe und Emil waren schon beim dritten Gegenstand, der hochflog.
125 Gunilla sagte, sie sollten endlich still sein. Da hörten sie auf zu brüllen, machten aber weiter Bewegungen, immer ausholender und ausholender.
Ich dachte, dass ich etwas sagen müsste. Zeigen, dass ich nicht zu diesen ätzenden Typen gehörte. Ich meldete mich. „Ja, Nora?" „Natürlich müssen wir eine Disco haben", sage ich. „Wir gehen doch schon in die Sechste." Aber obwohl
130 ich Fanny nach dem Mund redete, war es offenbar wieder nicht richtig. „Nee, alle sollen doch mitreden dürfen", sagte Fanny mit gezierter Stimme. „Zum Beispiel Karin, was findest du?"
Karin guckte auf die Tischplatte und sagte nichts. Jonas redet nicht viel, weil er manchmal stottert, und dann lachen die anderen Jungen. Aber jetzt sagte er: „I-
135 i-ich bin Noras Meinung. Klar müssen wir eine D-D-Disco haben, wir g-g-gehen doch schon in die Sechste." Natürlich lachten alle und ich hörte jemanden etwas von Jonas-und-Nora flüstern. Gunilla fand offenbar, dass genügend Vorschläge für das Klassenfest beisammen waren, denn jetzt sagte sie, wir sollten mit unseren Eltern reden und fragen, wer von ihnen bereit wäre mitzuma-
140 chen. Mindestens drei Eltern müssten den ganzen Abend anwesend sein, sagte sie. Dann klingelte es und der Schultag war zu Ende.

Mein Walkman!

Sabina stellt nach der Schule fest, dass sie ihren Walkman in der Klasse vergessen hat. Nora bietet sich an, diesen zu holen, Fanny und Sabina versprechen, auf sie zu warten. Nora kommt mit dem Walkman, doch die beiden sind schon fort. Aus Enttäuschung gibt Nora Sabina den Walkman nicht zurück. Etwas später kommen sich Sabina und Nora wieder näher, weil Fanny krank ist. Sabina vertraut Nora an, dass ihre Schwester Nadja ein Kind erwartet. Dieses Geheimnis plaudert Nora Fanny gegenüber aus. Jetzt tut es Nora leid, den Walkman „geklaut" zu haben. Karin bietet sich an, den Walkman unter Sabinas Tisch zurückzulegen.

Aufgaben: Seite 228

Als es klingelte, blieb Karin an ihrem Platz sitzen. „Emil!", sagte Gunilla. „Mach das Fenster auf. Und ihr anderen – raus mit euch!" „Soll ich die Blumen gießen?", fragte Karin. „Ja, bitte", sagte Gunilla. Als ich auf dem Weg nach

draußen an Karin vorbeiging, nickte sie mir fast unmerklich zu und lächelte. [...]
Ich war riesig gespannt, als wir wieder nach oben kamen. Wenn Gunilla ausnahmsweise während der Pause in der Klasse geblieben war, statt wie sonst ins Lehrerzimmer zu gehen? Ich fing Karins Blick ein. Sie nickte mir zu. Ich atmete auf und setzte mich. Sabina und Fanny kamen zusammen herein. Sabina ging an ihrem eigenen Platz vorbei zu Fannys.
„Ich leih mir mal einen Stift bei dir", sagte sie und hob Fannys Tischplatte an. Oder besser gesagt, sie kam nicht weiter als bis zu „Ich leih mir mal …" Dann schrie sie auf. „Mein Walkman!" Sie nahm ihn aus dem Tisch. Alle drängten sich um sie. „Wie ist der denn dahin gekommen?", fragte Fanny. „Ja, wie?" Sabinas Stimme klang wütend und misstrauisch. Wie?, fragte ich mich auch. Wie war der Walkman in Fannys Tisch gelandet statt in Sabinas? Ich suchte wieder Karins Blick, aber sie guckte weg. Gunilla kam in die Klasse. „Was ist hier los? Setzt euch sofort hin!" „Mein Walkman …", fing Sabina an. „Ich will kein Wort mehr von deinem Walkman hören", fauchte Gunilla. „Setz dich!"
Englisch und Erdkunde. Die Zeit schleppte sich dahin. Ich saß wie auf Nadeln und Sabina wahrscheinlich auch. Und Fanny? Ich weiß nicht. Sie schafft es gut, die Maske zu bewahren. Jedenfalls verließen die beiden als Erste die Klasse, als es zur Pause klingelte. Ich trödelte herum und wartete auf Karin. Als niemand in der Nähe war, zog ich sie beiseite.
„Was hast du da gemacht? Du solltest den Walkman in Sabinas Tisch legen und nicht in Fannys!" „Ich hasse sie", sagte Karin, „alle beide." „Du bist ja verrückt!" Ich lief die Treppe hinunter. Aber ich hörte noch, was sie sagte: „Das hab ich doch deinetwegen getan." Unten auf dem Schulhof war der Streit schon in vollem Gange. Viele aus den anderen Klassen hatten sich auch versammelt und hörten zu.
„Du hast ihn geklaut!", schrie Sabina. „Warum sollte ich das tun?", sagte Fanny kalt. „Das ist doch billiger Schrott." „Und wie ist er dann in deinem Tisch gelandet?" „Ich weiß es nicht, das hab ich dir doch gesagt." „Lüg nicht!" „Das sagst ausgerechnet du!" „Was, wieso?", sagte Sabina. „Wovon redest du?" „Du tust so, als wären wir dicke Freundinnen, aber kaum bin ich mal weg, redest du Scheiß hinter meinem Rücken." „Tu ich ja gar nicht", sagte Sabina, aber ihre

Stimme klang jetzt ein wenig unsicher. „Du redest Scheiß", fuhr Fanny fort, „und du lügst. Du bist eine verdammte Hure, genau wie deine Schwester."
Sabina wurde rasend. Ich glaube, so wütend hab ich sie in all den Jahren, die wir uns kennen, noch nie gesehen. Sie stürzte sich auf Fanny und riss sie an den Haaren. „Was meinst du damit? Sag's mir!", schrie sie. Fanny ist stärker als Sabina. Sie packte Sabinas Handgelenke und hielt sie fest. „Frag Nora", sagte sie. Sie ließ Sabina los und versetzte ihr gleichzeitig einen Stoß, so dass Sabina hinfiel. Dann drehte sie ihr den Rücken zu und ging weg. Der Kreis, der sich gebildet hatte, öffnete sich wie in einem alten Western, um sie durchzulassen. „Hau doch ab und häng dich auf!", schrie Sabina ihr nach, während sie sich aufrappelte und abklopfte. „Du auch", sagte sie und warf mir einen wütenden Blick zu, als sie an mir vorbeiging.

Ich hätte Nein sagen können …

Auf dem Klassenfest wird Karin gedemütigt und bloßgestellt, sodass sie danach die Schule wechselt. Nora quält sich mit Selbstvorwürfen, als Sabina sie nach dem Unterricht anspricht.

Aufgaben: Seite 228

Ich hätte Nein sagen können. „Nein, ich will nicht!" Ich hatte es nicht gesagt. Ich hätte Karin ja nicht mit zur Fete zu locken brauchen. Ich hätte Nein sagen können. Für alles, was ich in diesem Herbst getan habe, gibt es einen Grund. Einen Grund und eine Erklärung. Aber ich hätte es nicht tun müssen. Ich hab mich selbst entschieden. Ich hätte Nein sagen können. Aber ich habe es nicht getan. Wird sie mir jemals verzeihen? […]
Als die Schule aus war, holte Sabina mich auf der Treppe ein. „Nora", sagte sie atemlos, „darf ich mit zu dir nach Hause?" Wie hätte ich mich darüber vor zwei Monaten gefreut! „Nein", sage ich. „Ich hab heut was anderes vor." „Bitte!" Sie hatte ihr Gesicht gepudert, damit nicht mehr zu sehen war, dass sie geweint hatte. Aber ihre Augen wirkten noch größer und glänzender als sonst.
„Ich hab das nicht gewollt", sagte sie. „Nicht, dass es so werden sollte. Glaubst du mir? Ich muss mit dir reden." „Morgen", sagte ich. Sie nickte. Tobbe, Emil und Fanny kamen die Treppe herunter. Fanny nahm Sabina am Arm. „Nun komm schon!", sagte sie. „Morgen?", fragte Sabina mich. „Ja." Sie verschwanden die Treppe hinunter.

1 Annika Thor, **Einen Freund wie dich sollte jeder haben** *(Seite 222)*

1. Beschreibe, was Nora von ihrer Freundin Sabina erwartet.
2. Schildere, wie sich Nora Karin gegenüber verhält.
3. „Einen Freund wie dich sollte jeder haben." Erkläre, was dieser Satz für Nora und für Sabina bedeutet.
4. Karin kommt traurig aus der Schule und erzählt ihrer Mutter beim Mittagessen von den morgendlichen Ereignissen in der Schule. Schreibe dieses Gespräch auf.

2 Annika Thor, **Wie feiert man ein Klassenfest?** *(Seite 224)*

1. Arbeite heraus, was die einzelnen Schüler von dem Klassenfest halten.
2. Untersuche das Verhalten von Gunilla, der Lehrerin, im Verlauf des Gesprächs.

3 Annika Thor, **Mein Walkman!** *(Seite 225)*

1. Sabina findet ihren Walkman unter Fannys Tisch wieder. Beschreibe genau die Reaktionen der Mädchen (Nora, Sabina, Karin, Fanny).
2. „Die Zeit schleppte sich dahin." Halte schriftlich fest, welche Gedanken Nora während der Schulstunden durch den Kopf gehen.

4 Annika Thor, **Ich hätte Nein sagen können …** *(Seite 227)*

1. Erläutere mit eigenen Worten, zu welcher Einsicht Nora zum Schluss gelangt.
2. Sammelt weitere Beispiele von Situationen, in denen es angebracht ist, Nein zu sagen.
3. Vergleiche den Schluss des Textes mit dem ersten Textausschnitt „Einen Freund wie dich sollte jeder haben". Beschreibe, wie sich die Beziehung zwischen Nora und Sabina verändert hat.

Es gibt Situationen, in denen es nötig ist, **Nein zu sagen**, etwa um kein Unrecht zu begehen.

- **N** Nimm dir Zeit zum Überlegen.
- **E** Erkläre, warum du anderer Meinung bist.
- **I** Ignoriere persönliche Beleidigungen.
- **N** Nimm deinen Mut zusammen und steh zu deiner Entscheidung, auch wenn nicht alle damit einverstanden sind.

Manchmal kann es auch besser sein, einfach nur Nein zu sagen, sich umzudrehen und wegzugehen.

Miteinander reden – einander zuhören

Gesprächsregeln beachten

1. Gespräche können auch misslingen. Bildet Gruppen und entscheidet euch jeweils für eine der nachfolgenden Gesprächssituationen. Stellt die Situation in einem Rollenspiel dar und besprecht eure Ergebnisse anschließend in der Klasse:

Situation 1:
Morgen Abend bist du bei deiner besten Freundin/deinem besten Freund zu einem Fest eingeladen. Deine Eltern haben dir jedoch verboten, daran teilzunehmen, weil du in dieser Woche bereits einmal unentschuldigt eine ganze Stunde zu spät nach Hause gekommen bist. Du versuchst noch einmal mit deinen Eltern zu reden, das Gespräch endet in einem Streit und du gehst wütend in dein Zimmer.

Situation 2:
Deine Mutter war heute Morgen in der Schule und hat ein Gespräch mit deiner Klassenlehrerin geführt, bei dem es um deine schwachen Leistungen in Mathematik und Französisch ging. Beim Mittagessen möchte sie mit dir darüber sprechen, du wechselst aber immer wieder das Thema. Das Gespräch endet damit, dass dir deine Mutter wütend Hausarrest erteilt.

Situation 3:
Du hast zum zweiten Mal nacheinander keine Hausaufgaben in Deutsch. Deshalb traust du dich auch nicht, dies zu Beginn der Stunde deinem Lehrer zu sagen. Unglücklicherweise sollst aber gerade du den aufgegebenen Aufsatz vorlesen und du musst zugeben, ihn nicht gemacht zu haben. Am Ende der Stunde versuchst du, den Grund für dein Fehlverhalten zu erklären, aber der Lehrer glaubt dir nicht, dass gestern Nachmittag deine Oma plötzlich ins Krankenhaus gekommen ist.

Rollenspiel

Bereitet ein Rollenspiel wie folgt vor:
- Versetzt euch in eure jeweilige Rolle und die Situation.
- Sammelt Argumente für alle vorkommenden Rollen.
- Besprecht, wie ihr euch im Spiel verhalten wollt.

Auch als Zuschauer habt ihr Aufgaben:
- Äußert euch, wie überzeugend ihr das jeweilige Verhalten in der Situation fandet, und begründet eure Meinung.
- Besprecht den Ablauf des Gesprächs und die Gründe für Erfolg bzw. Misserfolg. Überlegt euch Alternativen, die zu einem anderen Ergebnis führen könnten.

2. Spielt die Gesprächssituationen noch einmal so, dass es zu einer Lösung kommt.

3. Die folgenden Äußerungen stammen aus dem Text „Wie feiert man ein Klassenfest?". Kläre, ob sie das Gespräch voranbringen.

Müssen solche Blödmänner, die nicht tanzen können, überhaupt kommen?

Gibt's Alkohol?

Glaubst du, wir sind hier im Kindergarten oder was?

Alle haben mitzureden. Was möchtest du tun?

4. Untersucht nun den ganzen Gesprächsverlauf und haltet sprachliche (verbale) und nicht sprachliche (nonverbale) Äußerungen fest. Ordnet die Verhaltensweisen danach, ob sie für das Gespräch eher förderlich oder eher hinderlich sind.

5. Denkt an Gespräche in der Schule oder in der Freizeit. Nennt weitere Störungen.

6. Gespräche verlaufen besser, wenn es Regeln gibt, an die sich alle halten. Findet gemeinsam Gesprächsregeln, die euch in eurer Klasse helfen. Notiert sie in Stichwörtern.

Gesprächsregeln
- andere ausreden lassen
- beim Thema bleiben
- ...

7. Bildet Gruppen mit vier bis fünf Schülerinnen und Schülern. Schreibt eure Gesprächsregeln auf ein Plakat. Benutzt ein Wörterbuch, damit auf diesem Plakat auch alles richtig geschrieben ist. Gestaltet eure Plakate ansprechend und übersichtlich.

8. Gespräche richtig zu führen kann man üben. Ihr wollt im Laufe des Schuljahres einen Klassenausflug machen. Besprecht in der Klasse, was ihr unternehmen wollt, und versucht, die Gesprächsregeln einzuhalten. Auch andere Themen bieten Anlass für ein Gespräch: ein gemeinsames Essen mit der Klasse organisieren, einen Beitrag fürs Schulfest planen ...

Gesprächsregeln

Beachte folgende Grundregeln als Voraussetzung für ein gelingendes Gespräch:

- **Aktiv zuhören**
  Zeige deinem Partner durch Blickkontakt, Gesichtsausdruck und Körpersprache, dass du aufmerksam zuhörst. Frage an geeigneter Stelle nach, ohne aber den Partner ständig zu unterbrechen.

- **Kritik sachlich äußern**
  Respektiere deinen Gesprächspartner, auch wenn du seine Meinung nicht teilst. Äußere deine Kritik in „Ich-Botschaften" (Ich finde …; Mir gefällt nicht so gut, dass …; Ich bin der Meinung …):
  Beispiel: *Ich* habe den Eindruck, dass du kaum noch Zeit für mich hast.
  nicht: *Du* hast ja ohnehin *nie* Zeit für mich.

- **Beim Thema bleiben und nicht abschweifen**
  Wenn darüber diskutiert wird, wohin der Klassenausflug geht, sollte nicht über das letzte Fußballspiel gesprochen werden.

- **Eine geäußerte Meinung begründen und mit Beispielen veranschaulichen**
  Beispiel: *Ich möchte, dass unsere Klasse nach Köln fährt, denn wir haben gerade in Geschichte über die Römer gesprochen und in Köln gibt es das Römisch-Germanische-Museum, das man unbedingt sehen sollte.*

9. Untersuche, ausgehend von den oben angeführten Gesprächsregeln, den Gesprächsverlauf im Textauszug „Mein Walkman!" (S. 225 ff.). Bestimme, wo die Personen die Gesprächsregeln nicht einhalten, und überlege, wie sie sich besser ausdrücken oder verhalten könnten.

Einen Vortrag halten

1. Für den Klassenausflug wird ein Ziel gesucht. Einigt euch in Kleingruppen, wohin die Reise gehen soll, und haltet einen mündlichen Vortrag, in dem ihr euer Ziel präsentiert. So ein Vortrag will gut vorbereitet sein:
- Sammelt in der Schulbibliothek oder im Internet Informationen zu eurem Ziel.
- Strukturiert eure Informationen und erarbeitet eine Gliederung.
- Bereitet einen Stichwortzettel vor, auf dem ihr das Wichtigste notiert und Schlüsselwörter markiert. Ihr könnt dazu auch Karteikarten verwenden.

2. Bevor ihr den Vortrag in der Klasse haltet, empfiehlt es sich, ihn zu Hause zu üben. Folgendes ist beim Vortragen zu beachten:

Einen Vortrag halten

- **Körperhaltung:** Stell dich gerade hin und beachte deine Position im Raum. Die Arme solltest du frei bewegen können. Passende Gesten und deine Mimik können deinen Vortrag unterstützen. Deine Vorbereitung kannst du in der Hand halten. Vermeide überflüssiges „Herumhampeln".
- **Blickkontakt:** Schau deine Zuhörer an, um zu erkennen, ob sie dir folgen können.
- **Redetechnik:** Versuche möglichst frei zu sprechen. Rede dabei deutlich und laut, aber nicht zu schnell. Deine Stimme sollte nicht monoton klingen. Achte auch darauf, dass du vollständige Sätze bildest.
- **Inhalt:** Durch einen guten Einstieg kannst du das Interesse deiner Zuhörer gewinnen. Achte darauf, dich verständlich auszudrücken und Wichtiges hervorzuheben. Beispiele veranschaulichen deine Aussagen. Runde deinen Vortrag durch einen Schlusssatz ab und halte dich für mögliche Fragen der Zuhörer bereit.

3. Legt gemeinsam in der Klasse Kriterien fest, nach denen ihr einen Vortrag bewerten könnt.

Kriterium	Das hat mir gut gefallen	Das hat mir weniger gefallen	Ich empfehle dir …
Gestik und Mimik			
Blickkontakt			
Verständlichkeit			
Sprachrichtigkeit			
Einstieg			
…			

[1] *das Feedback (engl.):* die Rückmeldung auf die Äußerungen anderer

4. Im Anschluss an einen Vortrag könnt ihr dem Redner euer Feedback[1] mündlich geben. Achtet darauf, dabei keine verletzenden Bemerkungen zu machen. Versucht dem Redner durch konkrete Beobachtungen weiterzuhelfen. Beginnt mit dem, was euch positiv aufgefallen ist.
Beispiel: *Mir hat gut gefallen, dass du deutlich gesprochen hast. Gestört hat mich, dass du die ganze Zeit mit deinen Karteikarten herumgefuchtelt hast.*

Formen schriftlicher Kommunikation

Die Chance

Nicolas hatte sie auf ein Eis eingeladen! Sophie konnte ihr Glück kaum fassen. Schon seit einer gefühlten Ewigkeit war sie in ihn verliebt, aber bisher hatte sich noch keine Gelegenheit geboten, mit ihm allein zu sein. Und nun hatte sogar er den ersten Schritt gemacht! Ohne nachzudenken hatte Sophie die
5 Einladung angenommen. „Also abgemacht?", versicherte sich Nicolas zweifelnd. „Na klar!"
Auf der Zugfahrt nach Hause meldeten sich jedoch erste Zweifel und das schlechte Gewissen nagte an ihr. War ihre Zusage überhastet gewesen, nur weil sie ihre Chance hatte nutzen wollen? Würde ihre Mutter ihr erlauben, mit
10 einem fremden Jungen einen Nachmittag in der Stadt zu verbringen? Wie konnte sie ihr klarmachen, dass diese Verabredung lebenswichtig für sie war?
Zu Hause räumte Sophie unaufgefordert ihr Zimmer auf und ging freiwillig mit dem Hund spazieren. Als sie zurückkam, fragte ihre Mutter verwundert: „Was ist denn mit dir los?" Das war die Gelegenheit.
15 Sophie nahm all ihren Mut zusammen: „Ja, ähm ... ich – darf ich am Samstagnachmittag mit Nicolas in die Stadt ein Eis essen gehen? Bitte, Mama, sag ja. Ich weiß, du kennst ihn nicht, aber es würde mir so viel bedeuten!"
„Aber Sophie, das geht doch nicht! Wir fahren am Samstag zum Einkaufen nach Trier, hast du das vergessen? Es ist Sommerschlussverkauf und du brauchst
20 unbedingt ein neues Kleid für die Hochzeit deiner Cousine. Es tut mir leid, aber du musst mit!"
Sophie schluckte, daran hatte sie wirklich nicht gedacht. „Ja, aber ..." „Schluss jetzt, keine Diskussion!" Wütend stürmte Sophie auf ihr Zimmer und knallte die Tür zu. Wie sollte sie Nicolas erklären, dass sie nun doch nicht mitkommen
25 könnte? Was würde er jetzt von ihr denken?

1. Sophie überlegt, auf welche Weise sie Nicolas absagen soll. Erstelle eine Liste mit den Besonderheiten der jeweiligen Kommunikationsform.

	Gespräch	Telefonat	SMS	Brief	E-Mail
Besonderheiten (z. B. Vorteile, Nachteile, Unterschiede)					

Persönliche Mitteilungen

1. Sophie teilt Nicolas zunächst in einer E-Mail kurz mit, dass sie nicht mit ihm in die Stadt gehen wird. Schreibe diese E-Mail.

2. Trotz der verpatzten Verabredung möchte Sophie mit Nicolas befreundet sein. Um ihr Verhalten genauer zu erklären, entschließt sie sich ein paar Tage später, Nicolas einen Brief zu schreiben. Darin begründet sie ihr Verhalten. Verfasse diesen Brief.

Der persönliche Brief stellt eine Möglichkeit dar, sich schriftlich zu verständigen. Er ist also eine **Form der Kommunikation** zwischen zwei Personen.
- Ein Brief kann verschiedene Absichten verfolgen: Er kann **informieren**, über etwas **berichten**, etwas **beschreiben**, zu etwas **auffordern** (jemanden einladen), etwas **begründen**, **unterhalten** (etwas **erzählen**) usw.
- Meistens stellen Briefe Mischformen dar, d.h., sie erfüllen mehrere Zwecke. Wenn die Briefpartner sich gut kennen, ist nicht jeder Brief für einen außenstehenden Leser verständlich.
- Doch auch in einem persönlichen Brief sollte man sich an einige Regeln halten: Rechts oben stehen die **Ortsangabe** und das **Datum**. Den Einstieg leistet eine **passende Anrede**. Der Text selbst richtet sich nach dem Empfänger und dessen Erwartungen und wird mit einem **entsprechenden Gruß** und der **Unterschrift** abgeschlossen.

3. Stelle zusammen, in welchen Situationen es sich anbietet, einen persönlichen Brief zu schreiben, und wann ein Anruf oder eine E-Mail sinnvoller ist. Begründe.

Der sachliche Brief

Luxemburg, den 2. Juli 2012

Sehr geehrte Frau Bernhard,

Sophies schulische Leistungen haben in letzter Zeit nachgelassen. Sie wirkt oft unkonzentriert und abwesend. Auch ihre Hausaufgaben vernachlässigt sie. Um den Ursachen auf den Grund zu gehen, würde ich gerne persönlich mit Ihnen reden. Ich bitte Sie daher am kommenden Freitag nach Schulschluss zu einem Gespräch in die Schule. Falls Ihnen dieser Termin zeitlich nicht passt, setzen Sie sich bitte mit mir in Verbindung, um ein Treffen zu einem anderen Zeitpunkt zu vereinbaren.

Mit freundlichen Grüßen
Carole Lindner

1. Vergleiche Form und Anredepronomen in diesem Brief mit jenen, die Sophie in ihrem Brief an Nicolas verwendet hat (S. 234/Aufgabe 2). Was stellst du fest?

Der **sachliche Brief** (der offizielle Brief) folgt strengeren Vorgaben als der persönliche Brief: Der Aufbau ist genau festgelegt. Die Anredeformel ist der Situation angepasst. Die Darstellung ist knapp, aber verständlich. Auf Gefühle wird verzichtet.
Zur Gestaltung eines Briefes gehört auch die korrekte Schreibung der Anredepronomen: Die **Pronomen der vertraulichen Anrede** (*du/Du, dir/Dir, dein/Dein, ihr/Ihr, euer/Euer* usw.) können im Brief **klein- oder großgeschrieben** werden. Die **Höflichkeitsanrede** (*Sie, Ihnen, Ihr, ...*) wird dagegen ausschließlich **großgeschrieben**. Beachte auch, dass die entsprechenden Possessivpronomen ebenfalls großgeschrieben werden: *Könnten Sie mir bitte Ihre Adresse mitteilen?*

Achtung: Überlege bei „*sie*" immer, ob die höfliche Anrede (also: *Sie*) oder eine Form des Personalpronomens vorliegt.

Luxemburgisch Sprechende müssen besonders gut aufpassen, weil sie die luxemburgische Höflichkeitsform „Iech" gerne wörtlich mit „Euch" übersetzen. Das ist im Deutschen nicht korrekt.
Beispiel: *Ich habe ~~Euch~~ Ihnen einen Brief geschrieben. Darf ich ~~Euch~~ Sie etwas fragen? Ich habe ~~Euch~~ Sie in der Stadt gesehen.*

2. Ordne in der folgenden Tabelle die Anrede- und Grußformeln in der linken Spalte der entsprechenden Person und Situation in der rechten Spalte zu. Mehrfachzuordnungen sind möglich, doch beliebig ist die Wahl nicht.

Anrede- und Grußformel	Person/Situation
1. Sehr geehrter Herr Müller	a) Anja schreibt ihrer Freundin aus dem Urlaub
2. Hallo Katrin	b) Ein Vater entschuldigt seinen Sohn beim Klassenlehrer für dessen Fehlen im Unterricht
3. Liebe Frau Fritz	c) Frau Maier bittet eine Nachbarin, in den Ferien die Blumen zu gießen
4. Lieber Hugo	d) Oma schreibt ihrem Enkel zum Geburtstag
5. Mit freundlichen Grüßen	e) Lukas schreibt seinem Opa im Krankenhaus
6. Es grüßt dich herzlich dein(e)/Dein(e)	f) Andrea lädt ihre Freundin zum Geburtstag ein
7. Herzlichst Ihr(e)	g) Herr Huber entschuldigt sich bei einem Nachbarn
8. Bis bald dein(e)/Dein(e)	h) Lisa sagt beim Chorwochenende zu

3. Die Klasse 7b möchte ein Klassenfest organisieren. Dazu müssen die Schüler zunächst den Direktor um Erlaubnis bitten, da das Klassenfest in der Aula der Schule stattfinden soll. Der folgende Brief wird an die Schulleitung gesandt. Korrigiere die Fehler (inhaltliche Gestaltung, Sprache, Form).

¹ *die Aula:* der Festsaal der Schule

Echternach, der 30. Juni 2012

Lieber Direktor!

Wir, die Schüler der Klasse 7b, möchten ein Klassenfest in unserer Schule organisieren. Deshalb bitten wir Euch um die Erlaubnis, die Aula¹ zu benutzen. Wir wollen nähmlich auch unsere Eltern und unsere Lehrer einladen und mit Ihnen gemeinsam bei Musik und gutes Essen das Ende des Schuljahres feiern. Natürlich können sie ruhig auch zu unserem Fest kommen. Ihr dürft auch eure Frau mitbringen. Wir werden am selben Abend eure Aula selbstverständlich putzen und aufpassen, dass nichts passiert. Ihr könnt uns vertrauen. Da wir noch Geld und Hilfe benötigen, werden wir auch die Eltern fragen, damit Sie uns helfen, Spenden zu organisieren. Wir schicken dafür Ihnen auch einen Brief. Wir freuen uns darauf, euch bei unserem Fest zu treffen. Danke für eure Unterstützung. Freundliche Grüße und bis bald

die Klasse 7b

4. Nun fehlt noch das nötige Kleingeld. Verfasst einen Brief an die Eltern, in dem ihr sie um Spenden und um ihre Mithilfe bittet.

5. Eure Klassenlehrerin schreibt einen Brief an die Eltern, in dem sie diese über das bevorstehende Klassenfest informiert und zur Mitarbeit einlädt. Setzt die fehlenden Pronomen ein.

Echternach, den 1. Juli 2012

Sehr geehrte Eltern,

beim letzten Elternabend waren _____ der Meinung, ein Klassenfest könnte die Klassengemeinschaft verbessern. Deshalb habe ich zusammen mit _____ Kindern ein Klassenfest organisiert, das vor den Sommerferien in der Schule stattfinden wird. Die Kinder hatten in der Schule die Möglichkeit, _____ Wünsche zu äußern. Sie dürfen _____ Musik (CDs) mitbringen und können _____ Programm selbst gestalten. Damit auch für das leibliche Wohl gesorgt ist, würde ich _____ bitten, Getränke, Salate oder Chips usw. zu stiften. Am einfachsten bringen _____ diese Sachen vor Beginn des Klassenfestes zur Schule. Der Hausmeister kann _____ den Festsaal aufschließen. Auch wäre ich sehr dankbar, wenn einige von _____ mir noch nach dem Klassenfest helfen könnten, die Aula wieder in Ordnung zu bringen. Bitte melden _____ sich so schnell wie möglich bei mir. Sorgen _____ bitte auch dafür, dass _____ Kinder sicher nach Hause kommen.

Für alle weiteren Fragen stehe ich _____ gerne zur Verfügung.

Mit freundlichen Grüßen

Carole Lindner
Klassenlehrerin

Der Wissensspeicher

S. 229ff. **1. Sprechen und Zuhören**

Wenn Menschen sich miteinander verständigen, wird dies als **Kommunikation** bezeichnet. Wir können mündlich und schriftlich miteinander kommunizieren und verwenden dabei sprachliche und nicht sprachliche Zeichen (z. B. Gesten oder Bildsymbole wie Verkehrszeichen), deren Bedeutung in einer Gesellschaft weitgehend festgelegt ist.

Es gibt fast 7000 Sprachen auf der Erde. Wer fremde Sprachen erlernt, kann sich mit fremden Menschen verständigen und etwas über sie und ihre Kultur erfahren.

1.1 Mündliche Kommunikation

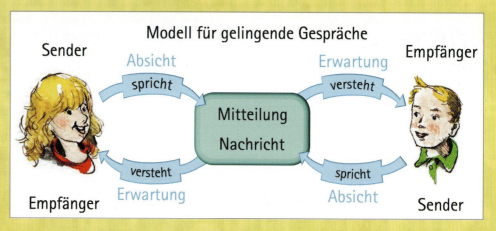

Gespräche können unterschiedliche Zwecke erfüllen:
- Austausch von Meinungen oder Information
- Diskussion über ein Problem
- Unterhaltung

Gespräche/Diskussionen sind besonders erfolgreich, wenn ...

S. 231
- **Regeln** (Blickkontakt zwischen Hörer und Sprecher – aktives Zuhören, Ich-Botschaften, Beteiligung am Gespräch) beachtet werden, damit sich jeder ernst genommen fühlt,
- Meinungen durch **Argumente** gestützt und mit Beispielen veranschaulicht werden,
- Kritik sachlich geäußert wird,
- die Sprache und die Umgangsformen dem jeweiligen Gesprächspartner (Freunde, Familie, Lehrer ...) angemessen sind,
- alle laut und deutlich und nicht durcheinander sprechen,
- alle beim Thema bleiben und nicht abschweifen,
- man Wiederholungen vermeidet und auf bereits Gesagtes eingeht.

1.2 Vortragen und Vorlesen

S. 103 ff.
+S. 179
+S. 231 ff.

Wer eine Geschichte vorliest, ein Gedicht vorträgt oder über ein Thema informiert, muss sich gut vorbereiten, damit die Zuhörer ihn verstehen und Freude am Zuhören haben:

S. 232

Freies Vortragen
- Notieren von Stichpunkten zu den wichtigsten Inhalten (Stichwortzettel)
- Einsetzen von Tafelbild, Folie oder anderen Medien

Gestaltendes Vortragen
- Texte lesen
- Markieren von Pausen und Betonungen
- Einsetzen verschiedener Stimmlagen

Spielen von Rollen
- Rolle übernehmen und einüben
- Darstellung durch unterschiedliche Mimik und Gestik, verschiedene Körperhaltungen und Stimmlagen zum Ausdruck bringen

2. Schreiben

S. 47 ff.

2.1 Erzählen

Wer mündlich oder schriftlich **erzählt**, verfolgt das Ziel, den Zuhörer bzw. den Leser zu unterhalten. Das gilt für erlebte, erfundene oder an Bildern orientierte Geschichten. Vor der Niederschrift werden Aufbau und Handlungsverlauf in einem **Schreibplan** festgehalten, in dem der Höhepunkt gekennzeichnet ist. Ganz wichtig ist auch die Entscheidung, aus welchem **Blickwinkel (Perspektive)** man erzählt und ob die Er/Sie-Form oder die Ich-Form benutzt wird. Um die Erzählung spannend zu gestalten, setzt man bestimmte Erzählmittel (Darstellen der Gefühle und Gedanken/inneres Geschehen; Zeitdehnung, wörtliche Rede, bildliche Ausdrücke, treffende Wörter usw.) ein. Erzählzeit ist in der schriftlichen Erzählung das **Präteritum**, in der mündlichen auch das Perfekt.

Einleitung
Personen, Ort und Zeit vorstellen:
Wer? Wann? Wo? kurz die Handlung andeuten, um Interesse zu wecken: *Was?*

Hauptteil
spannendstes Ereignis oder Erlebnis: *Was?*

Schluss
Ausklang
Ausblick

2.2 Briefe schreiben

S. 233 ff.
S. 234

Der **persönliche Brief** ist eine Schreibform, die viele kommunikative Zwecke verfolgen kann: erzählen, informieren, berichten, beschreiben. Bei der **äußeren Form** sind zu beachten: der Briefkopf, die Formen der Anrede und die Grußformel zum Abschied.

S. 235 → Der **sachliche (offizielle) Brief** hat strengere Vorgaben: festgelegter Aufbau, Großschreibung der Anredepronomen; knappe, dennoch verständliche Darstellung; Verzicht auf Gefühle.

S. 218f. → **2.3 Vorgänge beschreiben**

Beim Beschreiben ist besonders wichtig, dass die einzelnen Schritte eines Vorgangs in der richtigen zeitlichen **Reihenfolge** stehen. Eine Beschreibung bleibt sachlich und muss zugleich anschaulich sein, da der Leser eine möglichst genaue Vorstellung vom Ablauf bekommen soll.

Beschreibungen werden im **Präsens** geschrieben.

Für Beschreibungen sollte zunächst ein Schreibplan angelegt werden.

3. Reflexion über Sprache

S. 72ff.+S. 185–195 → **3.1 Wortarten**

S. 186f. → **Nomen/Substantive** bezeichnen Lebewesen und Dinge, Stimmungen, Gedanken, Gefühle und Zustände.

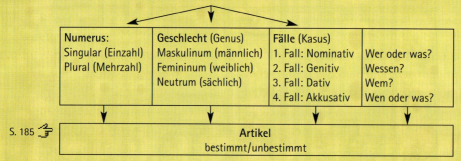

S. 187f. → **Adjektive** beschreiben Dinge, Lebewesen und Gefühle genauer. Adjektive, die direkt bei einem Nomen stehen und dieses näher bestimmen (attributiver Gebrauch), werden ebenso wie das Nomen **dekliniert**: *des schönen Kindes.* Daneben können Adjektive prädikativ *(Das Mädchen ist klug.)* und adverbial *(Der Junge singt schön.)* verwendet werden. Darüber hinaus können sie gesteigert werden.

schön → *schöner* → *am schönsten*
Grundstufe   Vergleichsstufe   Höchststufe
(Positiv)   (Komparativ)   (Superlativ)

S. 189 → **Adverbien** (Umstandswörter) bezeichnen das Geschehen des Satzes (Ort, Zeit, Grund …) näher. *(Heute regnet es überall.)* Sie sind nicht veränderbar.

S. 72–80 → **Verben** werden unterteilt in **Vollverben** *(arbeiten, liegen, faulenzen, tanzen, enthalten usw.)* und **Hilfsverben** *(haben, sein, werden).*

Vollverben sind die Träger der „Satzaussage". Sie drücken eine Tätigkeit *(telefonieren)*, einen Zustand *(liegen)* oder einen Vorgang *(abstürzen)* aus. Hilfsverben helfen, bestimmte grammatische Formen zu bilden (Tempusbildung). Jeder vollständige Satz enthält ein konjugiertes Verb. Verben kommen in unterschiedlichen Formen vor.

Grundform (Infinitiv): *schreiben*
konjugierte (gebeugte) **Form** = **Personalform:** *ich schreibe, du schreibst ...*
unkonjugierte (ungebeugte) **Form** = **Partizip I:** *zitternd (vor Angst)* und **Partizip II:** *(ich bin) gelaufen*
Verben kommen in verschiedenen **Zeitformen** vor. Sie geben Auskunft über den Zeitpunkt, an dem etwas geschieht. Die Zeitformen sind:

Mithilfe von Verben und ihrem Tempus wird das Geschehen zeitlich eingeordnet.
Das Präsens kann im Deutschen mit einer entsprechenden Zeitangabe auch zum Ausdruck **zukünftiger Geschehen** benutzt werden *(Morgen fahren wir in Urlaub).*

S. 213–217 Verben stehen im **Aktiv** *(Klaus füttert den Hund.)* oder im **Passiv** *(Der Hund wird [von Klaus] gefüttert.).* Im Passiv geschieht etwas mit dem Subjekt. Der Handelnde wird im Passiv oft weggelassen oder mit *von* angeschlossen. Man unterscheidet:

Vorgangspassiv	und	**Zustandspassiv**
Das Auto wird gewaschen.		*Das Auto ist gewaschen.*
Form: werden + Partizip II		sein + Partizip II

S. 190 ff. **Personalpronomen** *(ich, du, er, sie ...)* stehen stellvertretend für Nomen und werden wie diese gebeugt. Zur Gruppe der **Pronomen** gehören u.a. auch die **Possessivpronomen** *(mein, dein, unser ...).*

S. 193 f. **Präpositionen** setzen Dinge zueinander in ein Verhältnis, z.B. räumlich *(in, an, unter)* oder zeitlich *(vor, nach).* Sie ziehen einen bestimmten Fall des nachfolgenden Nomens nach sich *(mit dem Auto, für den Elefanten).*

S. 195 **Konjunktionen** nennt man Wörter, die Wörter, Satzteile und Sätze miteinander verbinden. Je nachdem, ob die Verbindung zwischen gleichrangigen Einheiten besteht oder zwischen verschiedenrangigen Einheiten, unterscheidet man a) nebenordnende *(und, oder, aber* etc.) und b) unterordnende Konjunktionen *(dass, weil, obwohl, während* usw.).
a) Liest du noch **oder** schläfst du schon?
b) Sabine arbeitet noch, **während** ihre Freundin schon Ferien hat.

S. 22f. **3.2 Satzarten**

Verschiedene Absichten können mit verschiedenen Satzarten ausgedrückt werden.

	Aussagesatz	Fragesatz	Aufforderungs- und Ausrufesatz
Satzschlusszeichen	*Punkt .*	*Fragezeichen ?*	*Ausrufezeichen !*
Absicht	mitteilen, aussagen, erzählen ...	fragen, etwas wissen wollen, etwas erfahren wollen ...	befehlen, bitten, wünschen, auffordern ...

Wenn man mehrere **selbstständige Sätze (Hauptsätze)** miteinander verbindet, entsteht eine **Satzreihe**; die Sätze werden durch **Konjunktionen** *(und, oder, weder ... noch* etc.*)* miteinander verbunden.

Werden **unselbstständige Sätze (Nebensätze)** mit Hauptsätzen verbunden, entstehen **Satzgefüge**. Zwischen Hauptsatz und Nebensatz steht ein Komma. Die Verbindung stellen Konjunktionen her.

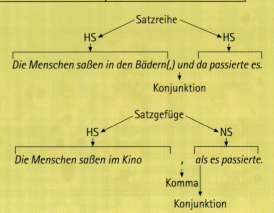

S. 23–32 **3.3 Satzglieder**

Die Bausteine von Sätzen sind **Satzglieder**.

Man erkennt Satzglieder daran, dass sie sich immer nur geschlossen innerhalb eines Satzes umstellen lassen, ohne dass sich der Sinn des Satzes verändert (Umstellprobe).

S. 167ff. **3.4 Wortschatz und Wortbedeutung**

Ein großer Wortschatz ist hilfreich, um sich möglichst genau und treffend ausdrücken zu können. Darüber hinaus hilft er, Wiederholungen zu vermeiden, z. B. wenn man mehrere Wörter mit (fast) gleicher Bedeutung kennt (**Synonyme**: *schmutzig/dreckig; Gatte/Gemahl*). Sucht man Wörter mit gegensätzlicher Bedeutung, handelt es sich um **Antonyme** *(schön/hässlich).*

Wortfeld
Wörter mit gleicher oder ähnlicher Bedeutung der gleichen Wortart:

Wortfamilie
Wörter, die auf einen gemeinsamen Stamm zurückgehen:

Außer nach Wortfeldern und Wortfamilien kann man den Wortschatz noch nach **Ober-** und **Unterbegriffen** – z.B. *Sessel, Stuhl, Hocker, Sofa* (Unterbegriffe) → *Sitzgelegenheiten* (Oberbegriff) – zusammenfassen.

3.5 Wortbildung

Im Laufe der Entwicklung einer Sprache werden aus einem Wortstamm vor allem durch **Ableitung** oder Zusammensetzung immer neue Wörter gebildet. Bei der Ableitung wird an einen Wortstamm eine **Vorsilbe** (Präfix) oder eine **Nachsilbe** (Suffix) angehängt (*verarbeiten, arbeitsam*).
Bei der **Zusammensetzung** werden Wörter oder Wortstämme zusammengefügt (*Spielfeld, Meisterschaftsspiel, Kinderspiel*).

3.6 Bildhaftigkeit und Redewendungen

Wörter werden häufig in einer übertragenen Bedeutung gebraucht. Man spricht dann von **bildhaften Ausdrücken**. Bildhaftigkeit findet sich nicht nur in Zusammensetzungen, sondern auch in Redensarten und sogar in einfachen Wörtern. So bezeichnet man z.B. einen Menschen als *Fuchs*, wenn man ihn als besonders schlau einstuft.
Übertragene Wortbedeutungen und sprachliche Bilder spielen vor allem bei **Redensarten** eine große Rolle. Mit ihrer Hilfe kann man bestimmte Verhaltensweisen oder Sachverhalte anschaulich zum Ausdruck bringen (*jemanden vor den Kopf stoßen, etwas mit der Brechstange versuchen*).
Bei einem **Vergleich** werden zwei verschiedene Vorstellungen durch „wie", „als" oder „als ob" (Vergleichswörter) miteinander verknüpft (*schnell wie der Blitz, ein Baum größer als ein Haus; er rannte, als ob der Teufel hinter ihm her wäre*).
Metaphern sind Wörter, die aus ihrem herkömmlichen Zusammenhang herausgelöst und in einen neuen Zusammenhang eingefügt werden. Vorstellungen werden dadurch aus einem Bedeutungsbereich auf einen anderen übertragen (*Fenster aus Eis*).
Eine besondere Form der Metapher ist die **Personifikation**. Pflanzen, Tieren, Gegenständen oder Jahreszeiten werden dabei menschliche Verhaltensweisen und Eigenschaften verliehen (*Die Veilchen träumten von der Frühlingssonne*).

S. 125 ff. **3.7 Rechtschreibung**
Im Deutschen wird vieles so geschrieben, wie es gesprochen wird, deshalb ist es hilfreich, gut zuzuhören und beim Schreiben leise mitzusprechen. Einiges lässt sich nicht hören, man kann es aber mithilfe von Regeln und Tipps herausbekommen.

S. 125–129 **Satzanfänge, Nomen, Nominalisierungen** (*etwas Silbernes, das Laufen*), **Eigennamen** (*Sabine Müller, das Brandenburger Tor*) und die **Höflichkeitsanrede** im Brief und in einem schriftlichen Dialogtext (*Ich danke Ihnen für Ihr Schreiben.*) schreibt man **groß**.

Wörter oder Laute, die **gleich klingen**, aber unterschiedlich geschrieben werden und verschiedene Bedeutungen haben, kann man vom **Wortstamm ableiten** (*Wände → Wand, Bäume → Baum, schnäuzen → Schnauze, aufwändig → Aufwand*)
oder für die richtige Schreibung des Auslautes **verlängern** (*Rad → Räder, Rat → raten*).

S. 130 Nach einem **kurzen, betont** gesprochenen **Vokal** folgen stets **zwei Konsonanten** (**Schärfung**). Es gibt zwei Möglichkeiten der Schärfung:
1. Ein und derselbe Konsonant wird verdoppelt: *Butter, Wille, füllen, nett ...*.
   ck und *tz* sind die Schreibweisen für die Verdopplung von *k* und *z*.
2. Dem kurzen Vokal folgen zwei (manchmal auch drei) unterschiedliche Konsonanten: *Hilfe, Farbe, springen, wichtig ...*

S. 130 **Die Länge eines Vokals (Dehnung)** kann auf drei Arten angezeigt sein:
1. durch einen **Doppelvokal** (nur bei *a, e* und *o*): *Paar, leer, Moor ...*
2. durch *h*: *Reh, fahren ...*
3. bei *i* oft durch das Anhängen von *e* (ie): *Tier, Liebe ...*

Viele Wörter mit langen Vokalen muss man nachschlagen und sich die Schreibung einprägen. Die Länge eines Vokals wird nicht immer im Schriftbild kenntlich gemacht: *Vater, Gardine, Trost ...*

S. 130 ff. Bei der Schreibung der **s-Laute** muss man genau hinhören:
- Der **stimmhafte** s-Laut wird mit einfachem *-s* geschrieben:
  Nase, Sonne, Reise ...
- Den **stimmlosen** s-Laut schreibt man
  – nach einem **kurzen Vokal** *-ss*: *Schuss, Nässe, essen ...*
  – nach einem **lang gesprochenen Vokal** oder **Diphthong** *-ß*: *Straße, Maß, weißt ...*

S. 150 f. **Wörtliche Rede** wird durch Anführungszeichen gekennzeichnet. Dabei steht nach einleitendem **Begleitsatz** ein Doppelpunkt. (*Er sagte: „Ich gehe jetzt."*)
Ist der Begleitsatz eingeschoben oder nachgestellt, wird er durch Kommas abgetrennt. (*„Ich muss heute noch", jammerte Ben, „mein Zimmer aufräumen."*)
Fragezeichen und Ausrufezeichen bleiben trotz Komma vor dem Begleitsatz erhalten. (*„Das wird auswendig gelernt!", ordnete der Lehrer an. „Bis wann sollen wir das lernen?", fragten die Schüler.*)
Wenn die wörtliche Rede mit einem Aussagesatz endet, wird der Punkt weggelassen, wenn der Begleitsatz folgt. (*„Das ist gar nicht so schwierig", dachte ich.*)

Um Fehler zu korrigieren, kann man eine **Tabelle/Datei/Kartei** mit **Fehlerschwerpunkten** nutzen und die Fehler jeweils zuordnen, verbessern und lernen, wie es richtig ist.

4. Umgang mit Texten

Zusammenhänge und Feinheiten in Aussagen von Texten lassen sich oft nur durch genaues Lesen herausarbeiten. Die meisten Texte lassen sich einer bestimmten Textsorte zuordnen, die an Besonderheiten und gemeinsamen Merkmalen zu erkennen ist.

4.1 Sich durch Sachtexte informieren
S. 205 ff.

Während es in **Erzähltexten** darum geht, den Leser zu **unterhalten**, dienen **Sachtexte** dazu, den Leser zu **informieren**. Die Inhalte von Sachtexten dürfen deshalb nicht erfunden sein und müssen einer Überprüfung standhalten. Die Aussagen müssen den Tatsachen entsprechen. Häufig bereitet die Lektüre von Sachtexten Wortschatzschwierigkeiten und macht das Nachschlagen in Wörterbüchern und Lexika notwendig. Informationen lassen sich u. a. auch Lexikonartikeln, Radio- und Fernsehsendungen, CD-ROMs und dem Internet entnehmen.

4.2 Jugendbücher lesen und verstehen
S. 67–71

Spaß am Lesen wird vor allem in Büchern geweckt, die bewusst auf eine Altersgruppe eingehen. Sie bieten häufig die Möglichkeit, sich mit Figuren im Buch zu **identifizieren**: Das wird oft durch Ich-Erzähler erreicht, die etwa das Alter der Leser haben oder in ähnlichen Lebensumständen leben. Der Leser sieht das Geschehen aus ihrer **Perspektive**, fühlt mit ihnen mit und hofft für sie auf ein gutes Ende. Aber auch Er-Erzähler können Personen besonders sympathisch und interessant darstellen und die Identifikation ermöglichen.
Bei der Behandlung eines Buches wird auf die **Ausgangssituation** des Textes, das **Thema**, die **Schauplätze**, die **Personen** und den **Handlungsverlauf** eingegangen. Diese Punkte solltet ihr auch berücksichtigen, wenn ihr selbst ein Buch vorstellt, um zum Lesen anzuregen.

4.3 Märchen
S. 86–102

Märchen wurden überall und zu allen Zeiten erzählt, um zu unterhalten und zu belehren. So wird bei den Figuren besonders auf die Unterscheidung von Gut und Böse Wert gelegt, wobei meist das Gute siegt. In der Märchenwelt, in der Raum und Zeit unbestimmt bleiben, haben Zauber und Wunder ihren festen Platz. Die bekanntesten Märchen wurden von den Brüdern Grimm gesammelt und aufgeschrieben.

4.4 Sagen
S. 111–124

Auch Sagen sind mündlich überlieferte Texte, die meist einen historisch wahren Kern enthalten und versuchen, Wirkliches zu erklären, etwa Landschaftsmerkmale, Naturerscheinungen oder Namen. So sind Ort und Zeit durchaus bestimmt. Eine wichtige Rolle spielt das Unheimliche und Bedrohliche.

S. 134–149 **4.5 Fabeln**
Fabeln gehören zu den erzählenden Kurzformen. Die Handlung wird meist von **sprechenden Tieren** getragen, die typische **menschliche Verhaltensweisen** und **Eigenschaften** verkörpern. Fabeln wollen unterhalten, aber auch auf Fehlverhalten aufmerksam machen. Am Ende einer Fabel steht deshalb meist eine allgemeingültige Lehre oder Moral.

S. 152–166 **4.6 Lügengeschichten und Schwänke**
Lügengeschichten werden bevorzugt in der Ich-Form erzählt und scheinen zunächst in der Wirklichkeit zu handeln, dann aber entlarven sie sich bewusst durch Übertreibungen und offensichtliche Lügen.
Geschichten, in denen gelungene Streiche geschildert werden, bezeichnet man als Schwänke. Im Mittelpunkt steht meist ein Narr, der seinen Gegner mit List, Klugheit und Schlagfertigkeit hereinlegt.

S. 170–184 **4.7 Gedichte**
Gedichte sind meist kürzere Texte, die ganz bewusst mit den Zeilen umgehen.
Eine Zeile im Gedicht nennt man **Vers**; wenn mehrere Verse einen Block bilden, spricht man von einer **Strophe**. Enden zwei Verse mit einem ähnlichen Klang, liegt ein **Endreim** vor. Endreime sind meist regelmäßig angeordnet und folgen somit einem **Reimschema**, wobei am häufigsten Paarreime *(aabb)*, Kreuzreime *(abab)* und umschließende Reime *(abba)* verwendet werden.
Die betonten Silben im Gedicht heißen **Hebungen**, die unbetonten **Senkungen**. Die regelmäßige Abfolge von Hebungen und Senkungen bestimmt das Versmaß (z. B. Jambus). Dagegen spricht man von **Rhythmus**, wenn man vom strengen Versmaß (auch **Metrum**) abweicht und natürlich betont.
Häufiger als in erzählenden Texten wird in Gedichten eine **bildhafte Sprache** verwendet.

S. 166 **4.8 Szenen**
Szenen sind **Dialogtexte**, die als Anweisung für eine Aufführung zu verstehen sind: Die vorkommenden Personen stellen die Handlung auf einer **Bühne** dar. Dabei steht im Mittelpunkt, was und wie sie miteinander sprechen.
Um einen Erzähltext in eine Szene umzuschreiben, werden die wesentlichen Aussagen des Erzählers in **Regieanweisungen** (Hinweise zur Mimik und Gestik der Spieler, zu deren Sprechweise und zum Geschehen auf der Bühne) oder in **Dialoge** umgewandelt.

5. Umgang mit Medien

Wenn wir uns möglichst schnell über aktuelle Ereignisse **informieren** wollen, helfen uns dabei die modernen **Medien**, die Informationen in kürzester Zeit verfügbar machen: **Radio**, **Fernsehen** und **Internet** können sofort auf ein Ereignis reagieren, **Zeitungen** am nächsten Tag. Darüber hinaus stellen diese Medien ein breites **Unterhaltungsangebot** zur Verfügung, aus dem der Einzelne eine Auswahl treffen muss.

S. 207 ff. → **5.1 Zeitungen und Zeitschriften**

Zeitungen widmen sich der aktuellen Berichterstattung und liefern, wie die in größeren Abständen erscheinenden Zeitschriften, Hintergrundinformationen zu den Ereignissen. Somit steht hier eine Vielzahl von Sachtexten zur Verfügung, denen sich verlässliche Informationen entnehmen lassen.

6. Tipps und Methoden

Mithilfe verschiedener Methoden kann man sich Lernstoff gut aneignen und ihn im Gedächtnis verankern. Dabei lernt man auch etwas über sich, nämlich wie man am besten lernen kann.

- S. 20 → Strategien zum besseren Textverständnis
- S. 23 → Umstellprobe
- S. 28 → Proben zur Satzgliedermittlung
- S. 47 → Bildergeschichten erzählen
- S. 53 → Eine Erzählung planen
- S. 54 → Ideen sammeln: Ein Cluster erstellen
- S. 67 → Informationen über Bücher beschaffen
- S. 70 → Ein Leseprotokoll führen
- S. 71 → Ein Lesetagebuch führen
- S. 71 → Ein Jugendbuch in der Klasse vorstellen
- S. 103 → Ratschläge für das Vorlesen
- S. 122 → Gedanken in einer Mind-Map ordnen
- S. 149 → Einen Text überarbeiten
- S. 167 → Vom Cluster zur Mind-Map
- S. 181 → Gedichte auswendig lernen – kein Problem
- S. 204 → Sinnentnehmendes Lesen: Lesen und Verstehen mit der „Lese-Brille"
- S. 214 → Ein Flussdiagramm erstellen
- S. 229 → Rollenspiel
- S. 231 → Gesprächsregeln
- S. 232 → Einen Vortrag halten

Die Konjugation der Verben

Bildung der Tempusformen

Präsens (fr. présent)

Infinitivstamm + Personalendung				Beispiele	
ich	Infinitivstamm	+	-e	ich male	ich rechne
du	Infinitivstamm	+	-(e)st	du malst	du rechnest
er, sie, es	Infinitivstamm	+	-(e)t	er malt	er rechnet
wir	Infinitivstamm	+	-en	wir malen	wir rechnen
ihr	Infinitivstamm	+	-(e)t	ihr malt	ihr rechnet
sie (Sie)	Infinitivstamm	+	-en	sie malen	sie rechnen

ACHTUNG!

- Verben, deren **Stamm** auf *-d* oder *-t* endet, brauchen ein *-e* vor den Endungen auf *-st*, *-t* (*du bindest, es lautet*).
- Verben, deren **Stamm** auf *-m* oder *-n* endet, brauchen ein *-e* vor den Endungen auf *-st*, *-t*, aber **nur, wenn** ein **anderer Konsonant** (außer *r*!) davor steht (*du rechnest*).
- Wenn der **Stamm** auf *-s*, *-ss*, *-ß* oder *-z* endet, steht in der **2. Person Singular Präsens** nur die **Endung** *-t* (*du rast, du hasst, du gießt, du heizt …*).
- **Schwache Verben** auf *-eln* und *-ern* haben in der **1. und 3. Person Plural** nur die **Endung** *-n*. Die Formen entsprechen also immer dem Infinitiv (*wir/sie klingeln, wir/sie ändern, wir/sie bügeln …*).
- Bei den **Verben** auf *-eln* fällt in der **1. Person Singular Präsens** das *-e* weg (*ich klingle, ich lächle …*).
- Das Verb *wissen* hat **Sonderformen im Singular Präsens** (*ich weiß, du weißt, er weiß*).
- Einige **starke Verben** haben in der **2. und 3. Person Singular Präsens** eine **Sonderform** (*du gibst, er gibt/du nimmst, er nimmt/du lässt, er lässt/du liest, er liest/du hältst, er hält …*).

Diese besonderen Präsensformen muss man mitlernen! (☞ S. 254 ff.)

Präteritum (auch: Imperfekt) (fr. imparfait)

Das Präteritum ist **eine der drei Stammzeiten des Verbs**, die es erlaubt zu unterscheiden, ob wir es mit einem starken Verb, einem schwachen Verb oder einem Mischverb zu tun haben. **Die meisten Verben** im Deutschen sind **schwach**.

Schwache Verben

Schwache Verben werden **regelmäßig** konjugiert. Ihr **Stamm verändert sich nicht**.
Das Präteritum der schwachen Verben wird gebildet, indem der Infinitivstamm durch -t und die Personalendung ergänzt wird.

Infinitivstamm + *t* + Personalendung		Beispiele	
ich	Infinitivstamm + t + -e	ich mal*te*	ich folg*te*
du	Infinitivstamm + t + -est	du mal*test*	du folg*test*
er, sie, es	Infinitivstamm + t + -e	er mal*te*	er folg*te*
wir	Infinitivstamm + t + -en	wir mal*ten*	wir folg*ten*
ihr	Infinitivstamm + t + -et	ihr mal*tet*	ihr folg*tet*
sie (Sie)	Infinitivstamm + t + -en	sie mal*ten*	sie folg*ten*

> **ACHTUNG!**
> - Verben, deren **Stamm auf –d** oder **–t** endet, brauchen ein **–e vor dem –t** und der nachfolgenden Personalendung (*du arbeitetest, er arbeitete*).
> - Verben, deren **Stamm auf –m** oder **–n** endet, brauchen ein **–e vor dem –t** und der nachfolgenden Personalendung, aber nur, **wenn ein anderer Konsonant** (außer *r*!) davor steht (*du rechnetest, er rechnete, ihr rechnetet*).

Starke Verben

Starke Verben werden **unregelmäßig** konjugiert. Ihr **Stamm verändert sich** im Präteritum und meistens auch im Partizip Perfekt.
In der **1. und 3. Person Singular Präteritum** haben die starken Verben **keine Personalendung**.

Präteritumstamm + Personalendung		Beispiele	
ich	Präteritumstamm + —	ich trug	ich ging
du	Präteritumstamm + -(e)st	du trug*st*	du ging*st*
er, sie, es	Präteritumstamm + —	er trug	er ging
wir	Präteritumstamm + -en	wir trug*en*	wir ging*en*
ihr	Präteritumstamm + -(e)t	ihr trug*t*	ihr ging*t*
sie (Sie)	Präteritumstamm + -en	sie trug*en*	sie ging

> ACHTUNG!
>
> - Verben, deren **Stamm** auf **-d** oder **-t** endet, brauchen in der zweiten Person Plural ein **-e** vor der Endung auf **-t** (*ihr botet, ihr standet*). In der zweiten Person Singular wird in der Regel auf das eingefügte -e vor der Endung -st verzichtet, um Indikativ Präteritum vom Konjunktiv II unterscheiden zu können (*du botst, du standst*).
> - Verben, deren **Stamm** auf **-m** oder **-n** endet, brauchen ein **-e** vor den Endungen auf **-st**, **-t**, aber nur, **wenn** ein anderer Konsonant (außer *r*!) **davor** steht (*du nanntest, ihr nanntet*).

Mischverben

Neben den starken und den schwachen Verben gibt es noch einige **Mischverben**. Sie haben die **Endungen der schwachen Verben, verändern** aber den **Vokal** in den **Stammformen**.
Mischverben sind: *brennen, bringen, denken, dürfen, kennen, können, mögen, müssen, nennen, rennen, senden, sollen, wenden, wissen, wollen.*

Präteritumstamm + t + Personalendung				Beispiele	
ich	Präteritumstamm	+ t	+ -e	*ich konnte*	*ich wandte*
du	Präteritumstamm	+ t	+ -est	*du konntest*	*du wandtest*
er, sie, es	Präteritumstamm	+ t	+ -e	*er konnte*	*er wandte*
wir	Präteritumstamm	+ t	+ -en	*wir konnten*	*wir wandten*
ihr	Präteritumstamm	+ t	+ -et	*ihr konntet*	*ihr wandtet*
sie (Sie)	Präteritumstamm	+ t	+ -en	*sie konnten*	*sie wandten*

> ACHTUNG!
>
> Die starken Verben und die Mischverben sind in einer Liste aufgeführt (S. 254–268) Diese Verben müssen gelernt werden!

Perfekt (fr. passé composé)

Das Perfekt ist – wie das Plusquamperfekt, das Futur I und das Futur II – eine **zusammengesetzte Tempusform**. Es besteht aus mehreren **Bestandteilen**, nämlich dem **Präsens des Hilfsverbs** *haben* oder *sein* und dem **Partizip Perfekt des Vollverbs**.

Präsens des Hilfsverbs haben/sein + Partizip Perfekt des Vollverbs			
ich	habe/bin	+	Partizip Perfekt des Verbs
du	hast/bist	+	Partizip Perfekt des Verbs
er, sie, es	hat/ist	+	Partizip Perfekt des Verbs
wir	haben/sind	+	Partizip Perfekt des Verbs
ihr	habt/seid	+	Partizip Perfekt des Verbs
sie (Sie)	haben/sind	+	Partizip Perfekt des Verbs

Beispiele			
ich habe geholt	*ich habe getragen*	*ich bin gereist*	*ich bin gefallen*
du hast geholt	*du hast getragen*	*du bist gereist*	*du bist gefallen*
er hat geholt	*er hat getragen*	*er ist gereist*	*er ist gefallen*
wir haben geholt	*wir haben getragen*	*wir sind gereist*	*wir sind gefallen*
ihr habt geholt	*ihr habt getragen*	*ihr seid gereist*	*ihr seid gefallen*
sie haben geholt	*sie haben getragen*	*sie sind gereist*	*sie sind gefallen*

ACHTUNG!

Verben mit *haben*:
- Alle Verben, die ein Akkusativobjekt haben können (= **transitive Verben**) (*bauen, fragen, kaufen ...*).
- Alle **reflexiven Verben** (*sich waschen, sich kämmen ...*).
- Die **Modalverben** *dürfen, können, müssen, mögen, sollen, wollen.*
- Verben, die kein Akkusativobjekt bei sich haben können (= **intransitive Verben**), aber **nur**, wenn sie keine Bewegung, sondern die *Dauer einer Handlung oder eines Zustandes* ausdrücken. Dazu gehören:
  - Verben, die mit **Orts- und Zeitangaben** gebraucht werden, aber **keine Fortbewegung** oder **Zustandsänderung** ausdrücken (*hängen, sitzen, stehen, arbeiten, wohnen ...*);
  - Verben, die **mit einem Dativobjekt** gebraucht werden und **keine Bewegung** ausdrücken (*antworten, danken, drohen, gefallen, glauben, nützen, schaden, vertrauen ...*);
  - Verben, die einen **festen Anfangs- und Endpunkt** bezeichnen (*anfangen, aufhören, beginnen, enden ...*).

→

> ACHTUNG!
>
> **Verben mit *sein*:**
> - Alle Verben, die kein Akkusativobjekt bei sich haben können (= **intransitive Verben**), die aber **eine Bewegung von** oder **zu einem Ort** anzeigen (*aufstehen, fahren, fallen, fliegen, gehen, kommen, reisen, begegnen ...*).
> **Merke:** Wenn die Verben *fahren* und *fliegen* mit einem Akkusativobjekt gebraucht werden, dann steht in den zusammengesetzten Tempusformen das Hilfsverb **haben** (*ich habe das Auto gefahren, der Pilot hat das Flugzeug geflogen*).
> - Alle **intransitiven Verben**, die eine **Änderung des Zustands** anzeigen:
>   - **zu einem Neubeginn** oder **einer Entwicklung** (*aufblühen, aufwachen, einschlafen, entstehen, werden, wachsen ...*);
>   - **zu einem Ende** oder **zu einer Beendigung einer Entwicklung** (*sterben, ertrinken, ersticken, umkommen, vergehen ...*).
> - Die Verben *sein*, *werden* und *bleiben*.

Plusquamperfekt (fr. plus-que-parfait)

Das Plusquamperfekt ist eine **zusammengesetzte Tempusform**.
Es besteht aus mehreren **Bestandteilen**, nämlich dem **Präteritum des Hilfsverbs** *haben* oder *sein* und dem **Partizip Perfekt des Vollverbs**.

Präteritum des Hilfsverbs haben/sein + Partizip Perfekt des Vollverbs			
ich	hatte / war	+	Partizip Perfekt des Verbs
du	hattest / warst	+	Partizip Perfekt des Verbs
er, sie, es	hatte / war	+	Partizip Perfekt des Verbs
wir	hatten / waren	+	Partizip Perfekt des Verbs
ihr	hattet / wart	+	Partizip Perfekt des Verbs
sie (Sie)	hatten / waren	+	Partizip Perfekt des Verbs

Beispiele			
ich hatte geholt	ich hatte getragen	ich war gereist	ich war gefallen
du hattest geholt	du hattest getragen	du warst gereist	du warst gefallen
er hatte geholt	er hatte getragen	er war gereist	er war gefallen
wir hatten geholt	wir hatten getragen	wir waren gereist	wir waren gefallen
ihr hattet geholt	ihr hattet getragen	ihr wart gereist	ihr wart gefallen
sie hatten geholt	sie hatten getragen	sie waren gereist	sie waren gefallen

Futur I (fr. futur I)

Das Futur I wird mit dem **Präsens des Verbs** *werden* und dem **Infinitiv des Vollverbs** gebildet.

Präsens des Verbs *werden* + Infinitiv des Vollverbs

ich	werde	+	Infinitiv des Verbs
du	wirst	+	Infinitiv des Verbs
er, sie, es	wird	+	Infinitiv des Verbs
wir	werden	+	Infinitiv des Verbs
ihr	werdet	+	Infinitiv des Verbs
sie (Sie)	werden	+	Infinitiv des Verbs

Beispiele

ich werde malen	*ich werde bleiben*
du wirst malen	*du wirst bleiben*
er wird malen	*er wird bleiben*
wir werden malen	*wir werden bleiben*
ihr werdet malen	*ihr werdet bleiben*
sie werden malen	*sie werden bleiben*

Futur II (fr. futur II)

Das Futur II besteht aus dem **Futur I des Hilfsverbs** *haben* oder *sein* und dem **Partizip Perfekt des Vollverbs**.

Futur I des Hilfsverbs *haben/sein* + Partizip Perfekt des Vollverbs

ich	werde	+	Partizip Perfekt des Verbs	+	haben/sein
du	wirst	+	Partizip Perfekt des Verbs	+	haben/sein
er, sie, es	wird	+	Partizip Perfekt des Verbs	+	haben/sein
wir	werden	+	Partizip Perfekt des Verbs	+	haben/sein
ihr	werdet	+	Partizip Perfekt des Verbs	+	haben/sein
sie (Sie)	werden	+	Partizip Perfekt des Verbs	+	haben/sein

Beispiele

ich werde gemalt haben	*ich werde geblieben sein*
du wirst gemalt haben	*du wirst geblieben sein*
er wird gemalt haben	*er wird geblieben sein*
wir werden gemalt haben	*wir werden geblieben sein*
ihr werdet gemalt haben	*ihr werdet geblieben sein*
sie werden gemalt haben	*sie werden geblieben sein*

Unregelmäßige Verben

Hilfsverben

Infinitiv	Präteritum (3. P. Sg.)	Partizip Perfekt	Sonderformen im Präsens	Perfekt und Plusquamperfekt mit *haben*	*sein*
haben	hatte	gehabt	du hast er hat	x	
sein	war	gewesen	ich bin du bist er ist wir sind ihr seid sie sind		x
werden	wurde	geworden	du wirst er wird		x

Modalverben

Infinitiv	Präteritum (3. P. Sg.)	Partizip Perfekt[1]	Sonderformen im Präsens	Perfekt und Plusquamperfekt mit *haben*	*sein*
dürfen	durfte	gedurft	ich darf du darfst er darf	x	
können	konnte	gekonnt	ich kann du kannst er kann	x	
mögen	mochte	gemocht	ich mag du magst er mag	x	
müssen	musste	gemusst	ich muss du musst er muss	x	

[1] Das Partizip Perfekt der Modalverben lautet nur beim Gebrauch als Vollverb *gedurft*, *gekonnt* usw. (*Peter hat die Hausaufgabe nicht gekonnt.*), sonst wird der Infinitiv benutzt. (*Damit hatte er rechnen müssen.*)

→

Infinitiv	Präteritum (3. P. Sg.)	Partizip Perfekt	Sonderformen im Präsens	Perfekt und Plusquamperfekt mit haben	sein
sollen	sollte	gesollt	ich soll du sollst er soll	x	
wollen	wollte	gewollt	ich will du willst er will	x	

Mischverben

Infinitiv	Präteritum (3. P. Sg.)	Partizip Perfekt	Sonderformen im Präsens	Perfekt und Plusquamperfekt mit haben	sein
brennen	brannte	gebrannt		x	
bringen	brachte	gebracht		x	
denken	dachte	gedacht		x	
kennen	kannte	gekannt		x	
nennen	nannte	genannt		x	
rennen	rannte	gerannt			x
wissen	wusste	gewusst	ich weiß du weißt er weiß	x	

Starke Verben mit Sonderformen im Präsens

Infinitiv	Präteritum (3. P. Sg.)	Partizip Perfekt	Sonderformen im Präsens	Perfekt und Plusquamperfekt mit haben	sein
befehlen	befahl	befohlen	du befiehlst er befiehlt	x	
bergen	barg	geborgen	du birgst er birgt	x	

→

Infinitiv	Präteritum (3. P. Sg.)	Partizip Perfekt	Sonderformen im Präsens	Perfekt und Plusquamperfekt mit haben	sein
bersten	barst	geborsten	du birst er birst		x
blasen	blies du blies(es)t	geblasen	du bläst er bläst	x	
braten	briet du briet(e)st	gebraten	du brätst er brät	x	
brechen	brach	gebrochen	du brichst er bricht	x	
dreschen	drosch	gedroschen	du drischst er drischt	x	
empfangen	empfing	empfangen	du empfängst er empfängt	x	
erlöschen	erlosch (nur 3. P. Sg.)	erloschen	erlischt (nur 3. P. Sg.)		x
essen	aß	gegessen	du isst er isst	x	
fallen	fiel	gefallen	du fällst er fällt		x
fangen	fing	gefangen	du fängst er fängt	x	
fechten	focht du fochtest	gefochten	du fichtst er ficht	x	
flechten	flocht du flochtest	geflochten	du flichtst er flicht	x	
fressen	fraß	gefressen	du frisst er frisst	x	
geben	gab	gegeben	du gibst er gibt	x	
gebären	sie gebar	geboren	du gebärst (gebierst) sie gebärt (gebiert)	x	

Infinitiv	Präteritum (3. P. Sg.)	Partizip Perfekt	Sonderformen im Präsens	Perfekt und Plusquamperfekt mit haben	sein
gelten	galt / du galt(e)st	gegolten	du giltst / er gilt	x	
geraten	geriet / du geriet(e)st	geraten	du gerätst / er gerät		x
geschehen	es geschah (nur 3. P. Sg.)	geschehen	es geschieht (nur 3. P. Sg.)		x
graben	grub	gegraben	du gräbst / er gräbt	x	
halten	hielt / du hielt(e)st	gehalten	du hältst / er hält	x	
helfen	half	geholfen	du hilfst / er hilft	x	
klingen	klang	geklungen	du klingst / er klingt	x	
laden	lud / du lud(e)st	geladen	du lädst / er lädt	x	
lassen	ließ	gelassen	du lässt / er lässt	x	
laufen	lief	gelaufen	du läufst / er läuft		x
lesen	las	gelesen	du liest / er liest	x	
messen	maß	gemessen	du misst / er misst	x	
nehmen	nahm	genommen	du nimmst / er nimmt	x	
quellen	quoll	gequollen	du quillst / er quillt		x
raten	riet / du riet(e)st	geraten	du rätst / er rät	x	

Infinitiv	Präteritum (3. P. Sg.)	Partizip Perfekt	Sonderformen im Präsens	Perfekt und Plusquamperfekt mit haben	sein
saufen	soff	gesoffen	du säufst er säuft	x	
schelten	schalt du schalt(e)st	gescholten	du schiltst er schilt	x	
schlafen	schlief	geschlafen	du schläfst er schläft	x	
schlagen	schlug	geschlagen	du schlägst er schlägt	x	
sehen	sah	gesehen	du siehst er sieht	x	
sprechen	sprach	gesprochen	du sprichst er spricht	x	
stehlen	stahl	gestohlen	du stiehlst er stiehlt	x	
sterben	starb	gestorben	du stirbst er stirbt		x
stoßen	stieß du stießt	gestoßen	du stößt er stößt	x	
tragen	trug	getragen	du trägst er trägt	x	
treffen	traf	getroffen	du triffst er trifft	x	
vergessen	vergaß	vergessen	du vergisst er vergisst	x	
waschen	wusch	gewaschen	du wäschst er wäscht	x	
werben	warb	geworben	du wirbst er wirbt	x	
werfen	warf	geworfen	du wirfst er wirft	x	

Starke Verben ohne Sonderformen im Präsens

Infinitiv	Präteritum (3. P. Sg.)	Partizip Perfekt	Sonderformen im Präsens	Perfekt und Plusquamperfekt mit haben	sein
beginnen	begann	begonnen		x	
beißen	biss	gebissen		x	
betrügen	betrog	betrogen		x	
bieten	bot du bot(e)st	geboten		x	
binden	band du band(e)st	gebunden		x	
bitten	bat du bat(e)st	gebeten		x	
bleiben	blieb	geblieben			x
dringen	drang	gedrungen			x
empfinden	empfand du empfand(e)st	empfunden		x	
erklimmen	erklomm	erklommen		x	
erschallen	erscholl	erschollen			x
erwägen	erwog	erwogen		x	
finden	er fand du fand(e)st	gefunden		x	
fliehen	floh	geflohen			x
fließen	floss	geflossen			x
frieren	fror	gefroren		x	
gedeihen	gedieh	gediehen			x
gehen	ging	gegangen			x
gelingen	gelang	gelungen			x
genesen	genas	genesen			x

→

Infinitiv	Präteritum (3. P. Sg.)	Partizip Perfekt	Sonderformen im Präsens	Perfekt und Plusquamperfekt mit haben	sein
genießen	genoss	genossen		x	
gewinnen	gewann	gewonnen		x	
gießen	goss	gegossen		x	
gleichen	glich	geglichen		x	
gleiten	glitt du glitt(e)st	geglitten			x
greifen	griff	gegriffen		x	
heben	hob	gehoben		x	
heißen	hieß	geheißen		x	
kneifen	kniff	gekniffen		x	
kommen	kam	gekommen			x
kriechen	kroch	gekrochen			x
leiden	litt du litt(e)st	gelitten		x	
leihen	lieh	geliehen		x	
liegen	lag	gelegen		x	
lügen	log	gelogen		x	
meiden	mied du mied(e)st	gemieden		x	
pfeifen	pfiff	gepfiffen		x	
preisen	pries	gepriesen		x	
reiben	rieb	gerieben		x	
riechen	roch	gerochen		x	
ringen	rang	gerungen		x	
rinnen	rann	geronnen			x
rufen	rief	gerufen		x	

Infinitiv	Präteritum (3. P. Sg.)	Partizip Perfekt	Sonderformen im Präsens	Perfekt und Plusquamperfekt mit haben	sein
scheinen	schien	geschienen		x	
schieben	schob	geschoben		x	
schleichen	schlich	geschlichen			x
schließen	schloss	geschlossen		x	
schlingen	schlang	geschlungen		x	
schmeißen	schmiss	geschmissen		x	
schneiden	schnitt du schnitt(e)st	geschnitten		x	
schreiben	schrieb	geschrieben		x	
schreiten	schritt du schritt(e)st	geschritten			x
schweigen	schwieg	geschwiegen		x	
schwinden	schwand du schwand(e)st	geschwunden			x
schwingen	schwang	geschwungen		x	
schwören	schwor	geschworen		x	
singen	sang	gesungen		x	
sinken	sank	gesunken			x
sinnen	sann	gesonnen		x	
sitzen	saß	gesessen		x	
speien	spie	gespie(e)n		x	
spinnen	spann	gesponnen		x	
sprießen	spross	gesprossen			x
springen	sprang	gesprungen			x
stechen	stach	gestochen		x	
stehen	stand du stand(e)st	gestanden		vx	

Infinitiv	Präteritum (3. P. Sg.)	Partizip Perfekt	Sonderformen im Präsens	Perfekt und Plusquamperfekt mit haben	sein
steigen	stieg	gestiegen			x
stinken	stank	gestunken		x	
streichen	strich	gestrichen		x	
streiten	stritt du stritt(e)st	gestritten		x	
trinken	trank	getrunken		x	
trügen	trog	getrogen		x	
tun	tat du tat(e)st	getan		x	
verbleichen	verblich	verblichen			x
verdrießen	verdross	verdrossen		x	
verlieren	verlor	verloren		x	
verschwinden	verschwand du verschwand(e)st	verschwunden			x
verzeihen	verzieh	verziehen		x	
weisen	wies	gewiesen		x	
winden	wand du wand(e)st	gewunden		x	
wringen	wrang	gewrungen		x	

Verben mit schwachem Präteritum und starkem Partizip Perfekt

Infinitiv	Präteritum (3. P. Sg.)	Partizip Perfekt	Sonderformen im Präsens	Perfekt und Plusquamperfekt mit haben	sein
backen	backte (buk)	gebacken	du backst (bäckst) er backt (bäckt)	x	
glimmen	glimmte (glomm)	geglommen		x	

→

Infinitiv	Präteritum	Partizip Perfekt	Sonderformen im Präsens	haben	sein
hauen	haute (hieb)	gehauen		x	
mahlen	mahlte	gemahlen		x	
melken	melkte (molk)	gemolken	du melkst (milkst) er melkt (milkt)	x	
salzen	salzte	gesalzen		x	
saugen	saugte (sog)	gesogen/gesaugt		x	
schinden	schindete	geschunden		x	
spalten	spaltete	gespalten		x	

Starke Verben, die je nach Bedeutung mit *haben* oder *sein* verwendet werden

Infinitiv	Präteritum (3. P. Sg.)	Partizip Perfekt	Sonderformen im Präsens	Perfekt und Plusquamperfekt mit	
				haben	*sein*
biegen	bog	gebogen		x Er hat den Draht gebogen.	x Er ist um die Ecke gebogen.
brechen	brach	gebrochen	du brichst er bricht	x Er hat das Glas gebrochen.	x Der Spiegel ist gebrochen.
fahren	fuhr	gefahren	du fährst er fährt	x Er hat das Auto gefahren.	x Er ist nach München gefahren.
fliegen	flog	geflogen		x Er hat das Flugzeug geflogen.	x Er ist nach Miami geflogen.
reißen	riss	gerissen		x Er hat die Seite aus dem Heft gerissen.	x Der Faden ist gerissen.
reiten	ritt du rittst	geritten		x Er hat das Pferd geritten.	x Er ist durch den Wald geritten.

→

Infinitiv	Präteritum (3. P. Sg.)	Partizip Perfekt	Sonderformen im Präsens	Perfekt und Plusquamperfekt mit haben	sein
scheiden	schied du schied(e)st	geschieden		x Der Richter hat das Paar geschieden.	x Er ist aus dem Amt geschieden.
schießen	schoss	geschossen		x Der Jäger hat geschossen.	x Das Wasser ist aus dem Boden geschossen.
schmelzen	schmolz	geschmolzen	du schmilzt er schmilzt	x Die Sonne hat den Schnee geschmolzen.	x Das Eis ist geschmolzen.
schwimmen	schwamm	geschwommen		x Er hat einige Runden geschwommen.	x Sie sind um die Wette geschwommen.
stoßen	stieß	gestoßen	du stößt er stößt	x Er hat ihn gestoßen.	x Er ist zu uns gestoßen.
treiben	trieb	getrieben		x Er hat mich in den Wahnsinn getrieben.	x Der Ast ist auf dem Wasser getrieben.
treten	trat du tratst	getreten	du trittst er tritt	x Er hat den Ball getreten.	x Er ist in die Pfütze getreten.
verderben	verdarb	verdorben	du verdirbst er verdirbt	x Er hat die Stimmung verdorben.	x Das Essen ist verdorben.
ziehen	zog	gezogen		x Er hat den Anhänger gezogen.	x Er ist nach Berlin gezogen.
zwingen	zwang	gezwungen		x Er hat mich dazu gezwungen.	x Er ist zum Aufgeben gezwungen.

Verben, die je nach Bedeutung schwach oder stark sind

Infinitiv	Präteritum (3. P. Sg.)	Partizip Perfekt	Sonderformen im Präsens	Perfekt und Plusquamperfekt mit haben	sein
bewegen (stark): zu einer Handlung anregen, veranlassen					
bewegen	bewog	bewogen		x	
Der Streit bewog mich, über unsere Freundschaft nachzudenken.					
bewegen (schwach): berühren, Gefühle auslösen / sich rühren					
bewegen	bewegte	bewegt		x	
Die Rede hat mich tief bewegt. / Er bewegte sich nicht von der Stelle.					
erschrecken (stark): plötzlich von großer Furcht gepackt werden					
erschrecken	erschrak	erschrocken	du erschrickst er erschrickt		x
Paul erschrak bei dem Knall.					
erschrecken (schwach): jemandem absichtlich Angst machen					
erschrecken	erschreckte	erschreckt		x	
Paul erschreckte seine kleine Schwester.					
gären (stark): sich (teilweise) unter Bildung von Säure oder Alkohol zersetzen (mit *haben*) / durch Gären zu etwas anderem werden (mit *sein*)					
gären	gor	gegoren		x Der Most hat gegoren.	x Er ist zu Essig gegoren.
gären (schwach): entstehen und allmählich stärker werden					
gären	gärte	gegärt		x	
Die Wut gärte in ihm.					

Infinitiv	Präteritum (3. P. Sg.)	Partizip Perfekt	Sonderformen im Präsens	Perfekt und Plusquamperfekt mit haben	sein
hängen (stark): irgendwo aufhängen, irgendwo befestigt sein / irgendwie herunterhängen / festkleben, nicht weggehen / (umg.) blockieren / (umg. abwertend) herumlungern / mit etwas behängt sein					
hängen	hing	gehangen		x	
Der Mantel hing im Schrank. / Die Zweige der Trauerweide hingen bis zum Boden. / Bestialischer Gestank hing in der Luft. / Das Räderwerk hing. / Die Jungen hingen beim Brunnen herum. / Eine lange Kette hing an ihrem Hals.					
hängen (schwach): aufhängen, irgendwo befestigen / irgendwo hinaushalten / durch Aufhängen hinrichten / jemandem folgen / sich irgendwo festhalten					
hängen	hängte	gehängt		x	
Paul hängt den Mantel in den Schrank. / Paul hängte seinen Oberkörper weit aus dem Fenster. / Der Mörder wurde gehängt. / Paul hängte sich an die Clique. / Paul hängte sich an den Türrahmen.					
schaffen (stark): hervorbringen, schöpferisch gestalten / bewirken, dass etwas entsteht					
schaffen	schuf	geschaffen		x	
Der Künstler schuf ein neues Werk. / Das Unternehmen schuf zehn neue Arbeitsplätze.					
schaffen (schwach): fertig werden, meistern, bewältigen / etwas irgendwo hinbringen / (umg.) erschöpfen					
schaffen	schaffte	geschafft		x	
Paul schaffte die Fahrprüfung im ersten Anlauf. / Paul schaffte die leere Kiste in den Keller. / Der steile Anstieg schaffte mich.					
scheren (stark oder schwach): die Haare oder das Fell kurz schneiden / etwas abschneiden					
scheren	schor (scherte)	geschoren (geschert)		x	
Der Schäfer schor die Schafe. / Vater scherte die Hecke.					
scheren (schwach) = sich kümmern, etwas beachten / verjagen (in Befehlen und Verwünschungen)					
scheren	scherte	geschert		x	
Der Autofahrer scherte sich nicht um das Stoppschild. / Scher dich an die Arbeit! / Was weiß ich, wo er ist. Ach, hätte er sich doch zum Teufel geschert!					

Infinitiv	Präteritum (3. P. Sg.)	Partizip Perfekt	Sonderformen im Präsens	Perfekt und Plusquamperfekt mit haben	sein
schleifen (stark): ein Schneidegerät schärfen / in der Militärsprache: brutal drillen					
schleifen	schliff	geschliffen		x	
Paul schliff das Messer. / Der Ausbilder hat die Rekruten geschliffen.					
schleifen (schwach): etwas (mühsam) über den Boden oder eine ebene Fläche ziehen / sich bewegen und dabei andauernd etwas berühren / (umg. Übertreibung) irgendwohin mitgenommen werden, wo man eigentlich nicht hin will / schleifen lassen = vernachlässigen					
schleifen	schleifte	geschleift		x	
Paul schleifte den schweren Sack in den Keller. / Der Schutzblech schleifte am Rad. / Er hat mich ins Museum geschleift. / Du hast die Prüfungsvorbereitung wieder schleifen lassen.					
schwellen (stark): sich ausdehnen					
schwellen	schwoll	geschwollen			x
Nach den heftigen Regenfällen schwoll der Fluss und trat über die Ufer. Mein Knöchel schwoll.					
schwellen (schwach): aufblasen (Wind)					
schwellen	schwellte	geschwellt		x	
Der Wind schwellte die Segel.					
senden (stark): jemanden oder etwas schicken					
senden	sandte	gesandt		x	
Das Rote Kreuz hat Hilfskräfte ins Erdbebengebiet gesandt. Er sandte einen Brief an den Minister.					
senden (schwach): eine Radio- bzw. Fernsehsendung ausstrahlen					
senden	sendete	gesendet		x	
Das ZDF sendete einen Sonderbeitrag zu den Wahlen in den USA.					

→

Infinitiv	Präteritum (3. P. Sg.)	Partizip Perfekt	Sonderformen im Präsens	Perfekt und Plusquamperfekt mit haben	sein
\multicolumn{6}{l}{wachsen (stark): größer, länger werden; sich entwickeln/als Pflanze vorkommen/intensiver werden}
wachsen	wuchs	gewachsen	du wächst er wächst		x
\multicolumn{6}{l}{Der Baum wuchs zusehends./Auf dem Acker wuchs jede Menge Unkraut./Die Gefahr wuchs von Tag zu Tag.}
\multicolumn{6}{l}{wachsen (schwach): (Skier, Schlitten, Holz) mit Wachs versehen}
wachsen	wachste	gewachst		x	
\multicolumn{6}{l}{Vor der ersten Fahrt hat Paul seine Skier gewachst.}
\multicolumn{6}{l}{weichen (stark): weggehen, zur Seite gehen/nachgeben vor der Gefahr/verschwinden}
weichen	wich	gewichen			x
\multicolumn{6}{l}{Das kleine Mädchen wich nicht von der Seite seiner Mutter./Die Menschen wichen vor den herannahenden Fluten./Seine Angst wich langsam.}
\multicolumn{6}{l}{weichen (schwach): weich machen/weich werden}
weichen	weichte	geweicht		x	x
\multicolumn{6}{l}{Das Brot ist in der Milch geweicht./Mutter hat das Brot in der Milch geweicht.}
\multicolumn{6}{l}{wiegen (stark): das Gewicht bestimmen (mit „haben")/jemandem zugetan sein (nur als Partizip Perfekt in Kombination mit „sein")}
wiegen	wog	gewogen		x	x
\multicolumn{6}{l}{Die Verkäuferin wog das Obst. Die Mutter hat das Baby gewogen./Das Schicksal war ihm gewogen.}
\multicolumn{6}{l}{wiegen (schwach): sanft hin und her schaukeln}
wiegen	wiegte	gewiegt		x	
\multicolumn{6}{l}{Die Mutter hat das Baby im Arm gewiegt./Der Ast wiegte sanft in der Luft.}

Die Deklination der Nomen und Artikel

Die Deklination der Artikel

	Maskulinum		
	Bestimmter Artikel	Unbestimmter Artikel	Frage
Singular			
Nominativ	der	ein	*Wer?*
Genitiv	des	eines	*Wessen?*
Dativ	dem	einem	*Wem?*
Akkusativ	den	einen	*Wen?*

	Femininum		
	Bestimmter Artikel	Unbestimmter Artikel	Frage
Singular			
Nominativ	die	eine	*Wer?*
Genitiv	der	einer	*Wessen?*
Dativ	der	einer	*Wem?*
Akkusativ	die	eine	*Wen?*

	Neutrum		
	Bestimmter Artikel	Unbestimmter Artikel	Frage
Singular			
Nominativ	das	ein	*Wer?*
Genitiv	des	eines	*Wessen?*
Dativ	dem	einem	*Wem?*
Akkusativ	das	ein	*Wen?*

	Maskulinum, Femininum, Neutrum		
	Bestimmter Artikel	Unbestimmter Artikel	Frage
Plural			
Nominativ	die	–	*Wer?*
Genitiv	der		*Wessen?*
Dativ	den	–	*Wem?*
Akkusativ	die	–	*Wen?*

ACHTUNG! Im Plural steht kein Artikel. Vor unbestimmten Personen oder Dingen:
Leute kauft *Kämme*! *Kinder* malt *Bilder*!

Die Deklination der maskulinen Nomen

Zu den maskulinen Nomen gehören: männliche Personen und Tiere, Wochentage, Monate, Jahres- und Tageszeiten, Wetter, Himmelsrichtungen, männliche Berufsbezeichnungen, Wörter auf *-ismus*, *-ling*, *-or* und die meisten Wörter auf *–er*.

Maskuline Nomen, die im Genitiv Singular auf -(e)s enden

Singular	Nominativ	der/ein	Mann	Berg	*Wer?*
	Genitiv	des/eines	Mann -es	Berg -es	*Wessen?*
	Dativ	dem/einem	Mann	Berg	*Wem?*
	Akkusativ	den/einen	Mann	Berg	*Wen?*
Plural	Nominativ	die/–	Männ -er	Berg -e	*Wer?*
	Genitiv	der	Männ -er	Berg -e	*Wessen?*
	Dativ	den/–	Männ -ern	Berg -en	*Wem?*
	Akkusativ	die/–	Männ -er	Berge -e	*Wen?*
Singular	Nominativ	der/ein	Motor	Lehrer	*Wer?*
	Genitiv	des/eines	Motor -s	Lehrer -s	*Wessen?*
	Dativ	dem/einem	Motor	Lehrer	*Wem?*
	Akkusativ	den/einen	Motor	Lehrer	*Wen?*
Plural	Nominativ	die/–	Motor -en	Lehrer	*Wer?*
	Genitiv	der	Motor -en	Lehrer	*Wessen?*
	Dativ	den/–	Motor -en	Lehrer -n	*Wem?*
	Akkusativ	die/–	Motor -en	Lehrer	*Wen?*
Singular	Nominativ	der/ein	Füller	Wagen	*Wer?*
	Genitiv	des/eines	Füller -s	Wagen -s	*Wessen?*
	Dativ	dem/einem	Füller	Wagen	*Wem?*
	Akkusativ	den/einen	Füller	Wagen	*Wen?*
Plural	Nominativ	die/–	Füller	Wagen	*Wer?*
	Genitiv	der	Füller	Wagen	*Wessen?*
	Dativ	den/–	Füller -n	Wagen	*Wem?*
	Akkusativ	die/–	Füller	Wagen	*Wen?*

ACHTUNG!

Genitiv Singular: **-s** bei **mehrsilbigen Nomen** (*des Autohändlers*)
 -es bei **einsilbigen Nomen** und bei **Nomen auf –s, –ss, –ß, –x, –z, –tz**
 (*des Fußes, des Flusses, des Komplexes*)

Besonderheiten: *der Bus – die Busse, der Atlas – die Atlanten*

Maskuline Nomen, die im Genitiv Singular auf -(e)n enden

> **ACHTUNG!**
>
> Maskuline Nomen, deren Genitiv Singular auf *-(e)n* endet, haben **in allen Deklinationsformen außer dem Nominativ Singular** die Endung *-(e)n*. Im Plural ändert sich die Stammsilbe nie.

a) Alle maskulinen Nomen auf -e

Singular
Nominativ	der/ein	Affe	Wer?
Genitiv	des/eines	Affe **-n**	Wessen?
Dativ	dem/einem	Affe **-n**	Wem?
Akkusativ	den/einen	Affe **-n**	Wen?

Plural
Nominativ	die/–	Affe **-n**	Wer?
Genitiv	der	Affe **-n**	Wessen?
Dativ	den/–	Affe **-n**	Wem?
Akkusativ	die/–	Affe **-n**	Wen?

b) Alle maskulinen Nomen auf –and, -ant, -ent, -et, -ist

Singular
Nominativ	der/ein	Elefant	Komet	Wer?
Genitiv	des/eines	Elefant **-en**	Komet **-en**	Wessen?
Dativ	dem/einem	Elefant **-en**	Komet **-en**	Wem?
Akkusativ	den/einen	Elefant **-en**	Komet **-en**	Wen?

Plural
Nominativ	die/–	Elefant **-en**	Komet **-en**	Wer?
Genitiv	der	Elefant **-en**	Komet **-en**	Wessen?
Dativ	den/–	Elefant **-en**	Komet **-en**	Wem?
Akkusativ	die/–	Elefant **-en**	Komet **-en**	Wen?

c) Maskuline Nomen (meist Berufsbezeichnungen), die aus dem Griechischen abgeleitet sind (-loge, -krat, -mat, -at, -graf, -soph), und der Satellit, der Architekt, der Monarch, der Katholik

Singular
Nominativ	der/ein	Biologe	Fotograf	Wer?
Genitiv	des/eines	Biologe **-n**	Fotograf **-en**	Wessen?
Dativ	dem/einem	Biologe **-n**	Fotograf **-en**	Wem?
Akkusativ	den/einen	Biologe **-n**	Fotograf **-en**	Wen?

Plural
Nominativ	die/–	Biologe **-n**	Fotograf **-en**	Wer?
Genitiv	der	Biologe **-n**	Fotograf **-en**	Wessen?
Dativ	den/–	Biologe **-n**	Fotograf **-en**	Wem?
Akkusativ	die/–	Biologe **-n**	Fotograf **-en**	Wen?

d) Außerdem: der Herr, der Bauer, der Bär, der Nachbar, der Narr, der Prinz, der Rebell, der Fürst, der Graf, der Held, der Kamerad, der Mensch

Singular	Nominativ	der/ein	Herr	Prinz	*Wer?*
	Genitiv	des/eines	Herr **-n**	Prinz **-en**	*Wessen?*
	Dativ	dem/einem	Herr **-n**	Prinz **-en**	*Wem?*
	Akkusativ	den/einen	Herr **-n**	Prinz **-en**	*Wen?*
Plural	Nominativ	die/–	Herr **-en**	Prinz **-en**	*Wer?*
	Genitiv	der	Herr **-en**	Prinz **-en**	*Wessen?*
	Dativ	den/–	Herr **-en**	Prinz **-en**	*Wem?*
	Akkusativ	die	Herr **-en**	Prinz **-en**	*Wen?*

Singular	Nominativ	der/ein	Bauer	Nachbar	*Wer?*
	Genitiv	des/eines	Bauer **-n**	Nachbar **-n**	*Wessen?*
	Dativ	dem/einem	Bauer **-n**	Nachbar **-n**	*Wem?*
	Akkusativ	den/einen	Bauer **-n**	Nachbar **-n**	*Wen?*
Plural	Nominativ	die/–	Bauer **-n**	Nachbar **-n**	*Wer?*
	Genitiv	der	Bauer **-n**	Nachbar **-n**	*Wessen?*
	Dativ	den/–	Bauer **-n**	Nachbar **-n**	*Wem?*
	Akkusativ	die/–	Bauer **-n**	Nachbar **-n**	*Wen?*

AUSNAHMEN: Maskuline Nomen, die **im Genitiv Singular auf –ns enden**: *der Buchstabe, der Gedanke, der Name, der Glaube* sowie **das Neutrum** *das Herz*.

Singular	Nominativ	der/ein	Buchstab **-e**	*Wer?*
	Genitiv	des/eines	Buchstab **-ens**	*Wessen?*
	Dativ	dem/einem	Buchstab **-en**	*Wem?*
	Akkusativ	den/einen	Buchstab **-en**	*Wen?*
Plural	Nominativ	die/–	Buchstab **-en**	*Wer?*
	Genitiv	der	Buchstab **-en**	*Wessen?*
	Dativ	den/–	Buchstab **-en**	*Wem?*
	Akkusativ	die/–	Buchstab **-en**	*Wen?*

Singular	Nominativ	das/ein	Herz	*Wer?*
	Genitiv	des/eines	Herz **-ens**	*Wessen?*
	Dativ	dem/einem	Herz **-en**	*Wem?*
	Akkusativ	das/ein	Herz	*Wen?*
Plural	Nominativ	die/–	Herz **-en**	*Wer?*
	Genitiv	der	Herz **-en**	*Wessen?*
	Dativ	den/–	Herz **-en**	*Wem?*
	Akkusativ	die/–	Herz **-en**	*Wen?*

Die Deklination der femininen Nomen

Zu den femininen Nomen gehören: weibliche Personen und Tiere, viele Pflanzen, weibliche Berufsbezeichnungen, Wörter auf *-ung*, *-heit*, *-keit*, *-schaft*, *-ion*, *-ei*, *-ur* und die meisten Wörter auf *-e*.

Singular	Nominativ	die/eine	Frau	Tante	Wer?
	Genitiv	der/einer	Frau	Tante	Wessen?
	Dativ	der/einer	Frau	Tante	Wem?
	Akkusativ	die/eine	Frau	Tante	Wen?
Plural	Nominativ	die/–	Frau -en	Tante -n	Wer?
	Genitiv	der	Frau -en	Tante -n	Wessen?
	Dativ	den/–	Frau -en	Tante -n	Wem?
	Akkusativ	die/–	Frau -en	Tante -n	Wen?
Singular	Nominativ	die/eine	Mutter	Haut	Wer?
	Genitiv	der/einer	Mutter	Haut	Wessen?
	Dativ	der/einer	Mutter	Haut	Wem?
	Akkusativ	die/eine	Mutter	Haut	Wen?
Plural	Nominativ	die/–	Mütt -er	Häut -e	Wer?
	Genitiv	der	Mütt -er	Häut -e	Wessen?
	Dativ	den/–	Mütt -ern	Häut -en	Wem?
	Akkusativ	die/–	Mütt -er	Häut -e	Wen?
Singular	Nominativ	die/eine	Freundin		Wer?
	Genitiv	der/einer	Freundin		Wessen?
	Dativ	der/einer	Freundin		Wem?
	Akkusativ	die/eine	Freundin		Wen?
Plural	Nominativ	die/–	Freundin -nen		Wer?
	Genitiv	der	Freundin -nen		Wessen?
	Dativ	den/–	Freundin -nen		Wem?
	Akkusativ	die/–	Freundin -nen		Wen?

> **ACHTUNG!**
>
> Singular: **-in** → Plural: **-innen**
> Eine Besonderheit: Singular: *die Firma* → Plural: *die Firmen*

Die Deklination der sächlichen Nomen (Neutrum)

Zu den sächlichen Nomen gehören die Wörter auf -*chen*, -*lein*, die meisten Wörter auf -*um* und -*ment* sowie nominalisierte Verben im Infinitiv und nominalisierte Adjektive.

Singular	Nominativ	das/ein	Flugzeug	Kind	Wer?
	Genitiv	des/eines	Flugzeug -s	Kind -es	Wessen?
	Dativ	dem/einem	Flugzeug	Kind	Wem?
	Akkusativ	das/ein	Flugzeug	Kind	Wen?
Plural	Nominativ	die/–	Flugzeug -e	Kind -er	Wer?
	Genitiv	der	Flugzeug -e	Kind -er	Wessen?
	Dativ	den/–	Flugzeug -en	Kind -ern	Wem?
	Akkusativ	die/–	Flugzeug -e	Kind -er	Wen?

Singular	Nominativ	das/ein	Auto	Ende	Wer?
	Genitiv	des/eines	Auto -s	Ende -s	Wessen?
	Dativ	dem/einem	Auto	Ende	Wem?
	Akkusativ	das/ein	Auto	Ende	Wen?
Plural	Nominativ	die/–	Auto -s	Ende -n	Wer?
	Genitiv	der	Auto -s	Ende -n	Wessen?
	Dativ	den/–	Auto -s	Ende -n	Wem?
	Akkusativ	die/–	Auto -s	Ende -n	Wen?

Singular	Nominativ	das/ein	Bündnis	Wer?
	Genitiv	des/eines	Bündnis -ses	Wessen?
	Dativ	dem/einem	Bündnis	Wem?
	Akkusativ	das/ein	Bündnis	Wen?
Plural	Nominativ	die/–	Bündnis -se	Wer?
	Genitiv	der	Bündnis -se	Wessen?
	Dativ	den/–	Bündnis -sen	Wem?
	Akkusativ	die/–	Bündnis -se	Wen?

ACHTUNG!

- Nominativ Singular: –is → Genitiv Singular: –isses und Plural: –isse
- Genitiv Singular: –s bei **mehrsilbigen** Nomen
     –es bei **einsilbigen** Nomen und **Nomen auf** –s, –ss, –ß, –x, –z, –tz (*des Glases, des Gesetzes*)
- Dativ Plural: immer -(e)n, außer bei Nomen, die im Plural auf –s enden (*die Autos, die Büros*)
- Fremdwörter auf –*ium* bilden das Plural auf –*ien* (*das Gymnasium – die Gymnasien, das Aquarium – die Aquarien*)

Eine Besonderheit: Singular: *das Thema* → Plural: *die Themen*

Die Deklination nominalisierter Adjektive

Nominalisierte Adjektive (= Adjektive, die als Nomen gebraucht werden) werden wie Adjektive dekliniert, nicht wie Nomen!

Maskulinum Singular

Nominativ	der	Gut -e	ein	Gut -er (!)	Wer?
Genitiv	des	Gut -en	eines	Gut -en	Wessen?
Dativ	dem	Gut -en	einem	Gut -en	Wem?
Akkusativ	den	Gut -en	einen	Gut -en	Wen?

Femininum Singular

Nominativ	die	Gut -e	eine	Gut -e	Wer?
Genitiv	der	Gut -en	einer	Gut -en	Wessen?
Dativ	der	Gut -en	einer	Gut -en	Wem?
Akkusativ	die	Gut -e	eine	Gut -e	Wen?

Neutrum Singular

Nominativ	das	Gut -e	ein	Gut -es (!)	Wer?
Genitiv	des	Gut -en	eines	Gut -en	Wessen?
Dativ	dem	Gut -en	einem	Gut -en	Wem?
Akkusativ	das	Gut -e (!)	ein	Gut -es (!)	Wen?

Maskulinum/Femininum/Neutrum Plural

Nominativ	die	Gut -en	Gut -e	Wer?
Genitiv	der	Gut -en	–	Wessen?
Dativ	den	Gut -en	Gut -en	Wem?
Akkusativ	die	Gut -en	Gut -e	Wen?

> **ACHTUNG!**
>
> - Bei allen Nomen, egal ob männlich, weiblich oder sächlich, werden *a, o, u* und *au* im **Plural** oft (aber nicht immer!) zu *ä, ö, ü* und *äu*.
> - Das **Genus** (Maskulinum, Femininum, Neutrum) der zusammengesetzten Nomen (= **Komposita**) richtet sich immer **nach dem letzten Nomen**:
>   *der* Garten + *das* Haus = *das* Gartenhaus,   *der* Sommer + *die* Wiese = *die* Sommerwiese,
>   *das* Auto + *der* Schlüssel = *der* Autoschlüssel

Der Kasus nach Präpositionen

Präpositionen geben an, in welcher Beziehung Lebewesen, Dinge, Gegenstände, Orte usw. zueinander stehen. Sie bestimmen dabei auch, in welchem Kasus (Genitiv, Dativ, Akkusativ) das nachfolgende Nomen oder Pronomen steht. Man unterscheidet zwischen Präpositionen mit festem Kasus und Präpositionen mit wechselndem Kasus.

Präpositionen mit festem Kasus

- Präpositionen, die Genitiv erfordern
  abseits, angesichts, anhand, anstatt, anstelle, aufgrund, außerhalb, binnen, diesseits, infolge, innerhalb, jenseits, kraft, mangels, oberhalb, statt, trotz, ungeachtet, unterhalb, während, wegen, zeit, zuzüglich, zwecks

- Präpositionen, die Dativ erfordern
  ab, aus, außer, bei, binnen, entsprechend, entgegen, gegenüber, gemäß, mit, nach, nebst, samt, seit, von, zu

- Präpositionen, die Akkusativ erfordern
  bis, durch, für, gegen, ohne, um, wider

Präpositionen mit wechselndem Kasus

- Präpositionen mit Dativ oder Akkusativ
  an, auf, hinter, in, neben, über, unter, vor, zwischen
  Bei **lokaler** Bedeutung:
  Wo? → Dativ (Bsp.: *Das Haus steht **auf dem Berg**. Das Auto parkt neben **einem Verbotsschild**.*)
  Wohin? → Akkusativ (Bsp.: *Peter steigt auf **den Berg**. Ich stelle den Korb neben **die Haustür**.*)
  Bei **temporaler** Bedeutung:
  Wann? → Dativ (Bsp.: *Anna war vor **ihrem Vater** zuhause. An **diesem Morgen** war die Hölle los.*)

Präposition mit Akkusativ, Dativ oder Genitiv

- entlang: dem Nomen nachgestellt
  Wohin? (parallele Bewegung) → Akkusativ (Bsp.: *Wir radeln **die Mosel** entlang. Das Auto fährt **den Feldweg** entlang.*)
  Wo? → Dativ (Bsp. *Der Weg verläuft **am Zaun** entlang.*)
- entlang: dem Nomen vorangestellt
  Wo? → Genitiv (Bsp. *Entlang **des Rheins** gibt es viele Burgen.*)

Personalpronomen und Possessivpronomen

Pronomen sind die Stellvertreter der Nomen. Weil sie für ein Nomen stehen, heißen sie auch noch Fürwörter. Sie werden wie die Nomen flektiert (= gebeugt). Das heißt: Sie ändern ihre Form je nachdem, welche Funktion sie im Satz einnehmen und in welchem Kasus sie deswegen stehen.

Das Personalpronomen (persönliches Fürwort)

Die Personalpronomen stehen stellvertretend für eine (namentlich genannte) Person:
- Die sprechende Person: **1. Person**: *ich* (Sg.), *wir* (Pl.)
- Die angesprochene Person: **2. Person**: *du* (Sg.), *ihr* (Pl.); 3. Person: Höflichkeitsform der Anrede: *Sie*
- Die Person, über die gesprochen wird: **3. Person**: *er, sie, es* (Sg.), *sie* (Pl.)
- In der dritten Person können Personalpronomen auch für ein Nomen (einen Gegenstand, ein Tier, einen Ort …) stehen, das man gerade genannt hat und nicht wiederholen möchte.
- In der dritten Person Singular gibt es für jedes der drei Geschlechter eine eigene Form: *er* (Maskulinum/männliches Pron.), *sie* (Femininum/weibliches Pron.), *es* (Neutrum/sächliches Pron.)

Kasus	1., 2., 3. Person Singular					1., 2., 3. Person Plural				*Beispiele*
Nominativ (Wer?)	ich	du	er	sie	es	wir	ihr	sie	Sie[1]	*Wir kommen morgen.*
Genitiv (Wessen?)	meiner	deiner	seiner	ihrer	seiner	unserer	eurer	ihrer	Ihrer	*Ich bin **deiner** überdrüssig.*
Dativ (Wem?)	mir	dir	ihm	ihr	ihm	uns	euch	ihnen	Ihnen	*Ich begegne **dir** im Park.*
Akkusativ (Wen?)	mich	dich	ihn	sie	es	uns	euch	sie	Sie	*Ich sehe **sie**.*

> **ACHTUNG!**
>
> - Das **grammatische** und das **biologische Geschlecht** sind **nicht immer identisch**. Das Mädchen ist als Person zwar weiblich. Das Nomen selbst ist aber sächlich (Neutrum). Deshalb wird *das Mädchen* durch ein sächliches Personalpronomen ersetzt.
>   *Das Mädchen bekommt einen Hund. **Es** jubelt.*
> - Höflichkeit bedeutet im Deutschen genau wie im Luxemburgischen, dass man Fremde und Erwachsene **siezt**, also mit *Sie* anspricht. Luxemburgisch Sprechende müssen dabei besonders gut aufpassen, weil sie die luxemburgische Höflichkeitsform *Iech* gerne wörtlich mit *Euch* übersetzen. Das ist im Deutschen nicht korrekt, denn hier wird nicht die 2., sondern die **3. Person Plural** als Pronomen für die **Höflichkeitsform** verwendet:
>   *Ich habe ~~Euch~~ **Ihnen** einen Brief geschrieben. Darf ich ~~Euch~~ **Sie** etwas fragen?*

[1] In der Höflichkeitsform werden die Pronomen immer großgeschrieben. Ist das Höflichkeitspronomen Subjekt, werden die dazugehörigen Verben in der 3. Person Plural konjugiert. (Hab**en** *Sie* noch ein Zimmer frei?/Hier ist **Ihr** Schlüssel.)

Das Possessivpronomen (besitzanzeigendes Fürwort)

Die Possessivpronomen geben an, zu wem etwas gehört. Deshalb heißen sie auch noch *besitzanzeigende Fürwörter*. Das gilt auch dann, wenn kein wirkliches Besitzverhältnis vorliegt. (*Ich habe **meinen** Zug verpasst*.) Possessivpronomen stehen meistens als Begleiter vor einem Nomen. Sie werden im selben Fall dekliniert wie das Nomen. In der Höflichkeitsform werden die Possessivpronomen großgeschrieben.

Kasus	1., 2., 3. Person Singular					1., 2., 3. Person Plural			
Nominativ (Wer?)	**Singular**								
	mein (Schal)	dein	sein	ihr	sein	unser	euer	ihr	Ihr
	meine (Tasche)	deine	seine	ihre	seine	unsere	eure	ihre	Ihre
	mein (Heft)	dein	sein	ihr	sein	unser	euer	ihr	Ihr
	Plural								
	meine (Schuhe)	deine	seine	ihre	seine	unsere	eure	ihre	Ihre
Genitiv (Wessen?)	**Singular**								
	meines (Schals)	deines	seines	ihres	seines	unseres	eures	ihres	Ihres
	meiner (Tasche)	deiner	seiner	ihrer	seiner	unserer	eurer	ihrer	Ihrer
	meines (Heftes)	deines	seines	ihres	seines	unseres	eures	ihres	Ihres
	Plural								
	meiner (Schuhe)	deiner	seiner	ihrer	seiner	unserer	eurer	ihrer	Ihrer
Dativ (Wem?)	**Singular**								
	meinem (Schal)	deinem	seinem	ihrem	seinem	unserem	eurem	ihrem	Ihrem
	meiner (Tasche)	deiner	seiner	ihrer	seiner	unserer	eurer	ihrer	Ihrer
	meinem (Heft)	deinem	seinem	ihrem	seinem	unserem	eurem	ihrem	Ihrem
	Plural								
	meinen (Schuhen)	deinen	seinen	ihren	seinen	unseren	euren	ihren	Ihren
Akkusativ (Wen?)	**Singular**								
	meinen (Schal)	deinen	seinen	ihren	seinen	unseren	euren	ihren	Ihren
	meine (Tasche)	deine	seine	ihre	seine	unsere	eure	ihre	Ihre
	mein (Heft)	dein	sein	ihr	sein	unser	euer	ihr	Ihr
	Plural								
	meine (Schuhe)	deine	seine	ihre	seine	unsere	eure	ihre	Ihre

ACHTUNG!

- Hier darf nicht wörtlich vom Luxemburgischen ins Deutsche übersetzt werden.
  dem Pit seng Kap = Pits Mütze/dem Anna säi Schal = Annas Schal
  dem Jong seng Kap = die Mütze des Jungen/dem Meedche säi Schal = der Schal des Mädchens/de Kanner hir Elteren = die Eltern der Kinder

- Das weibliche Possessivpronomen *säi, seng, säin, seng* darf nicht einfach wörtlich vom Luxemburgischen ins Deutsche übertragen werden.
  D'Anna huet **säi** Schal verluer.   → Anna hat ~~seinen~~ **ihren** Schal verloren.
  D'Anna huet **seng** Mutz verluer.   → Anna hat ~~seine~~ **ihre** Mütze verloren.
  D'Anna huet **säin** Heft verluer.   → Anna hat ~~sein~~ **ihr** Heft verloren.
  D'Anna huet **seng** Schung verluer. → Anna hat ~~seine~~ **ihre** Schuhe verloren.

- Das Französische kennt nur eine Form von Pronomen, gleichgültig, ob sie sich auf männliche oder weibliche Besitzer beziehen. Zudem gibt es im Französischen keine sächlichen Nomen und damit auch keine sächlichen Pronomen.
  *Paul/Anne/La fille cherche **son** stylo.* →
  Paul sucht **seinen** Füller./Anne sucht **ihren** Füller./Das Mädchen sucht **seinen** Füller.
  *Paul/Anne/La fille cherche **sa** mère.* →
  Paul sucht **seine** Mutter./Anne sucht **ihre** Mutter./Das Mädchen sucht **seine** Mutter.
  *Paul/Anne/La fille ouvre **son** cahier.* →
  Paul öffnet **sein** Heft./Anne öffnet **ihr** Heft./Das Mädchen öffnet **sein** Heft.
  *Paul/Anne/La fille met **ses** souliers.* →
  Paul zieht **seine** Schuhe an./Anne zieht **ihre** Schuhe an./Das Mädchen zieht **seine** Schuhe an.

Possessivpronomen können auch die Rolle des Stellvertreters des Nomens einnehmen. Auch in diesem Fall werden sie dekliniert.
Wessen Hut/Mütze/Tuch ist das?
*Das ist **seiner/seine/seins**. Wessen Schuhe sind das? Das sind **seine**.*

Kasus	1., 2., 3. Person Singular					1., 2., 3. Person Plural			
Nominativ (Wer?)	**Singular**								
	meiner	deiner	seiner	ihrer	seiner	unserer	eurer	ihrer	Ihrer[1]
	meine	deine	seine	ihre	seine	unsere	eure	ihre	Ihre
	meins	deins	seins	ihres	seins	unseres	eures	ihres	Ihres
	Plural								
	meine	deine	seine	ihre	seine	unsere	eure	ihre	Ihre

[1] Die Höflichkeitsform wird großgeschrieben.

ACHTUNG!

- Das weibliche Possessivpronomen *säin, seng, säint, seng* darf nicht einfach wörtlich vom Luxemburgischen ins Deutsche übertragen werden:

Wiem säi Schal ass dat? Dem Anna säin.	→	Wessen Schal ist das? ~~Seiner.~~ **Ihrer.**[1]
Wiem seng Mutz ass dat? Dem Anna seng.	→	Wessen Mütze ist das? ~~Seine~~ **Ihre.**
Wiem säin Heft ass dat? Dem Anna säint.	→	Wessen Heft ist das? ~~Seins~~ **Ihres.**
Wiem seng Schung sinn dat? Dem Anna seng.	→	Wessen Schuhe sind das? ~~Seins~~ **Ihre.**

- Auch aus dem Französischen darf nicht einfach wörtlich ins Deutsche übersetzt werden:

    Le stylo est à Paul/à Anne/à la fille. C'est le sien. →
    (1) *Der Füller gehört Paul. Es ist **seiner**.*
    (2) *Der Füller gehört Anne. Es ist **ihrer**.*
    (3) *Der Füller gehört dem Mädchen. Es ist **seiner**.*

    La lampe est à Paul/à Anne/à la fille. C'est la sienne. →
    (1) *Die Lampe gehört Paul. Es ist **seine**.*
    (2) *Die Lampe gehört Anne. Es ist **ihre**.*
    (3) *Die Lampe gehört dem Mädchen. Es ist **seine**.*

    Le cahier est à Paul/à Anne/à la fille. C'est le sien. →
    (1) *Das Heft gehört Paul. Es ist **seins**.*
    (2) *Das Heft gehört Anne. Es ist **ihres**.*
    (3) *Das Heft gehört dem Mädchen. Es ist **seins**.*

    Les souliers sont à Paul/à Anne/à la fille. Ce sont les siens. →
    (1) *Die Schuhe gehören Paul. Es sind **seine**.*
    (2) *Die Schuhe gehören Anne. Es sind **ihre**.*
    (3) *Die Schuhe gehören dem Mädchen. Es sind **seine**.*

---

[1] Im Deutschen wird der Name nicht mit angegeben.

Das Reflexivpronomen (rückbezügliches Fürwort)

Das Reflexivpronomen verdeutlicht, dass sich eine Handlung auf den Handelnden (= das Subjekt) zurückbezieht. Verben, die ein Reflexivpronomen als Begleiter haben, heißen *reflexive Verben*.

*Das Mädchen nähert **sich** dem Haus.*

*Ich kann **mir** nicht vorstellen, wie wir **uns** bei dem Lärm gut auf die Arbeit vorbereiten sollen.*

Das Reflexivpronomen steht je nach Funktion im Satz entweder im Dativ oder im Akkusativ.
In der 3. Person Singular lautet das Reflexivpronomen immer *sich*, unabhängig davon, welches grammatische Geschlecht das Nomen/Pronomen hat, auf das es sich zurückbezieht.

Kasus	1., 2., 3. Person Singular					1., 2., 3. Person Plural				*Beispiele*
Dativ (Wem?)	mir	Dir	sich	sich	sich	uns	euch	ihnen	sich[1]	*Du hast **dich** aufgeregt.*
Akkusativ (Wen?)	mich	dich	sich	sich	sich	uns	euch	sie	sich	*Haben Sie **sich** weh getan?*

[1] Das Reflexivpronomen wird auch in der Höflichkeitsform kleingeschrieben. (*Stellen Sie sich bitte selbst vor.*)

Autoren- und Quellenverzeichnis

S. 143 **Aesop** (lebte um 600 v. Chr.)
Der alte Löwe und der Fuchs, aus: http://www.he kaya.de/txt.hx/der-alte-loewe-und-der-fuchs--fabel--aesop_8, zuletzt besucht am 22.08.2011

S. 142 Des Löwen Anteil, aus: http://gutenberg.spiegel.de/buch/1928/41, zuletzt besucht am 22.08.2011

S. 142 Der Löwe und das Mäuschen, aus: http://gutenberg.spiegel.de/buch/1928/10, zuletzt besucht am 22.08.2011

S. 146 Der Wolf und das Lamm, aus: Deutschmagazin, Nr. 3/2004, Oldenbourg Verlag, München, 2004, S. 47

S. 146 **Arntzen, Helmut** (geb. 1931)
Der Wolf, der zum Bach kam, aus: ders., Kurzer Prozess, Aphorismen und Fabeln, Nymphenburg Verlag, München, 1966, S. 64

S. 190 **Auer, Martin** (geb. 1951)
Über die Erde, aus: Überall und neben dir, Gedichte für Kinder in sieben Abteilungen, herausgegeben von Hans Joachim Gelberg, Beltz Verlag, Weinheim und Basel, 1989, S. 286

S. 155 Nach **Bartos-Höppner, Barbara** (ohne Lebensdaten)
Till Eulenspiegel geht noch einmal aufs Seil, Arena Verlag, Würzburg, 1994, S. 31

S. 200 **Bauer, Doris und Martine Peters** (ohne Lebensdaten)
Trinkwasser in Luxemburg, aus: http://www.hfn.lu/download/de/Waasserbuet.pdf, zuletzt besucht am 07.03.2011

S. 32 **Bauer, Philipp** (ohne Lebensdaten)
Schule im Jahr 3000 (leicht verändert), aus: Generation 3000, Geschichten aus der Zukunft, herausgegeben von Nevfel Cumrat, dtv Verlag, München, 1999, S. 237

S. 95 **Biermann, Wolf** (geb. 1936)
Das Märchen vom kleinen Herrn Moritz, der eine Glatze kriegte, aus: Das Einhorn sagt zum Zweihorn, 42 Schriftsteller schreiben für Kinder, herausgegeben von Gert Loschütz, Gertraud Middelhauve Verlag, Köln 1966, S. 242–244

S. 172 **Bongs, Rolf** (geb. 1907, gest. 1981)
Erste Sonne, aus: Hans Joachim Gelberg (Hg.), Überall und neben dir, Beltz Verlag, Weinheim und Basel, 1989, S. 260

S. 35 **Brandes, Sophie** (geb. 1943)
Meine Stadt, aus: Der Fliegende Robert, 4. Jahrbuch der Kinderliteratur, Beltz Verlag, Weinheim und Basel, 1991, S. 9

S. 178 Nach **Brecht, Bertolt** (geb. 1898, gest. 1965)
Drachenlied, aus: ders., Gesammelte Werke, Bd. 10, Gedichte 111, edition suhrkamp, Frankfurt/Main, 1967, o.S.

S. 179 **Britting, Georg** (geb. 1891, gest. 1964)
Goldene Welt, aus: Sämtliche Werke, Bd. 4/5, List Verlag, München, 1989–96, S. 65

S. 10 **Bröger, Achim** (geb. 1944)
Ihr dürft mir nichts tun, aus: ders., Schön, dass es dich gibt, Arena Verlag, Würzburg, 1988, S.138ff.

S. 158 **Bürger, Gottfried August** (geb. 1747, gest. 1794)
Münchhausens Mondbesteigung, aus: Münchhausen, Swan Buch-Vertrieb GmbH, Kehl, 1993, S. 73–75

S. 163 Münchhausen: Der Baron geht zu Ceylon auf die Jagd, kommt in eine fürchterliche Klemme und wird wunderbar gerettet, ebd., S. 90–92

S. 140 **Busch, Wilhelm** (geb. 1832, gest. 1908)
Fink und Frosch, aus: www.wilhelm-busch-seiten.de/gedichte/letzt86.html, zuletzt besucht am 24.11.2006

S. 147 Eule und Star, aus: ders., Werke, Bassermann Verlag, Stuttgart, 1958, S. 13

S. 177 **Busta, Christine** (geb. 1915, gest. 1987)
Der Sommer, aus: Die Sternenmühle, Gedichte für Kinder und ihre Freunde, Otto Müller Verlag, Salzburg, Wien, Freilassing, 1962, o.S.

S. 9 **Dağlarca, Fazil Hüsnü** (geb. 1914, gest. 2008)
Reise, aus: Die Wasser sind weißer als wir, herausgegeben von Yüksel Pasarkaya, Schneekluth Verlag, München, 1987, S. 37

S. 198 **Dammer, Kati** (ohne Lebensdaten)
Leere Brunnen – und nun?, aus: Geolino extra Wasser. Der wichtigste Stoff der Welt. Nr. 27, Gruner + Jahr AG & CO KG, Hamburg, 2011, S. 46–53

S. 104 **Ende, Michael** (geb. 1929, gest. 1995)
Der satanarchäolügenialkohöllische Wunschpunsch, Thienemann Verlag, Stuttgart, 1989, S. 85

S. 111 Nach **Feitler, Edouard und Gredt, Nicolas** (ohne Lebensdaten)
Die Sage von der Erbauung des Schlosses Lützelburg, aus: Feitler, Edouard, Luxemburg deine Heimatstadt, 4. Auflage, Sankt-Paulus-Druckerei A.G., Luxemburg, 1967, S. 28–30; Gredt, Nicolas, Sagenschatz des Luxemburger Landes. Vollständig durchgesehene und überarbeitete Neuausgabe. Institut Grand-Ducal, Section de Linguistique, d'Ethnologie et d'Onomastique, Luxemburg, 2005, S. 305f.

S. 114 Die Sage von der schönen Melusina aus: Feitler, Eduard, ebd., S. 28–30; Gredt, Nicolas, ebd., S. 47f.

S. 14ff. **Fried, Amelie** (geb. 1958)
Der rote Pullover, aus: Ich möchte einfach alles sein. Geschichten, Gedichte und Bilder aus der Kindheit, ausgewählt von Uwe-Michael Gutzschhahn, Hanser Verlag, München, 1999, S. 59

S. 173 **Fried, Erich** (geb. 1921, gest. 1988)
Herbstmorgen in Holland, aus: Die bunten Getüme, Verlag Klaus Wagenbach, Berlin 1978, (Quartheft 90), S. 37

S. 186 Humorlos, aus: Georg Patzer, Deutsche Lyrik nach 1945 bis zur Gegenwart. Eine Anthologie, Aol im Aap Lehrerfachverlag, Liechtenau, 2001, S. 29

S. 202 **Fuhl, Beate** (ohne Lebensdaten)
Wasser marsch!, aus X-mag 01/1998, S. 24, @ Weltbild Verlag

S. 83 Nach **Funke, Cornelia** (geb. 1958)
Drachenreiter, Cecilie Dressler Verlag, Hamburg 1997, S. 87

S. 126 Nach **Gredt, Nicolas** (ohne Lebensdaten)
Der erstaunte Geist, aus: Sagenschatz des Luxemburger Landes. Vollständig durchgesehene und überarbeitete Neuausgabe. Institut Grand-Ducal, Section de Linguistique, d'Ethnologie et d'Onomastique, Luxemburg, 2005, S. 91

S. 125 Der wachsende Zwerg, ebd. S. 89

S. 127 Die Wilde Frau von Lasauvage, ebd., S. 42f.

S. 88 **Grimm, Jacob und Wilhelm** (geb. 1785, gest. 1863 und geb. 1786, gest. 1859)
Das tapfere Schneiderlein, aus: Kinder- und Hausmärchen gesammelt durch die Brüder Grimm, Insel-Taschenbuch, Frankfurt/Main, 1974, S. 135

S. 93 Die drei Raben, aus: Urfassung nach der Originalhandschrift der Abtei Ölenberg im Elsaß, herausgegeben von Josef Lefftz, Heidelberg, 1927, o.S.

S. 91 Jorinde und Joringel, aus: Kinder- und Hausmärchen, gesammelt durch die Brüder Grimm, Reclam Verlag, Stuttgart, 1990, S. 163

S. 183 **Guggenmos, Josef** (geb. 1922)
Die Amsel im Fliederbusch, aus: ders., Was denkt die Maus am Donnerstag, Beltz Verlag, Weinheim und Basel, 1998, S. 38

S. 177 **Hesse, Hermann** (geb. 1877, gest. 1962)
September, aus: Gesammelte Werke, Bd. I, Hanser Verlag, München, 1988, S. 95

S. 63 **Hill, David** (ohne Lebensdaten)
Tor!, aus: Bis dann, Simon, Beltz Verlag, Weinheim und Basel, 1998, S. 5

S. 137 **Hohler, Franz** (geb. 1943)
Die blaue Amsel, aus: Was für ein Glück, herausgegeben von Hans Joachim Gelberg, Beltz Verlag, Weinheim, o.J., S. 85

S. 189 **Huchel, Peter** (geb. 1903, gest. 1983)
Herbst der Bettler, aus: ders., Die Sternenreuse, Gedichte 1925–1947, Piper Verlag, München, 1967, S. 17

S. 33 **Ihering, Herbert** (geb. 1888, gest. 1977)
Die schlechte Zensur, aus: Die Schaubude. Deutsche Anekdoten, Schwänke und Kalendergeschichten aus sechs Jahrhunderten, herausgegeben von Karl Heinz Berger und Walter Püschl, Verlag Neues Leben, Berlin, 1964, S. 25

S. 147 **Kafka, Franz** (geb. 1883, gest. 1924)
Kleine Fabel, aus: http://www.digbib.org/Franz_Kafka_1883/Kleine_Fabel, zuletzt besucht am 09.08.2011

S. 11 **Kästner, Erich** (geb. 1899, gest. 1974)
Gustav hat abgeschrieben!, aus: Ich möchte einfach alles sein. Geschichten, Gedichte und Bilder aus der Kindheit, ausgewählt von Uwe-Michael Gutzschhahn, Hanser Verlag, München, 1999, S. 65

S. 183 Der Januar, aus: Die Dreizehn Monate, Atrium Verlag, Zürich, 1955, S. 9

S. 157 Nach **Kästner, Erich** (geb. 1899, gest. 1974)
Der Ritt auf der Kanonenkugel, aus: Des Freiherrn von Münchhausen wunderbare Reisen und Abenteuer zu Wasser und zu Lande, Atrium Verlag, Zürich, 1962, S. 49

S. 160 Die Folgen der Dummheit für Schilda und die übrige Welt, aus: Die Schildbürger, Cecilie Dressler Verlag GmbH, Hamburg, 2000, S. 103

S. 159 Die Schildbürger bauen ein Rathaus, ebd., S. 23

S. 170 **Kirsch, Sarah** (geb. 1935)
Nach dem Gewitter ..., aus: La Pagerie, dtv, München, 1984, S. 38

S. 172 **Kleberger, Ilse** (geb. 1921)
Sommer, aus: Die Stadt der Kinder, herausgegeben von Hans Joachim Gelberg, Weinheim und Basel, 1999, S. 176

S. 176 Herbst, ebd., S. 185

S. 175 **Koller, Christine** (geb. 1925)
Windspiele, aus: Die Stadt der Kinder, herausgegeben von Hans Joachim Gelberg, Weinheim und Basel, 1999, S. 211

S. 187 Nach **Kordon, Klaus** (geb. 1943)
Manchmal, aus: Die Wundertüte. Alte und neue Gedichte für Kinder, herausgegeben von Heinz-Jürgen Kliewer, Philipp Reclam Verlag jun., Stuttgart, 1996, S. 209

S. 176 Nach **Kreidolf, Ernst** (geb. 1863, gest. 1956)
Nebel, aus: Schwätzchen, Bilder und Reime, Ars Edition, Zug, o.J, o.S.

S. 179 **Krüss, James** (geb. 1926, gest. 1997)
Gib Obacht, aus: Das gereimte Jahr, auf Versfüßen durchwandert von James Krüss, Boje Verlag, Stuttgart, 1973, S. 21

S. 146 **Lessing, Gotthold Ephraim** (geb. 1729, gest. 1781)
Der Wolf und das Schaf, aus: Therese Poser, Fabeln für die Sekundarstufe, Reclam Verlag, Stuttgart, 1975, S. 29

S. 150 Der Rabe und der Fuchs, aus: ders., Werke und Briefe in zwölf Bänden, herausgegeben von Wilfried Barner u.a., Bd. 4: Werke 1758–1759, Deutscher Klassiker Verlag, Frankfurt/Main, 1997, S. 321 f.

S. 205 **Lorenz, André** (ohne Lebensdaten)
Wusstet ihr schon…?, aus: !, aus X-mag 01/1998, S. 16 f., @ Weltbild Verlag

S. 145 Nach **Luther, Martin** (geb. 1483, gest. 1546)
Untreue, aus: Einhundert Fabeln. Von der Antike bis zur Gegenwart. Hamburger Lesehefte Verlag, 2007, S. 25

S. 173 **Morgenstern, Christian** (geb. 1871, gest. 1914)
Wenn es Winter wird, aus: Kleinirmchen, Zbinden Verlag, Basel, 1978, S. 51

S. 187 Der Werwolf, aus: Alle Galgenlieder, herausgegeben von Margaretha Morgenstern. Diogenes Verlag, Zürich, 1981, S. 86–87

S. 189 Die zwei Wurzeln, aus: ebd., S. 101

S. 191 Der Sperling und das Känguruh, aus: ebd., S. 225

S. 191 Die Vogelscheuche, aus: Maurice Cureau (Hg.), Christian Morgenstern Werke und Briefe, Bd. 3, Humoristische Lyrik, Urachhaus, Stuttgart, 1990, S. 491

S. 180 **Mörike, Eduard** (geb. 1804, gest. 1875)
Er ist's, aus: Gesammelte Werke, herausgegeben von Gerhard Baumann und Siegfried Grosse, J.G. Cotta'sche Buchhandlung Nachfolger, Stuttgart, 1961, S. 42

S. 97 **Nöstlinger, Christine** (geb. 1936)
Der Zwerg im Kopf, Beltz und Gelberg Verlag, Weinheim und Basel, 1996, S. 1

S. 72 ff. **Paulsen, Gary** (geb. 1938)
Allein in der Wildnis, S. Fischer Verlag, Frankfurt/Main, 2000, S. 5

S. 136 **Pfeffel, Gottlieb Konrad** (geb. 1736, gest. 1809)
Die Stufenleiter, aus: Deutsche Fabeln des 18. Jahrhunderts, herausgegeben von Manfred Windfuhr, Verlag Philipp Reclam jun., Stuttgart, o.J. S. 93 f.

S. 147 **Phaedrus** (geb. um 20 v. Chr., gest. um 51 n. Chr.)
Warum Fabeln? aus: Äsop und die äsopischen Fabeln des Phaedrus ins Deutsche übertragen von Wilhelm Binder und Johannes Siebelis, Goldmann Verlag, München, o.J., S. 80 f.

S. 105 **Preußler, Otfried** (geb. 1923)
Die kleine Hexe (Bühnenfassung), aus: Kindertheaterstücke, Friedrich Oetinger Verlag, Hamburg, 1985, S. 92

S. 193 **Rechlin, Eva** (geb. 1928)
In dieser Minute, aus: So viele Tage wie das Jahr hat, herausgegeben von James Krüss, Bertelsmann Verlag, Gütersloh, 1959, o.S.

S. 192 **Reding, Josef** (geb. 1929)
Meine Stadt, aus: Die Wundertüte. Alte und neue Gedichte für Kinder, herausgegeben von Hans-Jürgen Kliewer, Philipp Reclam jun., Stuttgart, 1996, S. 196

S. 43 **Richter, Hans Peter** (geb. 1926, gest. 1993)
Der Ziegenbart, aus: Das war eine Reise. Sebaldus Verlag, Nürnberg, 1962, S. 74

S. 41 **Ruck-Pauquèt, Gina** (geb. 1931)
Die Kreidestadt, aus: Die schönsten Freundschaftsgeschichten, herausgegeben von Hannelore Westhof, Otto Maier Verlag, Ravensburg, 1987, S. 88

S. 138 **Schami, Rafik** (geb. 1946)
Das letzte Wort der Wanderratte, aus: Märchen, Fabeln & phantastische Geschichten, Carl Hanser Verlag, München und Wien, 1997, S. 35

S. 135 **Schnurre, Wolfdietrich** (geb. 1920, gest. 1989)
Die Macht der Winzigkeit, aus: Der Spatz in der Hand, Verlag Langen-Müller, München, 1973, S. 156

S. 147 Politik, aus: Protest im Parterre, Verlag Langen-Müller, München, 1957, S. 41

S. 185 **Sölle, Dorothee** (geb. 1929)
Weisheit der Indianer, aus: Die Wundertüte. Alte und neue Gedichte für Kinder, herausgegeben von Hans-Jürgen Kliewer, Philipp Reclam jun., Stuttgart, 1996, S. 189

S. 85 **Spinnen, Burghard** (geb. 1956)
Die Geschichte selbst: Überraschung, aus: ders., Müller hoch Drei, Verlagsgruppe Random House GmbH, München, 2010, S. 7

S. 222 ff. **Thor, Annika** (geb. 1950)
Ich hätte Nein sagen können, aus dem Schwedischen von Angelika Kutsch, Gulliver Verlag, Weinheim und Basel, 2000, Klappentext und S. 58–60, S. 130–133, S. 152, S. 155 f.

S. 139 **Thurber, James** (geb. 1894, gest. 1961)
Die ziemlich intelligente Fliege, aus: 75 Fabeln für Zeitgenossen, übersetzt von Ulla Hengst, Hans Reisiger, und H. M. Ledig-Rowohlt, Rowohlt Verlag, Hamburg, 1967, S. 8

S. 175 **Ullmann, Günter** (geb. 1946)
Herbstwind, aus: Überall und neben dir, Kinder für Kinder, herausgegeben von Hans Joachim Gelberg, Beltz & Gelberg, Weinheim und Basel, 1989, S. 40

S. 21 Nach **Weiss, Peter** (geb. 1916, gest. 1982)
Nicht versetzt, aus: Abschied von den Eltern, Suhrkamp Verlag, Frankfurt/Main, 1964, S. 49

S. 36 **Weißenborn, Theodor** (geb. 1933)
Der Sprung ins Ungewisse, Ernst Klett Verlag, Stuttgart, 1983, S. 3 ff.

S. 62 **Welsch, Renate** (geb. 1937)
Max, der Neue, Arena Verlag, Würzburg, 1999, S. 5

S. 164 Nach **Wolf, Christa und Gerhard** (geb. 1929, gest. 2011 und geb. 1928)
Till Eulenspiegel und das blaue Tuch, aus: Till Eulenspiegel, Luchterhand Verlag, Darmstadt 1973, S. 31 f.

ohne Autor/in:

S. 94 **Arabisches Volksmärchen, Der Prinz sucht einen Freund**, aus: Freundschaftsgeschichten hrsg. von Sonja Hartl, Arena Verlag GmbH, Würzburg, 1977, S. 26–28

S. 116 **Daidalos und Ikaros**, aus: Elfen um halb zwölf. Hessische Sagen - neu erzählt, Verlag Hitzeroth, Marburg, 1994, S. 48

S. 118 **Das Loferer Fräulein**, aus: www.vampyrbibliothek.de/sonstige-literatur/sage_das_loferer_fraeulein.html, zuletzt besucht am 10.01.2004

S. 210 **Das Schönwetter-Drama**, aus: http://www.wort.lu/wort/web/letzebuerg/artikel/2011/06/152081/das-schoenwetter-drama.php, zuletzt besucht am 06.08.2011

S. 137 **Der Affe als Schiedsrichter**, aus: Einhundert Fabeln. Von der Antike bis zur Gegenwart, Heft 118, Verlag Hamburger Lesehefte, Husum, S. 18 f.

S. 153 **Der allwissende Turban**, aus: http://hekaya.de/txt.hx/die-geschichten-des-nasreddin-hodscha-maerchen-asien_132, zuletzt besucht am 04.02.2011

S. 59 **Der Schulbus-Held Uli** von Nikolaus Dominik, aus: http://ksta.de/html/artikel/1196031680890.shtml, zuletzt besucht am 09.08.2011

S. 129 **Der Trierer Domstein**, aus: Günther, Herbert (Hg.): Das neue Sagenbuch, Maier Verlag, Ravensburg, 1980, S. 110 f.

S. 213 **Die Geschichte der Rosporter Quelle**, Textgrundlage mit freundlicher Genehmigung der Sources Rosport S.A., Luxembourg

S. 207 **Geolino-Originalseiten zu einem Unicef-Projekt**, aus: GEOlino 11/2010, S. 50, 51, 52 mit dem Text „Wasser für Asayech", Text von Verena Linde, Bilder von Isadora Tast, © Gruner + Jahr AG & CO KG, Hamburg, 2010, S. s.o.

S. 68 **Klappentexte zu Das Lied der Delfine**, aus: http://www.ravensburger.de/shop/buecher/ravensburger-taschenbuecher/das-lied-der-delfine-58063/index.html, zuletzt besucht am 09.08.2011; **Der Klassen-King**, aus: http://www.carlsen.de/web/kinder-und-jugendbuch/buch?tn=135864, zuletzt besucht am 08.08.2011; **Reise im August**: http://www.ravensburger.de/shop/buecher/ravensburger-taschenbuecher/reise-im-august-58040/index.html, zuletzt besucht am 09.08.2011; **Die Stille zwischen den Sternen**, aus: http://www.randomhouse.de/book/edition.jsp?edi=275671, zuletzt besucht am 09.08.2011; **Der Zahlenteufel**, aus: http://www.dtv.de/buecher/der_zahlenteufel_62015.html, zuletzt besucht am 09.08.2011; **Kaputte Suppe**, aus: http://www.dtv.de/buecher/kaputte_suppe_24778.html, zuletzt besucht am 09.08.2011; **Schuhhaus Pallas**, http://www.dtv.de/buecher/schuhhaus_pallas_62464.html, zuletzt besucht am 09.08.2011

S. 211 **Schaubild „Mittel- und Spitzenwerte der Anlieferung der SEBES pro Jahrzehnt"**, aus: www.sebes.lu, zuletzt besucht am 10.08.2011, mit freundlicher Genehmigung des Syndicat des Eaux du Barrage d'Esch-sur-Sûre

S. 212 **Schaubild „Wasserbilanz an einem Tag"**, © Sources Rosport S.A., mit freundlicher Genehmigung der Sources Rosport S.A., Luxembourg

S. 60 **Sinnsprüche zum Lesen**, aus: Stundenbuch für Letternfreunde, herausgegeben von Horst Kliemann, Harenberg Kommunikation, Dortmund, 1984, S. 14

S. 154 **Till Eulenspiegel nach einer Ausgabe aus dem Jahre 1515**, aus: Hermann Bote, Ein kurzweiliges Buch von Till Eulenspiegel aus dem Lande Braunschweig, übersetzt von Siegried Sichtermann, Insel Verlag, Frankfurt/Main, 2002, S. 58

S. 84 **Über den Roman „Müller hoch Drei"**, aus: http://randomhouse.de/book/edition.jsp?mid=4&serviceAvailable=true&showpdf=false&edi=321919#tabbox, zuletzt besucht am 09.08.2011

S. 121 **Was man von den Sagen so sagt**, aus: Das große Sagenbuch von Heinrich Pleticha, bearb. von Sonja Hartl u. Elisabeth Spang, Thienemann Verlag GmbH, Stuttgart/Wien, 2003, S. 17–22

S. 215 **Wie kommt das Mineralwasser in die Flasche?**, © Sources Rosport S.A., mit freundlicher Genehmigung der Sources Rosport S.A., Luxembourg

S. 197 **Wir horchen staunend auf ...**; Zitat von Horst Köhler, aus: http://www.bundespraesident.de/-,2.660685/Weihnachtsansprache-von-Bundes.htm?global.printview=2; zuletzt besucht am 07.03.2011

Textsortenverzeichnis

Diskontinuierliche Texte
Schaubild „Mittel- und Spitzenwerte der Anlieferung der SEBES pro Jahrzehnt", S. 211
Schaubild „Wasserbilanz an einem Tag", S. 212

Erzählungen
Biermann, Wolf, Das Märchen vom kleinen Herrn Moritz, S. 95
Bröger, Achim, Ihr dürft mir nichts tun, S. 10
Fried, Amelie, Der rote Pullover, S. 14 ff.
Kästner, Erich, Gustav hat abgeschrieben!, S. 11
Nöstlinger, Christine, Der Zwerg im Kopf, S. 97
Ruck-Pauquèt, Gina, Die Kreidestadt, S. 41
Richter, Hans Peter, Der Ziegenbart, S. 43
Schami, Rafik, Das letzte Wort der Wanderratte, S. 138
Weißenborn, Theodor, Der Sprung ins Ungewisse, S. 36

Fabeln
Aesop, Der alte Löwe und der Fuchs, S. 143
Aesop, Des Löwen Anteil, S. 142
Aesop, Der Löwe und das Mäuschen, S. 142
Aesop, Der Wolf und das Lamm, S. 146
Arntzen, Helmut, Der Wolf, der zum Bach kam, S. 146
Busch, Wilhelm, Eule und Star, S. 147
Koreanische Fabel, Der Affe als Schiedsrichter, S. 137
Kafka, Franz, Kleine Fabel, S. 147
Lessing, Gotthold Ephraim, Der Wolf und das Schaf, S. 146
Lessing, Gotthold Ephraim, Der Rabe und der Fuchs, S. 150
Schnurre, Wolfdietrich, Politik, S. 147
Thurber, James, Die ziemlich intelligente Fliege, S. 139

Gedichte
Auer, Martin, Über die Erde, S. 190
Bongs, Rolf, Erste Sonne, S. 172
Brecht, Bertolt, Drachenlied, S. 178
Britting, Georg, Goldene Welt, S. 179
Busch, Wilhelm, Fink und Frosch, S. 140
Busta, Christine, Der Sommer, S. 177
Dağlarca, Fazil Hüsnü, Reise, S. 9
Fried, Erich, Herbstmorgen in Holland, S. 173
Fried, Erich, Humorlos, S. 186
Guggenmos, Josef, Die Amsel im Fliederbusch, S. 183
Hesse, Hermann, September, S. 177
Huchel, Peter, Herbst der Bettler, S. 189
Kästner, Erich, Der Januar, S. 183
Kirsch, Sarah, Nach dem Gewitter ..., S. 170
Kleberger, Ilse, Sommer, S. 172
Kleberger, Ilse, Herbst, S. 176
Koller, Christine, Windspiele, S. 175
Nach Kordon, Klaus, Manchmal, S. 187
Nach Kreidolf, Ernst, Nebel, S. 176
Krüss, James, Gib Obacht!, S. 179
Morgenstern, Christian, Wenn es Winter wird, S. 173
Morgenstern, Christian, Der Werwolf, S. 187
Morgenstern, Christian, Die zwei Wurzeln, S. 189
Morgenstern, Christian, Der Sperling und das Känguruh, S. 191
Morgenstern, Christian, Die Vogelscheuche, S. 191
Mörike, Eduard, Er ist's, S. 180
Pfeffel, Gottlieb Konrad, Die Stufenleiter, S. 136
Rechlin, Eva, In dieser Minute, S. 193
Reding, Josef, Meine Stadt, S. 192
Sölle, Dorothee, Weisheit der Indianer, S. 185
Ullmann, Günter, Herbstwind, S. 175

Journalistische Texte
Lamberty, John, Das Schönwetter-Drama, S. 210
Linde, Verena, Wasser für Asayech (Geolino-Originalseiten zu einem Unicef-Projekt), S. 207

Jugendbuchauszüge
Ende, Michael, Der satanarchäolügenialkohöllische Wunschpunsch, S. 104
Nach Funke, Cornelia, Drachenreiter, S. 83
Hill, David, Tor!, S. 63
Paulsen, Gary, Allein in der Wildnis, S. 72 ff.
Preußler, Otfried, Die kleine Hexe, S. 105
Spinnen, Burghard, Die Geschichte selbst: Überraschung, S. 85
Thor, Annika, Ich hätte Nein sagen können, S. 222 ff.
Welsch, Renate, Max, der Neue, S. 62

Kurzprosa
Bauer, Philipp, Schule im Jahr 3000, S. 32
Brandes, Sophie, Meine Stadt, S. 35
Hohler, Franz, Die blaue Amsel, S. 137
Ihering, Herbert, Die schlechte Zensur, S. 33
Nach Luther, Martin, Untreue, S. 145
Phaedrus, Warum Fabeln, S. 147
Nach Weiss, Peter, Nicht versetzt, S. 21
Schnurre, Wolfdietrich, Die Macht der Winzigkeit, S. 135

Lügen- und Schelmengeschichten
Bürger, Gottfried August, Münchhausens Mondbesteigung, S. 158
Der allwissende Turban, S. 153
Der Ritt auf der Kanonenkugel, S. 157
Die Folgen der Dummheit für Schilda und die übrige Welt, S. 160
Die Schildbürger bauen ein Rathaus, S. 159
Münchhausen: Der Baron geht zu Ceylon auf die Jagd, S. 163
Nach Wolf, Christa und Gerhard, Till Eulenspiegel und das blaue Tuch, S. 164
Till Eulenspiegel geht noch einmal aufs Seil, S. 155
Till Eulenspiegel nach einer Ausgabe von 1515, S. 154

Märchen
Arabisches Volksmärchen, Der Prinz sucht einen Freund, S. 94
Biermann, Wolf, Das Märchen vom kleinen Herrn Moritz, S. 95
Grimm, Jacob und Wilhelm, Das tapfere Schneiderlein, S. 88
Grimm, Jacob und Wilhelm, Die drei Raben, S. 93
Grimm, Jacob und Wilhelm, Jorinde und Joringel, S. 91

Sachtexte
Bauer, Doris und Martine Peters, Trinkwasser in Luxemburg, S. 200
Dammer, Kati, Leere Brunnen – und nun?, S. 198
Der Schulbus-Held Uli, S. 59
Die Geschichte der Rosporter Quelle, S. 213
Fuhl, Beate, Wasser marsch!, S. 202
Klappentexte, S. 68 f.
Lorenz, André, Wusstet ihr schon ...?, S. 205
Über den Roman „Müller hoch Drei", S. 84
Was man von den Sagen so sagt, S. 121
Wie kommt das Mineralwasser in die Flasche?, S. 215

Sagen
Daidalos und Ikaros, S. 116
Das Loferer Fräulein, S. 118
Der Trierer Domstein, S. 129
Nach Feitler, Edouard und Nicolas Gredt, Die Sage von der Erbauung des Schlosses Lützelburg, S. 111
Nach Feitler, Edouard und Nicolas Gredt, Die Sage von der schönen Melusina, S. 114
Nach Gredt, Nicolas, Der erstaunte Geist, S. 126
Nach Gredt, Nicolas, Der wachsende Zwerg, S. 125
Nach Gredt, Nicolas, Die Wilde Frau von Lasauvage, S. 127

Sinnsprüche
Sinnsprüche zum Lesen, S. 60

Zitate
Wir horchen staunend auf, S. 197

Bildquellenverzeichnis

Einband	Archiv für Kunst und Geschichte, Berlin
S. 8/9	Archiv für Kunst und Geschichte, Berlin; © Successió Miró/VG Bild-Kunst, Bonn 2011
S. 25	dpa Picture-Alliance, Frankfurt
S. 29	Superbild, Unterhaching
S. 30	Agentur Mauritius, Mittenwald
S. 34/35	Archiv für Kunst und Geschichte, Berlin/© VG Bild-Kunst, Bonn 2011
S. 38	www.schmierlinse.de/Horst Gracon
S. 41	Christiane Schmitz, Luxemburg
S. 47	Sempé/© Verlag Friedrich Oetinger, Hamburg 1986
S. 52/53	© Diogenes Verlag, Zürich, Schweiz 1978
S. 60/61	Roger Vogel, Durchgang in andere Welten, Aarau, Schweiz
S. 66	Renate Welsh, Max, der Neue, Coverbild, Arena Verlag, Würzburg
S. 69	Jenny Valentine, Kaputte Suppe, © 2010 by dtv, Deutscher Taschenbuch Verlag, München
	Amelie Fried, Schuhhaus Pallas, © 2010 by dtv, Reihe Hanser, Deutscher Taschenbuch Verlag, München
	Barbara Veit, Sarah & Kim, © 2006 by dtv, Reihe Hanser, Deutscher Taschenbuch Verlag, München
	Elisabeth Zöller, Der Klassen-King, mit Illustrationen von Edda Skibbe, © 1999 by Thienemann Verlag (Thienemann Verlag GmbH), Stuttgart/Wien
	Gudrun Pausewang, Reise im August, © 1997 by Ravensburger Buchverlag Otto Maier GmbH, Ravensburg

S. 70	Hans Magnus Enzensberger, Der Zahlenteufel, © 1999 by dtv, Reihe Hanser, Deutscher Taschenbuch Verlag, München
	Frederica de Cesco, Das Lied der Delfine, © 1998 by Ravensburger Buchverlag Otto Maier GmbH, Ravensburg
	Coverartwork nach Jürgen Banscherus, Die Stille zwischen den Sternen, erschienen im cbt Taschenbuch Verlag, München, in der Verlagsgruppe Random House GmbH
S. 72	Gary Paulsen, Allein in der Wildnis, © Carlsen Verlag GmbH, Hamburg 1995
S. 74	Agentur Mauritius, Mittenwald
S. 76	Gary Paulsen, © Carlsen Verlag GmbH, Hamburg
S. 83	Cornelia Funke, Drachenreiter, Dressler Verlag, Verlagsguppe Oetinger, Hamburg
S. 84	Coverartwork nach Burkhard Spinnen, Müller hoch Drei, erschienen im btb Taschenbuch Verlag, München, in der Verlagsgruppe Random House GmbH
S. 86/87	Marc Chagall. © 1995, Parkstone/Aurora Verlag, Bournemouth, England, S. 80; © VG Bild-Kunst, Bonn 2011
S. 103	Der satanarchäolügenialkohöllische Wunschpunsch, mit Illustrationen von Regina Kehn © 1989 by Thienemann Verlag (Thienemann Verlag GmbH), Stuttgart/Wien
	Otfried Preußler, Die kleine Hexe, mit Illustrationen von Winnie Gebhardt © 1957 by Thienemann Verlag (Thienemann Verlag GmbH), Stuttgart/Wien
S. 110/111	Meluxina feiert Premiere, Marc Wilwert, Luxemburg
S. 112	©copyright Photothèque de la Ville de Luxembourg
S. 115	Meluxina – ein Licht- und Wasserspektakel, Marc Wilwert, Luxemburg
S. 121	Archiv für Kunst und Geschichte, Berlin
S. 127	Christiane Schmitz, Luxemburg
S. 129	Christiane Schmitz, Luxemburg
S. 130	Cinetext, Frankfurt (2)
S. 132	Cinetext, Frankfurt
S. 152/153	DIZ Süddeutscher Verlag – Bilderdienst, München
S. 157	DIZ Süddeutscher Verlag – Bilderdienst, München
S. 188	Interfoto, München
S. 196/197	Marc Wilwert, Luxemburg
S. 198	laif/Christoph Goedan, Köln
S. 199	Reuters/Amit Dave, Berlin
S. 200	© SEBES, mit freundlicher Genehmigung des Syndicat des Eaux du Barrage d'Esch-sur-Sûre
201	© SEBES, mit freundlicher Genehmigung des Syndicat des Eaux du Barrage d'Esch-sur-Sûre
S. 207–209	Isadora Tast Fotografie, Hamburg (7); GEOlino, Gruner+Jahr AG & Co. KG, Hamburg; UNICEF Deutschland, Köln;
S. 210	http://www.wort.lu/wort/web/letzebuerg/artikel/2011/06/152081/das-schoenwetter-drama.php
S. 211	© SEBES, mit freundlicher Genehmigung des Syndicat des Eaux du Barrage d'Esch-sur-Sûre
S. 212	nach: © Sources Rosport S.A., mit freundlicher Genehmigung der Sources Rosport S.A., Luxembourg
S. 213	© Sources Rosport S.A., mit freundlicher Genehmigung der Sources Rosport S.A., Luxembourg (2)
S. 215	© Sources Rosport S.A., mit freundlicher Genehmigung der Sources Rosport S.A., Luxembourg
S. 217	© Sources Rosport S.A., mit freundlicher Genehmigung der Sources Rosport S.A., Luxembourg
S. 218	Christiane Schmitz, Luxemburg
S. 220	Annika Thor, Ich hätte Nein sagen können, © 2011 by Beltz Verlag, Weinheim

Trotz entsprechender Bemühungen ist es uns nicht in allen Fällen gelungen, den Rechtsinhaber ausfindig zu machen. Gegen Nachweis der Rechte zahlt der Verlag für die Abdruckerlaubnis die gesetzlich geschuldete Vergütung.

Sachregister

Adjektiv 128, 187f.
- Komparation 188

Adverb 189
Antonym 168
Artikel 185

Bildergeschichte 47–54
Brief, E-Mail 234–237

Cluster 54, 167

direkte Rede → wörtliche Rede
Diagramm 212

Erzählen 47–59
- abwechslungsreich erzählen 55–59
- Einleitung 48f.
- Er-Erzähler 48
- Erlebniserzählung 55–58
- Erzählform 48
- Erzählmaus 50
- Erzählschritt 50f.
- Erzählzeit 48, 56
- Hauptteil 50
- Höhepunkt 50
- Ich-Erzähler 48
- Schluss 51
- Schreibplan 53, 56
- Skizze 53
- Spannungsbogen 51
- W-Fragen 49, 14–20
- Text überarbeiten 149

Erzählung 8–21
- Erzählungen erschließen 14–21
- Lesestrategien 20
- Strukturbild 21
- W-Fragen 14–20

Fabel 134–149
Flussdiagramm 214

Gedichte 170–181
- auswendig lernen 181
- bildliche Sprache 169, 182–184
- Elfchen 184
- Endreim 176
- Haiku 184
- Hebung 179
- lyrisches Ich 180
- Kreuzreim 177
- Paarreim 177
- Reim 176
- Reimschema 177
- Rhythmus 179
- Senkung 179
- Strophe 175
- umschließender Reim 177
- Vers 175

Gesprächsregeln 229–231

Höflichkeitspronomen 235
Homonym 168

Jugendbuch 67–71
- Informationen zu Büchern beschaffen 67
- Klappentext 68f.
- Jugendbuch vorstellen 71
- Leseprotokoll 70
- Lesetagebuch 71

Konjunktionen 195
Kommasetzung 150f.

Laute 130–133
- Diphthong (= Doppellaut) 131
- s-Laut 130ff.

Lesebrille 204
Lesen, sinnentnehmendes 204
Lügengeschichten 152–166

Märchen 88–102
Metapher 183
Mind-Map 122, 167

Nomen 186f.
- Deklination 186, 270–274
- Genus 185
- Kasus 186
- Konkreta, Abstrakta 186
- Numerus (Singular/Plural) 186

Personifikation 183f.
Präposition 193f., 276

Pronomen 190–192
- Personalpronomen 191
- Possessivpronomen 192
- weitere Pronomen 192

Redeformel 150
Redewendungen 124, 169

Rechtschreibung 125–133
- Dehnung 130f.
- Gleich- und Ähnlichklinger 132f.
- Groß- und Kleinschreibung 125–129
- Schärfung 130f.
- s-Laute 130–132

Rollenspiel 229

Sachtext 196–212
Satzarten 22

Satzglieder 23–33
- Adverbiale Bestimmung 31–33
- Ersatzprobe 28
- Objekt 27–30
- Prädikat 24f.
- Subjekt 25f.
- Umstellprobe 23

Schwank 152–166
schriftliche Kommunikation 233–237
Spielszene 166
Substantiv → Nomen
Synonym 167

Tempus 74–80, 248–253
- Futur I/II 77, 253
- Perfekt 77, 251f.
- Plusquamperfekt 77, 252
- Präsens 76, 248
- Präteritum 77, 249f.

Verb 72–85, 248–268
- Aktiv, Passiv 213–217
- finites Verb 73
- Hilfsverb 254
- Imperativ 81f.
- Infinitiv 72
- Konjugation 73, 248–253
- Mischverb 79f., 255
- Modalverb 82, 254f.
- Partizip 81
- Personalform 73
- schwaches Verb 79f.
- Stammformen 79
- starkes Verb 79f.
- unregelmäßige Verben 255–268
- transitives Verb 217
- Zeitform 74–78

Vergleich 182
Volkssage 110–124
Vorgangsbeschreibung 218f.
Vorgangspassiv 217
Vorlesen 103–109
Vortrag 71, 231f.

Wortarten 185–195
Wortbildung 168f.
Wortfeld 167f.
wörtliche Rede 150

Zeichensetzung 150f.
Zeitungs-/Zeitschriftenartikel 205–210
Zustandspassiv 217